中國文字學史

上

胡樸安著

民國滬上初版書·復制版

中國文字學史

上

胡朴安 著

上海三聯書店

民国沪上初版书·复制版

出版人的话

如今的沪上，也只有上海三联书店还会使人联想起民国时期的沪上出版。因为那时活跃在沪上的新知书店、生活书店和读书出版社，以至后来结合成为的三联书店，始终是中国进步出版的代表。我们有责任将那时沪上的出版做些梳理，使曾经推动和影响了那个时代中国文化的书籍拂尘再现。出版“民国沪上初版书·复制版”，便是其中的实践。

民国的“初版书”或称“初版本”，体现了民国时期中国新文化的兴起与前行的创作倾向，表现了出版者选题的与时俱进。

民国的某一时段出现了春秋战国以后的又一次百家争鸣的盛况，这使得社会的各种思想、思潮、主义、主张、学科、学术等等得以充分地著书立说并传播。那时的许多初版书是中国现代学科和学术的开山之作，乃至今天仍是中国学科和学术发展的基本命题。重温那一时期的初版书，对应现时相关的研究与探讨，真是会有许多联想和启示。再现初版书的意义在于温故而知新。

初版之后的重版、再版、修订版等等，尽管会使作品的内容及形式趋于完善，但却不是原创的初始形态，再受到社会变动施加的某些影响，多少会有别于最初的表达。这也是选定初版书的原因。

民国版的图书大多为纸皮书，精装（洋装）书不多，而且初版的印量不大，一般在两三千册之间，加之那时印制技术和纸张条件的局限，几十年过来，得以留存下来的有不少成为了善本甚或孤本，能保存完好无损的就更稀缺了。因而在编制这套书时，只能依据辗转找到的初版书复制，尽可能保持初版时的面貌。对于原书的破损和字迹不清之处，尽可能加以技术修复，使之达到不影响阅读的效果。还需说明的是，复制出版的效果，必然会受所用底本的情形所限，不易达到现今书籍制作的某些水准。

民国时期初版的各种图书大约十余万种，并且以沪上最为集中。文化的创作与出版是一个不断筛选、淘汰、积累的过程，我们将尽力使那时初版的精品佳作得以重现。

我们将严格依照《著作权法》的规则，妥善处理出版的相关事务。

感谢上海图书馆和版本收藏者提供了珍贵的版本文献，使“民国沪上初版书·复制版”得以与公众见面。

相信民国初版书的复制出版，不仅可以满足社会阅读与研究的需要，还可以使民国初版书的内容与形态得以更持久地留存。

2014 年 1 月 1 日

中國文字學史

上

胡樸安著

中華民國二十六年二月初版

書者滿壁圖滿壁上
匾其中不可出槍礮
飛機現代物參經雖
善難退賊我已冓
車遂鼎覆不學
鍊鐵學紡織何以尚
多咬舌嚼齒文字孔蝕
無怪當年鬼夜哭

民國廿五年十一月
樸安自題

自序

民國紀元前十八年，清光緒二十年，即甲午中日開戰之年，是時我年十七歲，讀書南昌，有以「聲」「音」「響」三字之義不同命題者，當時我只讀過朱注的四書及詩經，蔡注的書經，陳注的禮記，對於字義之分析，茫然無知，有人告我當檢查康熙字典，如其言在康熙字典中，得所引說文之說，有「生於心有節於外謂之音」一語，又得所引說文注徐鍇之說，有「響之附聲如景之著形」一語，於是比例推測，作成一文，其緊要的三語，生於心者謂之聲，生於心有節於外者謂之音，發於此應於彼者謂之響，大蒙閱者之贊許，此為我研究文字學最初之動機，因此始知有說文一書，展轉求得淮南書局所刊之說文真本讀之，毫不了解，而好之彌切，有人告我讀說文當讀段玉裁注本，又展轉求得崇文書局所刊之段注說文讀之，毫不了解，仍如故，而好之彌切，仍如故，十八歲由南昌回涇縣。涇縣僻處萬山中。士子讀書者。只知做八股文章。無可問字之人。只有自己日夜苦讀。三年畧得其皮毛。沾沾自喜。如天顛也馬怒也尾微也髮拔也之類。記之極熟。於是開口與人談話。呼天必為顛。呼馬必為怒。呼尾必為微。呼髮必為拔。甚于趙宧光書也必作殹。聞者不知云何。共非笑之。已則洋洋得意。自矜為淹博。而目人為淺陋。一日作五言詩兩句云。「聞前流綠準。護外見青宣。」書以示人。閱者瞠目。蓋即用門聞也。戶護也。水準也。山宣也之訓。其怪異如是。其尤怪異者。謂說文須有修改之處。如狗叩也。叩氣以守。則雞字當云。雞啼也。啼以報時。木冒也。冒地而生。則竹字當云。竹芊也。芊土而出。東動也。則南字當云。南暖也。西字當云。西淒也。北字當云。北沒也。其怪異而尤荒謬者。也篆作 。女陰也。象形。厶篆作 。當云男陽也。象形。地从土从也。地為土。也為陰。故从土从也。會意。天當作⿹气厶。从气从厶。⿹气厶為气。厶為陽。故从气从厶會意。公當是男字。八為兩股。兩股張開而厶見也。婦當作她，从女从也，不从帚也。男當是農字，力田為農，農从晨囟聲。意不明瞭也。婦當作姉，即是工字，男耕女織，織即工也。帚篆作，布篆作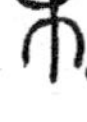，形近而誤。如此怪異荒謬之說甚多，所改說文之形與義，幾及十之二三，不自知其怪異荒謬，以為古人造字不如我也。視坡者土之皮，滑者水之骨，東即楝字，為太極圖，甲骨文之字，為男子生殖器之說，更為怪異，更為荒謬。紀元前八年，清光緒三十年，我年二十七歲，開墾於蕪湖之萬春圩，時劉申叔在安徽公學當教員，陳仲甫寓在亞東書局辦白話報，偶然晤談，聞我之說，輒大笑不止，而我猶不自悟見解之謬也。讀書不多，夜郎自大，每每如是。紀元前五年，清光緒三十年，我年三十歲，所墾之田，被水淹沒，來上海為商家司會計，因好讀說文之故，每以篆文寫帳，人不能識，猶之江艮庭以篆書開方，而藥鋪無從發藥也。是時上海有一國學保存會，主持者為劉申叔、黃晦聞、鄧秋枚，我到上海，即加入國學保存

會。時常到其所設之藏書樓看書。自是耳目稍廣。始知以前怪異之說。過于怪異。真荒謬絶倫也。紀元前二年。清宣統二年。我年三十三歲。在國粹學報擔任編輯職務。關於文字學之書。披覽加多。而好之更甚。而言之亦稍慎。勿復以前之肆無忌憚矣。偶聞異說。必求得衆說之同然。按之于事而是。反之于心而安。而始言之。此為我研究文字學入正軌之時。時當民國初建。綫裝書人皆視為無用。文字學書。現在值一二元一册者。當時不過一二角。元年二年之間。余以好讀文字學書之故。購買文字學之書。已有三百餘種。以後凡有關于文字學之書。無論新著舊著。苟為架上所無者。必設法買之。累年以來。積有七百餘種。雖未能每部詳細閱覽。大概皆涉其凡矣。但是文字學書。搜集的雖多。而自己著的文字學書。除學校講義外。則少之又少。即學校講義。亦是述前人之舊說。毫無自己之新說。如說轉注者日新月異。我對於轉注之說。二十年來。仍本戴東原。絢爛之極。歸於平淡。與抑老之將至。漸形退化。與我不能自知也。我只知以前不知言之不當。而膽大敢言。如公厶等字之說。毫不自作。見在則惟恐言之不當。心愈慎而愈不敢言。如韓注之說。仍守東原之舊而不改。所以我關于文字學。不敢有所著述。只時時欲編一部有統系的文字學書目。所搜集七百餘種之文字學書。強半有提要鉤玄之記錄。以為編目錄之用。適商務印書館以編文字學史見委。乃不辭而任之。十閱月而書成。輪廓雖具。以時間空間的關係。有許多不能自滿之處。其凡例見于緒言中。茲不復述。弟述我自己研究文字學之經過。聊以見編輯文字學史非率爾操觚之比。亦不求人作序。以人之所言。不如自己所言之親切也。中華民國二十五年十一月涇縣胡樸安自序。

目錄

編首　緒言

趙宧光說

指事　鄭樵說　張有說　戴侗說　楊桓說　劉泰說　周伯琦說
趙古則說　王應電說　朱謀瑋說　張位說　趙宧光說　吳元滿說

會意　鄭樵說　張有說　戴侗說　劉泰說　楊桓說　周伯琦說
張位說　吳元滿說　趙古則說　王應電說　趙宧光說

形聲　鄭樵說　張有說　戴侗說　楊桓說　劉泰說　周伯琦說
趙古則說　王應電說　朱謀瑋說　張位說　吳元滿說　趙宧光說

轉注　鄭樵說　張有說　戴侗說　楊桓說　劉泰說　周伯琦說
趙古則說　王應電說　楊慎說　朱謀瑋說　張位說　陸深說
吳元滿說　趙宧光說

中國文字學史

緒言

文字學之定義與其範圍

何謂文。獨體之謂。何謂字。合體之謂。何謂文字學。研究文字之制造。與文字運用之謂。何謂獨體。象形指事之文。分析不開者。例如文。以交道其畫而成為獨體。何謂合體。合象形或指事之文。或二文。或多文。用會意或形聲之法。合之以為字。例如字。从宀从子。以并合而成為合體。故曰獨體為文。合體為字。何謂制造文字。即以象形之法畫其形。以指事之法識其事。以會意之法合其誼。以形聲之法標其音。象形。指事。會意。形聲。為制造文字之法也。何謂運用文字。文字既已制造。或各不相通。則轉注以滙文字之通。或則文字之用。有時而窮。則假借以濟文字之窮。有轉注之法。以運用文字。此文字所以數字一義也。有假借之法。以運用文字。此文字所以一字數義也。轉注假借。為運用文字之法。象形指事會意形聲轉注假借謂六書。六書為後人整理文字所定之名稱。將舊有之文字。整理之歸於六書之條例。更本六書條例。制造文字而運用之。故研究六書之條例者。謂之文字學。此定義本極明白。惟自來對於六書之說。各各不同。而轉注之異說。尤甚。至於今日。尚未有定論。此問題之討論。屬於文字學之範圍。非屬于文字學史之範圍。茲于文字學史正文中。用客觀的述叙各家之異說。以存文字學過程之真。而于緒論中。先述叙著者研文字學史之所得。六書之定義於下。

(一)象形　畫成其物。隨體詰詘。日月是也。此許叔重象形之界說。本此界說。凡有形之物。畫成其物之形。隨物之體而詰詘之。純粹之獨體。分析不開者。如

之類。為象形正例。其非純粹之獨體。可以分析。惟分析為二體或二體以上。必有一體不成文者。

如石之口不成文。果之田不成文。金之∴不成文。齒之𠚕不成文。眉之仌丿不成文。只之丿乚不成文。巢之巛臼不成文。叀之ㄹ丨不成文之類。為象形變例。象形與指事同為文。而不同者。象形之文必有其物可以畫。必有其體可以隨。有物斯有體。有體斯有形。有形斯可象也。

㈡指事　視而可識。察而見意。上下是也。此許叔重指事之界說。本此界說。凡非有形之物。而可以視而識之。無可隨之體。而可以察而見之。純粹之獨體。分析不開者。如上丅中八乃丂爪囟也人之類。為指事正例。其非純粹之獨體。可以分析。惟分析為二體。或二體以上。必有一體不成文者。如示之小不成文。屯之乚不成文。□之凵不成文。夭之丿不成文。不之不不成文。㞷之屮不成文。豐之丰丰不成文。爨之同冂不成文之類。為指事變例。指事與象形同為文。而不同者。無物可畫。必視之始可識。無體可隨。必察之始見意。

(三)會意　比類合誼。以見指撝。武信是也。此許叔重會意之界說。本此界說。凡比同類之二文或二文以上。合以為誼。以見一字之指歸。如止戈為武。人言為信。一大為天。八牛為半。卜中為用。又持肉問吉凶之示為祭。刀判牛角為解。日出収米以晞為暴。而為合體者為會意正例。其無比類合誼之迹可見。而有比類合誼之意可循者。如帀之意由㞢而會。巜之意由川而會。乏之意由正而會。県之意由首而會。雖非合體。而此字之意。實由彼字而來。猶之合體。又如[illegible]从艸从囟。囟不成文。實由胃而省。梟从鳥頭在木上。[illegible]不成文。實由鳥而省。眔从目从氺。氺不成文。實由隶而省。俎从半肉在且上。仌不成文。實由肉而省。分析雖有一不成文而不成文之一體。由省而來。實為成文。凡若此者。為會意變例。會意與形聲同為字而不同者。會意以意為主。不以聲也。

(四)形聲　以事為名。取譬相成。江河是也。此許叔重形聲之界說。段玉裁釋之云。以事為名。謂半義也。取譬相成。謂半聲也。本此界說。凡以義為字之形。以聲為字之音。其聲毫無意義者。如江从工聲。河从可聲。松从公聲。柏从白聲。芝从之聲。蘭从闌聲。雞从奚聲。鳩从九聲。銅从同聲。錫从易聲之類。為形聲正例。其聲兼意者。如禮从豊聲。豊亦意。禛从真聲。真亦意。吏从史聲。史亦意。訥从内聲。内亦意。以及宮从躳省聲。犖从勞省聲。童从重省聲。羔从照省聲之類。為形聲變例。形聲與會意同為字而不同者。形聲以聲為主。即所從之聲亦兼意者。而字之音必由聲而來也。

(五)轉注　建類一首。同意相受。考老是也。此許叔重轉注之界說。建類一首。謂同部也。同意相受。謂互訓也。本此界說。如考老同部。為建類一首。考老互訓。為同意相受。其他如萬當也。當萬也。蔆芰也。芰蔆也。同部而互訓者。為轉注正例。如裼但也。但裼也。勺料也。料勺也。不必建類一首。而同意可以相受。又如論議也。議語也。語論也。隔字互訓。怨恚也。恚怨也。懟怨也。慍怨也。恨怨也。懟怨也。恚怨也。輾轉互訓。皆為轉注變例。運用文字所以必需轉注者。文字由言語而來。制造文字。非一地。亦非一人。當書同文之時。使無轉注之法。以滙其通。則不同之文字。無法使之能同。惟有轉注。可以收同文之效。故曰轉注者。所以滙文字之通也。

(六)假借　本無其字。依聲託事。令長是也。此許叔重假借之界說。本無其字。言本無縣令長幼字。依聲者。言縣令之令。與號令之令。其聲同。長幼之長。與長久之長。其聲同。託事者。縣令為發號令之人。因謂之令。長者所經過之時間長久。因謂之長。本此界說。本無條理之理字。依聲託事。假借攻玉之理。為條理之理。本無道悳之道字。依聲託事假借道路之道。為道悳之道。為假借正例。或本有其字。而亦假借者。則依聲不必託事。如本有朋羣之攩。假借不鮮之黨用之。本有雲气之气。假借氣米之氣用之。本有嫥壹之嫥。假借六寸簿之尃用之。本有公厶之厶。假借禾名之私用之。攩與黨。气與氣。嫥與專。厶與私。聲依而事不必託也。凡本有其字。依聲不必託事者。為假借變例。運用文字。所以必需假借者。使一事一物。皆制造一文字。以為符號。非有數萬文字。則不能應運用。此本無其字。所以需假借也。使已有之文字。不能以聲相假借。則倉卒無其字。亦不能應運用之便利。有假借一法。數千文字。可以當數萬之用。同聲可以相假借。則倉卒無其字即可假借同聲音之文字以用之。為運用文字開一方便之門。而文字之用。於是無窮。故曰假借所以濟文字之窮也。

以上六書定義。係著者研究文字學史之結果。而得一比較平正之說。雖無新奇可喜之論。而亦無捍隔不通之處。本此定義。以論象形指事。制造文之法也。會意形聲。制造字之法也。轉注假借。運用文字之法也。研究制造文字與運用文字之法。文字學也。象形指事會意形聲為文字之形。轉注假借為文字之義。形與義皆不能與聲相離。形聲義為文字之三要素。無形不能筆之于手。無聲不能宣之于口。無義不能見之于用。合形聲義三者研究之。謂之文字學。自來言文字學之範圍。有廣義。有狹義。廣義的文字學。包括形聲義三部。狹義的文字學。研究文字之形者為文字學。研究文字之聲者為聲韻學。研究文字之義者為訓詁學。說文解字等書。形書也。廣韻等書。韻書也。爾雅等書。義書也。本上定義。文字學的範圍。當然屬於狹義的形。惟是轉注假借。在在有聲與義之關係。雖狹義的文字學。而涉及聲與義之處甚多。其專門為聲韻訓詁之研究者。獨立於文字學之外。而文字學則固以形為主。兼聲與義。而為研究者也。

文字學史之性質

上章所述。為文字學。茲書之編輯。則為文字學史。文字學史與文字學不同。文字學者。研究文字之條例。所以指示人研究文字之方法。文字學史者。則敘述研究文字之條例之著作。與其人。所以指示人知文字學說之源流。編輯文字學。則比較各家之學說。而以主觀判斷之。以求文字學說之統系。編輯文字學史。則搜集各家之學說。而以客觀敘述之。以得文字學之變遷。文字學之任務。在于明文字之條例。則凡過去之學說。在今日無甚價值者。可置之不論。求精求是。為學術的。文字學史之任務。在于求文字學之演進。則凡過去學說。雖在今日無甚價值。在某時代確成為一種學說者。則不能一筆抹殺。求真求實。為歷史的。所以文字學史之編輯有四要。搜集欲其豐富。辨別欲其真確。選擇欲其要約。敘述欲其簡明。

凡編輯歷史。首先材料之搜集。根據所搜集之材料。加以詳愼之辨別。而求其眞確。然後選擇其要約者。而以簡明之文章叙述之。故搜集不豐富。則掛一漏萬。其失也陋。辨別不眞確。則派別不分。其失也雜。選擇不要約。無以認識各家之眞。其失也泛。叙述不簡明。則易發散漫無歸束之弊。其失也蕪。文字學史。當亦如是。文字學只求學說之精深。文字學史則求學說由粗而精。由淺而深之進程。故搜集不豐富不能也。文字學只須明著述者本身之學說。文字學史則必須明著述者。當時各派之學說。故辨別不眞確不能也。文字學闡明一家之學說。可曲折詳細以達之。文字學史則記載各家之學說。並須詳其前因後果之關係。則選擇不要約。叙述不簡明。不能也。再者文字學史與文字史亦不同。文字史叙述文字之發生。與其由古文而篆文而隸書之變更。故叙述文字史。當溯自文字之原始。而甲骨文金文在所先述。文字學史則叙述文字書與文字學之著作。故只能始于秦漢。自倉頡篇以下。而甲骨文金文則在最後。蓋文字學。所以明文字之源流。文字學史所以明學說之先後。文字學史似為剏作。或已有先我而作者。著者却未之見。發凡起例。前無所承。草創此篇。殊難周密。因言文字學史之性質。如是。大雅君子。有以正之。

采取文字學史之材料及其方法與態度

上章言編輯文字學史。首先材料之搜集。根據所搜集之材料。加以詳慎之辨別。而求其真確。著者三十年來。搜集文字學之著作。合形聲義三部分計之。約七百餘種。關于形之一部分。亦三百種以上。雖不敢言搜集豐富。而約畧有相當之材料矣。著者搜集文字學之著作。毫無主觀的成見。無論其屬於何派。苟為書庫中所無者。皆一律搜集之。原預備文字學史材料之用。每一種書雖不能詳細研究。然必畧涉其樊。觀其大概。而尤注意其發凡起例。以知學派之趨向。每讀竟一書。

草。一提要雖不完全。而亦有十之七八。著者于文字學史之材料。搜集與辨別。自謂有相當之工作。茲編所運用之材料。大多數曾經涉獵其書。而從各個人之著述中所采取者。其有目無書。為秦漢之著述。苟有後人輯本者。亦皆從輯本中選擇采取。其無後人輯本。與本書一時不易搜集者。始乞助於目錄諸書。蓋歷史材料。一方面須欲其廣博。一方面須求其真實。著者文字學史材料之采取。務從廣博真實二點努力。或可以自信。與人以共信。惟文字學史之目的。是否弟敘述文字學之著作。而記其存佚。以存古人。抑敘述文字學之源流。而明其變遷。以示後人。前者為目錄。後者為歷史。編輯文字學史。當然采取後者之態度。以此之故。文字學史應當注意二問題。與讀者以暗示。一中國文字學發明甚早。何以今應用文字。皆不守文字學範圍。二由篆而隸而草而真。以至注音符號。早已脫離文字學之範圍。何以今文字學。幾成普通學科。此二問題。于現代文字之應用。極有關係。應使讀文字學史者。對於此二問題。能以歷史之觀念。而有相當之了解。次復中國文字。在秦代(小篆)為極有條例之文字。何必愈變而愈無條例。至于今日之簡字。只有應用之習慣。而無組織之學理。此一問題。亦當于文字學史上與人以暗示。文字學史雖以客觀的態度。敘述文字學之變遷。而又一方面。於變遷之中。可以得到解決以上三問題之徑途。此歷史之所以可貴者也。著者抱此種態度。第恐材料搜集。未能完備。不足顯明充實的表示。故于緒論中。特一及之。促讀者注意而已。

文字學史時期之區分

凡歷史必區分時期。普通史分為上古中古近古現代。文字學史亦有四個時期之區分。但不能用上古中古近古現代之成例。蓋普通史以歷史之時期為時期。學術史以學術之時期為時期。而文字史與文字學史時期之區分又不同。文字史以文字之起源，以篆隸草真之變遷為時期之區分，文字學史以文字學之演進為時期之區分。中國文字發生甚早，即現代出土之甲骨文字，亦在三千餘年前之殷代，而文字學則原始於秦漢之時。雖禮記中庸有書同文之語，周禮保氏有六書之名，據此周代已有整理文字之工作，而有文字學之發生。但是雖曾整理文字，而可決言整理之工作殊未告成。現在所存之西土文字，（金文）與東土文字，（書六藝文字）未能盡合六書之例條，文字盡合六書之條例者，為秦代之小篆。整理文字工作，至秦代始告成，至漢代有文字書之編輯，故文字學當以自秦漢始。於是區分文字學史為四時期，第一時期為文字書時期，自秦漢至於隋止。第二時期為文字學前期，自唐至于明止。第三時期為文字學後期，有清一代。第四時期為古文字學時期，自清末至現在。分述于下。

何謂文字書時期。　言此時期中，僅有文字書之搜輯，而無文字學之研究。

此時期，自秦漢至隋，計八百年餘。此八百年餘中，在文字學上要重之書，今日羣推為文字學之始祖，即說文解字一書是也。說文解字一書，的確為文字學最重之書。自唐宋以來，迄于今日，研究文字學者，皆以說文解字為中心。而後人研究之範圍，每多擴充及於說文解字之外。說文解字本書雖則是明字例之條，分別部居，不相襍廁，但是僅於敘中關於六書各有八字之界說，其他無多學說，開示後人，只以供研究文字學者之探討，而不能為研究文字學者之指導。所以說文解字一書，其本身仍為文字書，而非文字學。說文解字以前，如八體六技、倉頡篇以下諸書，大半不存，而就僅存之急就篇，與輯佚各書觀之，其為文字書，更為明顯。說文解字以後諸書，多數為倉頡篇之一體，字林、玉篇為說文解字之一體。其他如廣雅之屬于義部，廣韻之屬于韻部，不在狹義文字學範圍之內，故不及此。第一時期，自秦漢至隋。

為文字書時期也。

何謂文字學前期。　言此時期。不僅為文字之搜輯。而能為文字之研究。因有研究。故為文字學。因研究不甚精深。故為文字學前期。此時期自唐至明。計一千年餘。此一千年餘中。於文字學有繼絕舉廢之功。當推徐鉉徐鍇。凡弟先於徐氏。畧有文字研究之性質者。為唐之李陽冰。李氏之書雖不存。據徐鍇說文繫傳袪妄篇。可以稍窺見李氏研究文字之迹。李氏擅改雖頗乖謬。然能據文字而說解之。與玉篇僅搜輯文字而不加以說解者不同。李氏之書。已開文字學之先路。其他如顏師古顏元孫之正筆畫。張參季元度之考及經書中之文字。皆具有研究之傾向。二徐校訂之功。今極賴之。徐鍇於李陽冰擅改之餘。能袪妄糾謬。視徐鉉為較精。自是以後。如鄭樵楊桓趙古則趙宧光等所著之書。雖所得不深。所見不精。甚且關於六書之說解。致為謬誤。然皆具有文字學之性質。不僅搜輯文字成書已也。此第二時期。自唐至明。為文字學前期時期也。

何謂文字學後期。　言此時期研究文字學者。或綜合的研究。或分析的研究文字學。已成為有統系有條例之學也。此時期為有清一代。計二百六十餘年。此二百六十餘年中。如段氏玉裁之精深。桂氏馥之博大。王氏筠之釋例。朱氏駿聲之定聲。各能以力之所至。而成絕詣。而錢氏大昕大昭坫之成就。亦甚巨。其專研究校勘者。則有嚴氏可均鈕氏樹玉等。專研究新附新補者。則有鈕氏樹玉。錢氏大昭。鄭氏珍等。專研究逸字者。則有張氏鳴珂等。專研究俗字者。則有邵氏瑛。李氏富孫等。專研究引經者。則有柳氏榮宗。承氏培元等。專研究以說文解字中之文字。證經書中之文字者。則有錢氏大昕。陳氏壽祺。俞氏樾等。其他有專研究說文解字中之重文者。有專研究說文解字中之部首者。有專研究說文解字中之闕文者。有專研究徐氏之未詳者。有專研究二徐之異同者。有專研究六書全部之例者。有專研究轉注之例者。有專研究假借之例者。有專研究讀若之例者。並有匡段訂段補段申段專為段注之研究者。此第三時期。有清一代為文字學後期時期也。

何謂古文字學時期。　言此時期。文字學之研究已告成功。進而為古文字學之研究。古文字指秦篆以前之文字。其重要者為金文與甲骨文。此時期自民國紀元前三十年至現在。計五十餘年。此五十餘年中。重要之發見為民國紀元前十三年（清光緒二十五年）安陽出土之甲骨文。自甲骨文發見以後。二十七年來。甲骨文不僅為文字學參考之材料。且為歷史參考之材料。不僅於甲骨文之本身。有深刻之研究。且影響於金文研究方法之進步。金文搜輯。雖始於宋代。而為文字學之研究。則始于清末。而為文字學進步之研究。則始于甲骨文發見以後。以前研究文字學者。只求書本之証據。現在研究文字學者。則求實物之証據。以前研究文字學者只有文字之觀念。現在研究文字學者。嘗有歷史之觀念。例如研究金文者。除研究文字而外。器之型式及其花紋與其辭之內容。皆在研究之列。研究雖尚未告成功。然已脫文字學時期。而入古文字學時期也。

第一編　文字書時期　自秦漢至隋

文字學之萌芽

本文字學史。於文字書時期。雖斷自秦始。於文字學時期。雖斷自唐始。但文字學之萌芽。決在秦以前。六書為整理文字所定之名稱。已畧有文字學之性質。周官「保氏養國子以道。乃教之六藝。一曰五禮。二曰六樂。三曰五射。四曰五馭。五曰六書。六曰九數。」周官雖非周公之書。然至晚亦是西漢末年人作品。惟只有六書之總名。無六書之分名。六書分名。見于漢書藝文志。藝文志云「古者八歲入小學。故周官保氏掌養國子。教之六書。謂象形。象事。象意。象聲。轉注。假借。造字之本也。」漢書藝文志。是班固所作。其實本於劉氏七畧。其時亦在西漢末年。六書為文字學重要之條例。其名稱雖見於西漢末年人之記載。而其發生當較早。蓋六書為整理文字歸納所得之名稱，禮記中庸「今天下書同文，」是文字未經整理以前，不能同也，鄭康成注「今孔子謂其時，」是六書之名稱尚在孔子以前，至晚亦與孔子同時，然只有名稱而無說解，其六書之說解是否即如許慎之所云。已不可考，而況象事與指事，象意與會意，象聲與形聲，名稱不同，近代廖氏平，主四象之說，以為得保氏之意，實則僅能得其名稱，其他悉無從測度，故六書之學說，當自說文解字始，以許書敘中，每一書尚有八字之界說，可以推尋也，

文字書之原始

集文字成書，存于今者，莫古於爾雅，爾雅作者有周公，孔子，子夏，叔孫通，梁文之不同，清四庫書目提要所考，乃西漢經師輟輯舊聞，遞相增益而成者，據此爾雅之時代，亦不能甚早。且爾雅為訓詁學，此編是文字學史，非訓詁學史，故不復述，及漢書藝文志，小學家首列史籀十五篇，自注「周宣王太史作大篆十五篇，」

又云「籀篇者。周時史官教學童書也。與孔氏壁中古文異體」。此文字書之最早者也。清馬國翰輯逸。即以說文解字中之籀文當之。王國維著史籀篇疏證考籀非書體名稱。史籀乃書之名稱。其文字即周秦間西土文字。春秋戰國間。秦人作之。以教學童。是不承認班固自注之說。承認其又一說。教學童之書。但籀非人名。亦非周時史官所作。然文字書之早者。當仍是史籀篇。惟其書既逸。馬國翰之所輯者。既非史籀篇之舊。其原書若何。無從推其痕跡。所可知者。文字最古之書。有一史籀篇而已。漢書藝文志小學家有八體六技。一書無卷數。無著作人名。韋昭注云「八體。一曰大篆。二曰小篆。三曰刻符。四曰蟲書。五曰摹印。六曰署書。七曰殳書。八曰隸書」。與說文解字之八體合。據此八體是秦書之八體。漢興。尉律以之試學童者。說文解字敘云學童十七以上始試。諷籀書九千字。乃得為史。又以八體試之。郡移太史。以為尚書史。書或不正。輒舉劾之。六技當是六書。清謝氏啟昆云。「技字似誤。六書是亡新改定之六書。」說文解字叙云。「亡新居攝。使大司空甄豐等校文書之部。自以為應制作。頗改定古文。時有六書。一曰古文。孔子壁中書也。二曰奇字。即古文而異者也。三曰篆書。即小篆。四曰左書。即秦隸書。五曰繆篆。所以摹印也。六曰鳥蟲書。所以書幡信也。」八體既以之試學童。當然有搜輯成書者。其成書時代應在漢以前。六書乃亡新時之修改者。惟漢書藝文志書目中列有八體六技之名。而叙論云。「漢興。蕭何草律。亦著其法。曰太史試學童諷書九千字以上。乃得為史。又以六體試之。」減八體為六體。而六體與亡新六書之名稱相同。是六書不始亡新。與說文解字叙不合。若據漢書藝文志叙論。則八體六技一書。非漢興所試之八體。合以亡新所改定之六書。但其書已佚。無從考證。惟合漢書藝文志與說文解字序觀之。當時試學童必有一書。為學童所共習者。則八體六技為較古之文字書可斷言也。

倉頡以下七篇

說文解字敘云「七國之時，言語異聲，文字異形。秦始皇初兼并天下，丞相李斯乃奏同之，罷其不與秦文合者。李斯作倉頡篇，中車府令趙高作爰歷篇，太史令胡母敬作博學篇，皆取史籀大篆，或頗省改，所謂小篆也。」蓋小篆以前之文字，筆畫或多或少，頗不整齊，東土文字與西土文字又復岐異。李斯奏罷不與西土文字相合者，復本史籀篇之西土文字再加整理之工作，或省其繁重，或改其奇怪，而成秦篆，乃造倉頡篇以為文字之滙歸。㈠ 李斯可謂整理文字學之始祖，同時趙高作爰歷篇，為獄吏之用。㈡ 胡母敬作博學篇，為天時星曆之紀載。㈢ 此秦時之文字書也。漢興，閭里書師合倉頡、爰歷、博學三篇，斷六十字以為一章，凡五十五章，三千三百字，為倉頡篇。漢時通行之文字書，即并秦時三書為一書，惟漢律太史試學童，能諷九千字以上，乃得為史。倉頡篇僅三千三百字，所謂九千字者。果為何書。是否即八體六技。今已無從考證。觀此秦雖焚燒六經。而整理文字之工作。其成效頗著。漢興。蕭何草律。雖未廢挾書之令。而試學童尚能諷籀九千字以上。並以八體書之。此秦文化之遺也。迨後尉律不課。小學不修。只有閭里書師之三千三百字。甚至不能通其讀。孝宣時乃召通倉頡讀者。敞從之受讀。(四)涼州刺史杜鄴。沛人爰禮。講學大夫秦近。皆當時能通倉頡讀者。(五)武帝時司馬相如作凡將篇。無復字。(六)元帝時黃門令史游作急就篇。(七)成帝時將作大匠李長作元尚篇。(八)皆倉頡中正字。惟凡將篇中。文字頗有出入。平帝時徵爰禮等百餘人令說文字未央殿中。以禮為小學元士。(九)黃門侍郎揚雄。取其有用者作訓纂篇。(一〇)又易倉頡中重複之字。凡八十九章。五千三百四字。六藝羣書所載畧備矣。此倉頡以下七篇。即許慎說文解字敘所云。凡倉頡以下十四篇是也。(一一)

(一)漢書藝文志。倉頡一篇。七章。秦丞相李斯所作。佚。

㊁漢書藝文志爰歷六章車府令趙高所作也佚劉奉世云趙高作爰歷獄吏用之

㊂漢書藝文志博學七章太史令胡毋敬作佚司馬彪云太史令掌天時星厤按秦焚書有學者以吏為師博學所記當時天時星厤所用之文字

又按爰歷博學漢時并于倉頡之内名倉頡篇其書亦佚偶有一二語存於他書中者亦不能分其為倉頡為爰歷為博學也

㊃漢書藝文志倉頡多古字俗師失其讀宣帝時徵齊人能正讀者張敞從受之傳至外孫之子杜林為作訓故按張敞字子高河東平陽人子吉吉子竦

㊄杜業字子夏魏郡繁陽人其母張敞女從敞子吉學問說文解字亏部平下有爰禮說講學大夫新莽所設官名秦近即桓譚新論所云秦近君說堯典篇目兩字至十餘萬言說曰若稽古三萬言者

㊅漢書藝文志凡將一篇司馬相如作佚又司馬相如傳云相如字長卿蜀郡成都人

㊆漢書藝文志急就一篇黃門令史游作存

(八)漢書藝文志。元尚一篇。將作大匠李長作。佚。

(九)漢書平帝紀。元始五年。徵天下通知逸經古記天文麻算鍾律小學史篇方術本草以及五經孝經爾雅教授者所為駕一封軺傳遣詣京師至數千人。按爰禮等百餘人乃數千人中通小學之百餘人也。

(一〇)漢書藝文志訓纂一篇。揚雄作。佚。又揚雄傳云。雄少而好學。意欲求文章成名于後世。以為經莫大於易。故作太玄。傳莫大于論語。作法言。史篇莫大于倉頡。作訓纂。

(一一)段玉裁云。合李斯趙高胡毋敬司馬相如史游李長揚雄所作而言之。本止有倉頡爰歷博學凡將急就元尚訓纂七目。又折之為十四。其詳不可聞矣。

倉頡以下七篇之體例與僅存之急就篇

倉頡以下七篇。六篇悉佚。現存者惟急就篇。其書大概以三字七字為句。亦間有四字為句者。句必協韻以便讀者。雜記普通事物如人名。藥名。器物。及植物。動物之類。為人生應有之知識。蓋漢時教學童之書。惟其書在說文解字之前。(一)雖展轉傳寫頗有譌誤。而所存古字亦有之。故鄭康成。孔穎達注經。李賢注史。皆引急就。今考其文字。雜作襍。妙作眇。霍作靃。奩作斂。藏作臧。繮作韁。鞠作茸。脹作張。癲作顛。潔作絜。境作竟。蘓鞸作索擇。箜篌作空侯。駏驉作巨虛。葶藶作亭歷。猶可見文字變遷之迹。其他如倉頡篇之考妣延年。②幼子承詔。③神仙之術。④凡將篇之黃潤纖美宜禪制。⑤淮南宋蔡舞嘷喻。⑥鍾磬竽笙筑坎侯。⑦此畧見於各書所徵者。皆與急就篇之體例畧同。其元尚訓纂當亦如是。此可見說文解字以前。文字書之體例矣。自說文解字出。諸書悉廢。急就篇所以獨存者。以其為草書之權輿。後人摹寫者多也。歷代摹寫急就篇者。漢有張芝。⑧崔瑗。⑨魏有鍾繇。⑩吳有皇象。⑪晉有索靖。衛夫人。王羲之。⑫後魏有崔浩。⑬唐有陸東之。⑭宋有大宗御書。⑮元有趙孟頫。⑯明有仲溫。⑰注之者。後漢有曹壽。⑱魏有劉芳。⑲北魏有崔浩。⑳北周有豆盧寧。㉑北齊有顏之推。㉒唐有顏師古。㉓宋有王應麟。㉔今存

者惟顏師古王應麟二家。急就篇因寫本文字頗多不同。至清為急就篇考異有二家。一孫星衍。㉕ 一莊世驥。㉖

㈠急就篇存書之年無考。史游元帝時為黃門令。元帝在位十六年。成書之年至遲在竟寧元年。說文解字據後序。粤在永元困頓之年。是成書當在和帝永元十二年。上距元帝竟寧元年一百三十二年。又據許沖上書表建光元年。是上書當在安帝十五年。上距竟寧元年一百五十三年。

㈡見禮記曲禮孔穎達正義。又見爾雅釋親郭璞注。

㈢見說文解字敘。

㈣見說文解字敘。

㈤見文選左大沖蜀都賦劉淵林注。

㈥見說文解字口部嘮訶聲嘮喻也。引司馬相如說。又見集韻十二庚嘮字注。

㈦見藝文類聚卷四十四。

（八）後漢書張奐傳云。張芝字伯英。燉煌酒泉人。又韋誕云。其草書急就章。皆一筆而成。宋黃伯思東觀餘論云。今世所傳惟張芝索靖二家為真。皆草書。而伯英書祇有鳳爵鴻鵠等數行。

（九）漢後書崔瑗傳云。崔瑗字子玉。涿郡安平人。駰之中子。又清和書畫舫道家藏名蹟有崔瑗臨急就章。

（一〇）魏書鍾繇傳云。鍾繇字元常。潁川長社人。又玉海引太宗實錄云。先是下詔求先賢墨蹟。有以鍾繇書急就章為獻。字多踳駁。

（一一）吳志趙達傳注云。皇象字休明。廣陵江都人。又玉海云。急就篇前代能書者。多以草書寫之。今惟有一本。相傳是皇象寫。

（一二）晉書索靖傳云。索靖字幼安。燉煌人。又翰墨志。衛夫人名鑠。字茂猗。晉汝陰太守李矩妻。又晉書王羲之傳云。王羲之字逸少。司徒導之從子。又東觀餘論云。靖所書乃有三分之二。其闕者自毋縛而下。纔七百五十字。此本是已。蓋後人摹而未填者。又葉夢得石林集云。索靖章草急就篇。一千四百五十字。又顏師古急就章序云。舊得皇象鍾繇衛夫人。王羲之所書

本又晁公武讀書後志云自昔善小學者多書此故有皇象鍾繇衛夫人王羲之所書傳於世

⑬魏書崔浩傳云浩既工書人多託寫急就章從少至老初不憚勞

⑭唐書陸元方傳云陸柬之蘇州吳人元方伯父又宣和書譜云柬之書急就章最聞于時

⑮玉海云太宗實錄端拱二年十月丙辰以御書急就章藏于秘閣

⑯元史趙孟頫傳云宋太祖子秦王德芳之後也四世祖伯圭賜第湖州為湖州人按今世所傳之急就篇係元成宗大德七年趙孟頫所書者

⑰王世貞集云余家藏仲溫急就章二百年矣取葉少蘊刻皇象石本閱之大小行模及前後闕處若一

⑱舊唐書經籍志急就章一卷曹壽解

⑲北史劉芳傳云芳字伯支彭城叢亭里人撰急就篇續注音義三卷

⑳隋書經籍志崔浩有解急就章二卷

㉑北史豆盧寧傳云寧昌黎徒河人其先世本賜慕容氏賜姓豆盧氏又隋書經籍志急就章三卷豆盧氏譔

㉒舊唐書經籍志急就章注一卷顏之推譔

㉓舊唐書經籍志急就章注一卷顏師古譔師古自序云（上畧）師古家傳蒼雅廣綜流畧尤精訓故（中畧）舊得皇象鍾繇衛夫人王羲之等所書本備加詳覈足以審定凡三十二章究其真實又見崔浩及劉芳所注人心不同未云善也遂因暇日為之解詁皆據經籍遺文先達舊旨（中畧）字有難易隨而音之別理兼通亦即並載（下畧）

㉔宋史儒林傳云王應麟所著有補急就篇六卷應麟自序云（上畧）迺因顏注補其遺闕擇衆本之善訂三寫之差以經史諸子探其原以爾雅方言本草辨其物以詩傳楚辭叶聲韵以說文廣韵訂音詁（中畧）實事求是不敢以畧說參焉疑者闕之以俟後之君子

㉕清孫星衍譔急就篇考異一卷自序云（上畧）今所見法帖有紹興三年勒石本與玉篇所載碑本文字異同皆合則即王應麟所引碑本也所存注解惟顏師古及王應麟本餘無

存焉。葉夢得石林燕語。史游急就章二千二十三字。相傳為吳皇象書。摹張鄧公家本。文云。索靖章草急就篇。一千四百五十字。紹興甲子偶得秘書郎黃長睿雙鉤所摹於福唐。按今紹興本。纔一千三百九十九字。前題史游名。知即索靖本。故大學士梁國有臨本。字小于紹興本。缺字尚少。不言據何本。而相國書脫誤亦多。予惜顏注本既不依古本分章。玉海所稱碑文異字。核之今帖。尚有遺漏。因以帖本為定。校各本文字。為考異一卷。（下畧）

㉖清莊世驥撰急就章考異一卷。遵義鄭知同序云。（上畧）至道間高宗究心字學。欲廣求先世墨迹。或鍾書體多踳駁。乃親草一通。刊石。敕藏秘閣。今觀其文大半同顏。亦屢同皇。當是會勘諸家。意為重定者。未幾趙氏汝誼別得黃魯直手校本於太和人家。其間小有箋識。亦得李仁甫所藏顏注校。以劉子澄家本。於是舉高宗御書冠諸顏注篇首。而錄黃李本異文附焉。羅願為之箸定。顧不置辨。豈其難下雌黃也耶。最後王伯厚補顏氏注。仍依羅式。弁以御書首校顏氏。次及黃李。兼取皇本。又得朱子越東刊石。凡五家。殊別字各于當句下旁注詳之。魯直所箋。別采入補注。其自注亦閒取諸家誼長者。舉證之。第未肯暢違顏說。不過

稍稍商榷若然故未可云折衷盡善也是後諸本漸淪惟王所輯附玉海屢得行世數百年更無嫺理者矣（中畧）爰有莊氏世驥甄及此文箸為考異是不可少（下畧）按莊世驥青浦人其書正文以紹興三年勒石本為據徧校顔本王本黄本而記其異字并以案語斟酌之又按其書是未竟之本鄭知同訂補寖增及半

七篇以外之文字書

兩漢之文字書除説文解字外大概三四七言為句如上七篇之所述矣七篇以外之文字書頗多當時以多認識文字著名者西漢則有揚雄東漢則有蔡邕（許慎另紀）漢書載劉棻嘗從雄作奇字則雄多認識文字可知而雄所著有倉頡訓纂一篇已紀于上又有別字十三篇倉頡傳一篇其書已佚而説文解字中所引揚雄説或即出于以上各書之中㊀後漢書載建寧中校書東觀議郎邕以經籍去聖久遠文字多謬俗儒穿鑿疑誤後學熹平四年乃與五官中郎將堂谿

典、光祿大夫楊賜、諫議大夫馬日磾、議郎張馴、韓說、太史令單颺等、奏求正定六經文字、靈帝許之、邕乃自書丹于碑、刻石立于太學門外、于是後儒晚學、咸取正焉、碑始立、其觀視及摹寫者、車乘日千餘兩、填塞街坊、是蔡邕為校正六經、文字之有功者、而邕所著有勸學篇、又有聖皇篇、女史篇、(二) 其書悉佚、而勸學篇稍見于他書所引、如儲副君也、價賣力也、為文字書、又如人無貴賤、道在則尊、為非文字書、其聖皇篇等、他書所引者、只見程邈刪古立隸文一語、女史篇未見他書徵引、體例如何、不可得而言、惟隋志悉列於文字類、當是文字書也、此外杜林有倉頡訓纂、倉頡故、(三) 班固有太甲篇、在昔篇、(四) 賈魴有滂喜篇、(五) 崔瑗有飛龍篇、(六) 衛宏有古文官書、(七) 郭顯卿有雜字音、古今奇字、(八) 書佚已久、要皆七篇以外之文字書也、至許慎所謂博訪通人、見于說文解字所引者、除孔子楚莊王韓非、其餘皆漢之通人、當時必有文字書、然已不可考矣、(九)

㈠漢書藝文志訓纂一篇別字十三篇倉頡傳一篇揚雄作按說文解字肉部臙下引揚雄說鳥腊也晶部疊下引揚雄說古理官決罪三日得其宜乃行之从晶从宜等所引頗多出于何篇雖不能證明可以知揚雄為當時之多識文字者

㈡見隋書經籍志

㈢漢書藝文志杜林倉頡訓纂一篇杜林倉頡故一篇倉頡多古字俗師失其讀宣帝時徵齊人能正讀者張敞從受之傳至外孫之子杜林為并列焉按杜林為東漢人班固列其書于藝文志則重視其書可知又按說文解字缶部⿰缶睪下引杜林說以為竹筥斗部斡下引杜林說軺車輪斡草部董下引杜林說藕根寸部耐下引杜林說法度之字皆从寸等當然出於倉頡訓纂倉頡故書中也

㈣見隋書經籍志謝啟昆云漢書藝文志云臣復續揚雄十三章韋昭注臣班固自謂也作十三章後人不別疑在倉頡下篇三十四章中今考隋志所列太甲在昔二篇亦疑即倉頡篇中之二也說文解字亦引班固說

㈤隋書經籍志。後漢郎中賈魴作滂喜篇。又北史江式傳。李斯倉頡九章。趙高爰歷六章。胡毋敬博學三章。後人分五十五章為上卷。至哀帝元壽中。揚子雲作訓纂為中卷。和帝永元中。賈魴接記滂喜為下卷。故稱為三倉。

㈥見阮氏七錄。

㈦隋書經籍志。古文官書一卷。後漢議郎衛敬仲撰。按說文解字吅部𡅕下。引衛宏說。𡅕即禳字。黹部黺下。引衛宏說。黺畫粉也。从黹从粉省。等當出古文官書也。

㈧隋書經籍志。雜字指一卷。後漢太子中庶子郭顯卿撰。古今奇字一卷。郭顯卿撰。按郭忠恕汗簡。引郭顯卿雜字指二十九字。余頗疑汗簡所引是古今奇字。然無可考證。

㈨說文解字所引有孔子說。楚莊王說。韓非說。司馬相如說。淮南王說。董仲舒說。劉歆說。揚雄說。爰禮說。尹彤說。逯安說。王育說。莊都說。歐陽喬說。黃顥說。譚長說。周成說。官溥說。張徹說。甯嚴說。桑欽說。杜林說。衛宏說。徐巡說。班固說。傅毅說。賈侍中說。

許慎之說文解字

二千年來在文字學上首屈之書。亦最有威權之書。惟有許慎之說文解字。漢書儒林傳「許慎字叔重。汝南召陵人也。性淳篤。少博學經籍。馬融常推敬之。時人為之語曰。五經無雙許叔重。為郡功曹。舉孝廉。再遷除洨長。卒于家。初慎以五經傳說臧否不同。於是撰為五經異義。又作說文解字十四篇。皆傳於世。」于此寥寥八十五字短傳中。可以窺見許氏深于五經之學。故能成此偉大之文字書。其著說文解字之動機。據其自序。漢代通行隸書。學者往往詭正文。鄉壁虛造不可知之書。馬頭人為長。(一) 人持十為斗。(二) 屈中為虫。(三) 止句為苛。(四) 悉不合於字例之條。今存漢碑。隸變而不通者。如衡方碑。虎變為虎。劉熊碑。能羆為熊。三公山及禮器碑。叔伯為尌。孔宙碑。鄫曾為鄫。白石神君碑。本末為本。鄗閣頌。俊乂為俊。景君碑。蓋有為蓋。禮器碑。器皿為器。似此者不一而足。可見自隸變而後。文字多無條例之可言。於是𠞰為說文解字一書。以明字例之條。其材料之來源。除承倉頡已下十四篇。（實七篇見上）五千三百四十字外。其他來源有三。一、六藝中之文字。㊄二、鐘鼎彝器中之文字。㊅三、博采通人之所得。㊆其書以篆文為主。合以古籀。㊇成于和帝永元十二年。上于安帝建光元年。凡十四篇。㊈五百四十部。九千三百五十三文。（一〇）重一千一百六十三。㊁說解凡十三萬三千四十一。㊂說文解字之發生。與內容之大概。已畧述如上。而其在文字學史上之價值有八。

一、分部之創舉也。五百四十部。統攝九千三百五十三字。為前此文字書之所無。後敘云同條牽屬。共理相貫。雜而不越。據形系聯。以今日之眼光觀之。或有未周密之處。㊂然至今日編輯字書者。尚多沿用其例而變通之。

二、明字例之條也。六書為整理文字之條例。雖屬後起。然自經整理以後。九千三百五十三字。皆能說以六書之條例。使讀其書者。可得形聲義相互之關係。㊃

雖其中稍涉牽強者，未能盡免（五）。然大多數悉可通明字例之條，為古今文字書所未有。

三、字形之畫一也。甲骨文金文，形體悉不一致，筆畫或多或少，雖非圖畫，尚未脫盡圖畫之痕迹（六）。至于小篆，筆畫遂趨一致，多一筆不可，少一筆亦不可。古籀變為小篆，相傳李斯等所改（七）。倉頡等篇今已不存，而說文解字能成一部整齊畫一之文字書，其功實巨。

四、古音之參考也。說文解字九千三百五十三字中，形聲字七千六百九十七。此七千餘字，取譬相成之聲，其古音之材料，視三百篇詩而有過之。清朝中葉，研究古音者，以七千餘形聲字為研究之根據，而所獲頗多。（六）

五、古義之總匯也。六經文字，多用假借。說文解字，必明本義，借義通行，本義遂晦。且不明本義，亦無以明假借之理。相沿既久，譌謬多多，久不根據說文解字。如朋

友言語等字。往往發生誤解。(一九)

六、能溯文字之原也。說文解字。雖以小篆為主。而小篆實古籀之遺。(二〇)所以今日研究古文字學者。莫不以說文解字為研究之基礎。蓋小篆雖已經過整理之工作而齊一之。尚未至如隸變之大改其形。每一文字。必有一文字之例。可以假此例上溯古文字之形。(二一)

七、能為語言學之輔助也。有聲音而後有言語。有言語而為有文字。文字之音由言語之音而來。言語之音由自然之音而來。于說文解字中。猶留得其痕迹。(二二)至天之訓顛。日之訓實。川之訓穿。可推求言語之根。(二三)又古多專名。後來專名廢棄。而以形容詞加于共名之上以代之。亦可推求言語之變遷。(二四)若訓擇菜。汏訓淅米。今日方言。見于說文解字中者頗多。可為方言之考證。(二五)

八、能為古社會之探討也。說文解字一書。雖非原始時代文字之形義。但必繼承

原始時代文字之形義而來根據說文解字上溯甲骨文及金文可為古社會探討之材料極多（三六）

以上八項可約為二一為聲音訓詁之價值一為語言歷史之價值關於聲音訓詁一方面清儒之著作極其精博述于文字學後期一篇關于語言歷史一方面為現代研究文字學一條新路述于古文字學時期一篇前者之研究雖總六經秦漢之書為研究之材料在文字上言終不出說文解字之範圍後者之研究雖不僅根據說文解字一書而必合甲骨文金文為共同之研究而說文解字要為研究材料中之一大部且研究甲骨文金文必假徑于說文解字此說文解字所以為最有權威之書也

㊀段玉裁云謂馬上加人便是長字會意曾不知古文小篆長字其形見於九篇（說文解字九篇長部𠑷𠤕久遠也从兀从匕亾聲兀者高遠也久則變匕𣄼者到亾也𠤕亦古文長）

今馬頭人之字罕見。蓋漢字之尤俗者。

㈡段玉裁云。漢隸字斗什升。與升字什字相混。正所謂人持十也。斗見十四篇。（說文解字十四篇斗部。毛丨十升。象形。有柄。）小篆即古文也。本是象形字。

㈢段玉裁云。蟲从三虫。而往往假虫為蟲。許多云蟲省聲是也。虫見十三篇。（說文解字十三篇虫部。 一名蝮。博三寸。大如擘指。象其臥形。）本象形字。所謂隨體詰詘。隸字祇令筆畫有橫直可書。本非从中而屈其下也。

㈣段玉裁云。訶責字見三篇言部。（說文解字三篇言部。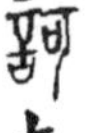 大言而怒也。从言可聲。）俗作呵。古多以苛字荷字代之。漢令乙有所苛人受錢。謂有治人之責者而受人錢。苛从艸可聲。假為訶字。並非从止句也。而隸書之尤俗者。乃譌為苛。說律者曰。此字从止句。句讀為鉤。謂止之而鉤取其錢。其說無稽。於字意律意皆大失。

㈤說文解字敍云。其偁易孟氏。書孔氏。詩毛氏。禮周官。春秋左氏。論語孝經。皆古文也。段玉裁云。謂全書中明諭厥誼。往往取證于諸經。非謂偁引諸經皆壁中古文也。易孟氏之非壁中書明矣。

㊅說文解字敘云。郡國亦往往於山川得鼎彝。其銘即前代之古文。按吳大澂謂許叔重未見郡國所出之鼎彝。未免大過。如丄之古文作𠄞。丅之古文作𠄟。甲骨文金文皆作𠄞𠄟。王之古文作𤣩。盂鼎之𤣩。仲尊之𤣩。皆相同。是說文解字中之古文。非盡六藝中之古文。不過六藝中之古文多。鼎彝中之古文少耳。

㊆說文解字敘云。博采通人。至于小大。信而有徵。按說文解字載孔子說等有二十七人之多。（二十七之姓名見上七篇以外之文字書註）皆博采通人之所得也。

㊇段玉裁云。篆文謂小篆也。古籀謂古文籀文也。（按說文解字中之古文。多是東土文字。說文解字中之籀文。乃是西土文字。）許叔重復古。而體例不先古文籀文者。欲人由近古以考古也。小篆因古籀而不變者多。故先篆文。正所以說古籀也。隸書則去古籀遠。難以推尋。故必先小篆也。其有小篆已改古籀。古籀異于小篆者。則以古籀附小篆之後。曰古文作某。籀文作某。此全書之通例也。其變例則先古籀後小篆。如一篇二下云古文丄。丅下云篆文

二。先古文而後籀文者。以首帶字从二。必立二部。使其屬有所从。凡全書先古籀後小篆者。由部首之故也。

⑨後敘云。十四篇。冲上書云。十五卷。十四篇者。不兼敘言也。十五卷者。兼敘言也。今本說文解字十五卷。每卷分上下。其第十五卷上為敘與部目。卷下為後敘與冲上書。

⑩依大徐本所載字數。冣之。正文九千四百三十一。增多者七十八。

⑪依大徐本所載字數。冣之。重文千二百七十九。增多者百一十六。

⑫依大徐本所載字數。冣之。說解凡十二萬二千六百九十九。較少者萬七百四十二。

⑬五百四十部之次序。始一終亥。不以筆畫次先後者。篆書之筆畫不易分也。又如詹不入言部而入八部。歸部亦欠明瞭。

⑭如仲衷忠三字。皆从中得聲。皆有中之義。而仲从人為人之中。衷从衣為衣之中。忠从心為心之中。又如諄惇𩐨醇。皆从𦎫得聲。𦎫厚也。皆有厚之義。而諄从言為言之厚。惇从心為心之厚。𩐨从攴為督責之厚。醇从酉為酒之厚。

㊄如衣象覆二人之形。鬥兩士相對。兵杖在後。象鬥之形。說皆牽強。

⑯甲骨文羊字。有等形。金文羊字。有等形。金文視甲骨文趨畫一矣。然猶不如篆文之整齊也。甲骨文與金文。每字不祇一形。姑舉一羊字為例。

⑰說文解字敘云。分為七國。田疇異畮。車涂異軌。律令異灋。衣冠異制。言語異聲。文字異形。秦始皇初兼天下。丞相李斯乃奏同之。罷其不與秦文合者。斯作倉頡篇。中車府令趙高作爰歷篇。太史令胡毋敬作博學篇。皆取史籀大篆。或頗省改。所謂小篆也。

⑱清儒據七千六百九十七形聲之字。以研究古音。所著之書。有姚文田說文聲系。嚴可均說文聲類。苗夔說文聲讀表。張成孫說文諧聲譜。陳立說文諧聲孳生述。張行孚說文審音等。

⑲論語學而篇。「有朋自遠方來」。又「無友不如己者」。朋友二字不是同一解釋。同門謂之朋。同志謂之友。若是有友自遠方來。即引以為樂。是普通人之情感心理。非學者之設教心理。若無朋不如己者。使講不通。因為不如己者。不能不與之同門。惟志則不可不如己不

如已專指志向而言。不指學業而言。用朋字處不可用友字。用友字處不可用朋字。論語鄉黨篇「食不語寢不言」。言語二字不是一樣解釋。直言曰言。論難曰語。是教人吃飯時不要辯論。不是教人吃飯時不要講話。

㊁說文解字中之篆文證之。如一之作一。玉之作王。璧之作𤨜。士之作士。莫之作茻。走之作□。止之作止。又之作□。尹之作□。初之作□。可之作可。丹之作□。彤之作□。井之作井。來之作來。因之作因。有之作□。夜之作□。多之作多。頌之作□等。小篆頗多古籀者。詳于張行孚說文發疑中小篆多古籀文一篇。其後王國維言之更晰。

㊂說文解字有「召」「招」二字。以口曰召。以手曰招。甲骨文有「□」「□」「□」「□」等形。金文有「□」「□」「□」等形。相其形象。从兩手。从口。从皿。刀聲。或从兩手。从口。刀聲。或从兩手。从口。从酒。从皿。刀聲。金文中之刀竟為肉字。觀此古招召不分。从酒。从皿。招召而就飲食。所以招召者用手口也。肉亦是食物。後來由一字

而分為兩字。招手許也。召口許也。肉變為聲讀而為刀。又說文解字。宮从宀躳省聲。甲骨文宮有「□」「□」「□」等形。金文宮有「□」「□」等形。「吅」「吕」「吕」「。。」「〇〇」皆象數室相連之狀。爾雅釋宮。宮謂之室。室謂之宮。段玉裁謂宮言其外之周繞。室言其內。甲骨文。金文諸宮字之形象之整理。文字時不能諸宮字並存。擇其筆畫整齊者。以聲讀之。遂為形聲字矣。假象文可溯古。文字之形者正多。姑舉二字為例。

㉚一自然之音。如「咥」「啞」「嘖」「吒」「啍」「咄」「喋」「嗐」「吸」「呷」等。計有七十餘字之多。二效物之音。如「龍」「雀」「金」「銀」「銅」「鐵」「錫」「牟」「狠」「劉」「米」「琤」「瑲」「鍠」「宏」等。計八十餘字之多。

㉛天顛也。在上謂之顛。即謂之天。日實也。日形圓實。即謂之日。川穿也。水之長流象毋穿之形。即謂之川。

㉜𤘽二歲牛。犙三歲牛。牭四歲牛。犢牛子。現皆用一形容詞大小字冠於共名牛字上成一名

詞。又如牻白黑雜毛牛。犡牛白脊。㹖黃牛虎文。[illegible]牛白脊。犥牛黃白色。㹀白牛。現皆用一形容詞顏色字冠於共名牛字上成一名詞。如此者說文解字中甚多。

㉕若擇菜也。今涇縣方言中有此語。汏淅米也。今上海方言中有此語。其他今之各地方言見于說文解字中者。若棠記之。極有可觀。

㉖一。人類之形體與動作。如尾从尸毛。尸為側人。人下有毛為尾。當是造尾字時人之形體如是。巨口大目耳能動之字。在口部目部耳部中。頗多。手部足部走部中之動作字。皆是不安寧之狀。可見原人之動作。純然如猴也。二家庭之制度。男丈夫也。从田从力。言男人用力于田也。婦服也。从女持帚灑掃也。此男婦同居合作之始。三政治之起。父 矩也。家長率教者。从又舉杖。尹 治也。从又丿握事者也。君 尊也。从尹口。父之舉杖。尹之握事。君之發號令。皆所謂政。政 正也。从攴正。攴 小擊也。不正者擊責以正文也。又或邦也。从口戈守其一。一地也。國邦也。从口从或。口國界也。或為游牧時代之邦。國為國家時代之邦。可以看由家長變為酋長。由酋長變為君主之情形。四生活之狀況。關于衣者。最古的衣為巿。最古的

帽為月。其後由巿進化而有常有帬有衣。若將衣部巾中字搜集起來。可以看出衣服進化之程序。關于食者如燀炊也。炊爨也。熹炙也。煎熬也。熬乾煎也。炮火炙肉也。衮以微火溫肉也。𤏳置魚筩中炙也。𤍽以火乾肉也。爛火熟也。燅于湯中爚肉也。以上皆火化之文字。若將食部米部火部中字搜集起來。可以看出食物進化之程序。關于住者宀部門部中可以考見者極多。關于器用者。玉部金部瓦部木部中可以考見者極多。關于經濟者「財」「賦」「貯」「買」「賣」「贏」「貫」「賄」「賂」等字。皆从貝。「物」「件」等字皆从牛。「畜」「當」等字皆从田。「租」「稅」「積」等字皆从禾。可見古時用為易中者貝與牛。用為賦稅者禾與貝。用為蓄積者貝牛禾皆是。

三國至隋已佚之文字書

隋書經籍志小學類。一百八部。四百四十七卷。通計亡書合一百三十五部。五百六十九卷。舊唐書經籍志小學類一百五部。爾雅廣雅十八家。偏旁音韻雜字八十六家。凡七百九十七卷。唐書藝文志小學類六十九家。一百三部。七百二十一卷。失姓名二十三家。徐浩以下不著錄二十三家。二千四十五卷。(以上三志原文)隋書經籍志。爾雅廣雅方言釋名等不列。小學類內。舊唐書經籍志。唐書藝文志。悉行列入。且亦列入唐人著作。是修舊唐書經籍志與唐書藝文時。視修隋書經籍志時。㊀文字書已有佚者矣。亦有隋書經籍志已佚之文字書。而舊唐書經籍志與唐書藝文志仍著錄者。或佚而復出。或兼著錄佚書。未有明確之證據。隋書經籍備記亡書。舊唐書經籍志與唐書藝文志則不記亡也。(惟唐書藝文志於裴行儉草書雜體下。記一亡字。)茲將三志著錄之文字書。除爾雅廣雅釋名。方言。國語。外國語。書法。石經等。與確知為唐人之著作者外。列表于下。

隋書經籍志	舊唐書經籍志	唐書藝文志
梁有隋亡		
倉頡二卷 後漢杜林	倉頡解詁二卷 杜林	杜林倉頡訓詁二卷
三倉三卷 郭璞注	三倉三卷 李斯撰 郭璞解	李斯等三倉三卷 郭璞解

廣倉一卷樊恭

凡將篇漢司馬相如

飛龍篇崔瑗

埤倉三卷張揖

急就章一卷漢史游

急就章二卷崔浩

急就章三卷豆盧氏

三倉解詁二卷張揖

埤倉三卷張揖

廣倉一卷樊恭

急就章一卷史游撰曹壽解

急就章注一卷顏之推

凡將篇一卷司馬相如

飛龍篇草篆合二卷崔瑗

張揖三倉訓詁三卷

張揖埤倉三卷

樊恭廣倉一卷

張揖雜字一卷

張揖古文字訓一卷

史游急就章一卷曹壽解

顏之推急就章一卷

司馬相如凡將篇一卷

崔瑗飛龍篇三卷

在昔篇 班固
太甲篇 班固
聖皇篇 蔡邕
黃初篇
吳章篇
吳章二卷 陸機
蔡邕女史篇
幼學二卷 朱育
始學十二卷 吳項峻
始學一卷
月儀十二卷

在昔篇一卷 班固
太甲篇一卷 班固
聖皇篇 蔡邕
黃初篇一卷
吳章一卷
始學十二卷 項峻

班固在昔篇一卷
班固太甲篇一卷
蔡邕聖皇章一卷
黃初篇一卷
吳章篇一卷
項峻始學篇十二卷

勸學篇一卷 蔡邕
小學篇一卷 王義
少學九卷 楊方
發蒙記一卷 晉束皙
啟蒙記一卷 晉顧愷之
啟疑記三卷 顧愷之
千字文一卷 梁周興嗣
千字文一卷 梁蕭子雲注

勸學篇一卷 蔡邕
小學篇一卷 王羲之
小學集十卷 楊方
初學篇一卷 朱嗣卿
啟疑記三卷 顧愷之
千字文一卷 周興嗣
千字文一卷 蕭子範

蔡邕勸學篇一卷
王羲之小學篇一卷
楊方少學集十卷
朱嗣卿幼學篇一卷
顧愷之啟疑記三卷
周興嗣千字文一卷
蕭子範千字文一卷

千字文一卷 胡肅注
篆書千字文一卷
演千字文一卷
草書千字文一卷
古今字詁三卷 張揖
雜字一卷 張揖
錯誤字一卷 張揖
異字二卷 朱育
字屬一卷 賈魴
雜字解詁四卷 魏周氏
解文字七卷 魏周氏

篆書千字文一卷
演千字文一卷
古今字詁三卷 張揖
字屬篇一卷 賈魴
解文字七卷 周成

篆書千字文一卷
演千字文一卷
賈魴字屬篇一卷
周成解文字七卷

字義音訓六卷

古今字苑十卷 曹侯彥

單行字四卷 李彤

字偶五卷

演說文一卷 庾儼默注

雜字旨一卷 後漢郭顯卿

字旨二卷 李彤

說文十五卷 後漢許慎

說文音隱四卷

字旨篇一卷 郭玄

說文解字十五卷 許慎

說文音隱四卷

郭訓字旨一卷

許慎說文解字十五卷

音隱四卷

字林七卷晉呂忱
字林音義五卷宋吳恭
古今字書十卷
古今奇字一卷郭顯卿
字書三卷
字書十卷
字統二十一卷楊承慶
玉篇三十一卷陳顧野王
字類敘評三卷侯洪伯
要字苑一卷謝康樂

字林十卷呂忱
括字苑十三卷馮幹
古文奇字二卷郭訓
字書十卷
字統二十卷楊承慶
玉篇三十卷顧野王

呂忱字林七卷
馮幹括字苑十三卷
郭訓古文奇字二卷
字書十卷
楊承慶字統二十卷
顧野王玉篇三十卷

常用字訓一卷 殷仲堪

要用字對誤四卷 鄒誕生

文字記要三卷 王義

要用雜字三卷 鄒里

俗語難字一卷 王劭

雜字要三卷 李少通

文字整疑一卷

要用字苑一卷 葛洪

難要字三卷

俗語難字一卷 李少通

文字志三卷 王愔

葛洪要用字苑一卷

難要字三卷

俗語難字一卷 李少通

王愔文字志三卷

釋字同音三卷 宋書 齊

古今文字序一卷 劉歆

文字統略一卷 集字 明

正名一卷

文字集略六卷 梁阮孝緒

今字辨疑三卷 李少通

異同字音一卷

字宗三卷 薛立

文字譜一卷

文字辨嫌一卷 彭立

文字集略一卷 阮孝緒

文字指歸四卷 曹憲

文字辨嫌一卷 彭立

阮孝緒文字集略一卷

曹憲文字指歸四卷

彭立文字辨嫌一卷

辨字一卷戴規

雜字音一卷
借字音一卷
音書考源一卷
聲韻四十卷周研
聲類十卷魏李登
韻集十卷
韻集六卷呂静

辨字一卷戴規
文字要説一卷王氏注
文字釋訓三十卷釋寶誌
辨嫌音二卷陽休之
聲類十卷李登
韻集五卷呂静

戴規辨字一卷
王氏文字要説一卷
僧寶誌文字釋訓三十卷
陽休之辨嫌音二卷
李登聲類十卷
呂静韻集五卷

四聲韻林二十八卷張諒
韻集八卷段宏
羣玉典韻五卷
文章音韻二卷王該
五音韻五卷
韻略一卷陽休之
續修音韻決疑十四卷李槩
纂韻鈔十卷
四聲指歸一卷劉善經
四聲一卷沈約
四聲韻略十三卷夏侯詠

四聲三十卷張諒
韻略一卷陽休之
四聲韻略十三卷夏侯詠

張諒四聲部三十卷
陽休之韻略一卷
夏侯詠四聲韻略十三卷

詁幼二卷 顏延之
廣詁幼一卷 宋荀楷

音譜四卷 李槩
韻英三卷 釋靜洪
通俗文一卷 服虔
訓俗文字略卷 後齊顏之推
證俗音字略六卷
文字音七卷 王延

續通俗文二卷 李虔
證俗音略二卷 顏愍楚
詁幼文三卷 顏延之
雜文字音七卷 王延
纂要六卷 顏延之

李虔續通俗文二卷
顏愍楚證俗音略一卷
張推證俗音三卷
顏延之詁幼文三卷
王延雜文字音七卷
顏延之纂要六卷

纂文三卷	纂文三卷何承天	何承天纂文三卷
	韻篇十二卷趙氏	趙氏韻篇十二卷
	切韻五卷陸慈	陸慈切韻五卷
字書韻同異一卷		
叙同音義三卷	叙同音三卷	叙同音三卷
古文官書一卷後漢衛敬仲	詔定古文官書一卷衛宏	衛宏詔定古文官書一卷
	覽字知原三卷	覽字知原三卷
	桂苑珠叢一百卷諸葛潁	諸葛潁桂苑珠叢一百卷
	桂苑珠叢要略二十卷	桂苑珠叢要略二十卷

觀上表所列。三國至隋之文字書。存於今者。僅千字文與玉篇兩種。千字文在文字學上無甚重要。所以得保存之故。亦猶之急就篇。後人書之者多故也。玉篇在

文字學上之價值。雖不及說文。然亦占重要之地位。另篇述之。其他文字書則悉佚矣。

㊀隋書。唐長孫無忌等撰。唐高宗永徽二年。舊唐書。五代劉昫撰。五代唐明宗長興三年。唐書。宋歐陽修等撰。宋仁宗嘉祐五年。自唐高宗永徽二年至五代唐明宗長興三年。計二百七十九年。自五代唐明宗長興三年至宋仁宗嘉祐五年。計一百二十六年。自唐高宗永徽二年至宋仁宗嘉祐五年。計四百五年。

三國至隋文字書之輯佚

三志著錄之文字書。如上表所列。共一百三十二部。除梁有隋亡三十四部。計九十六部。再除漢人著作九部。計八十七部。此八十七部之文字書。惟千字文與玉篇。今日尚存。其餘悉佚。清馬國翰玉函山房所輯四十二種。（二種有目無書。）除漢人著作十一種。唐人著作二種。計二十九種。黄奭逸書考所輯三十種。除漢人著作五種唐人著作四種（黃氏輯佚內有一種總題名小學實包括佚書多種）任大椿小學鉤沈所輯三十八種除漢人著作九種唐人著作一種計二十八種顧震福小學鉤沈續篇所輯三十七種除漢人著作七種唐人著作一種計二十九種馬黃任顧四氏之所輯同者頗多亦間有不同者存異去同共計六十六種除漢人著作十三種唐人著作七種計四十六種此四十六種之輯佚雖僅得八十七部佚書之半而三國至隋已佚之文字書畧具於是矣魏文字學家首推張揖揖字稚讓清河人魏太和中為博士著有廣雅一書與爾雅在訓詁學上有同等之價值其書見存為訓詁學史中重要之材料其已佚者埤倉三卷㊀古今字詁三卷㊁雜字一卷㊂古今字詁原本古字當以古文書之今字用篆解說用隸隋唐稱引悉改今文非復原本面目矣㊃其次為周存之難字解詁㊄李登之聲類㊅此魏之文字家也晉朝有呂忱呂靜呂忱有字林一書唐代與說文同

為課士之用。其書已佚。別有輯本。極為詳盡。另篇記之。靜係忱弟。著有韻集一書。(七)其次為李彤之字指。(八)葛洪之要用字苑。(九)此晉之文字學家也。南北朝有楊承慶之字統。(十)阮孝緒之文字集畧。(二)此南北朝之文字學家也。隋有諸葛潁之桂苑珠叢。(三)曹憲之文字指歸。(三)此隋之文字學家也。十家已佚之書輯本雖所搜無幾。亦可畧窺其一二。十家外之佚書。馬黄任顧四家所輯者。尚有三十餘種之多。茲將四家之所輯者。為表于後。比而觀之。可以知三國至隋已佚文字書之大概。並有以知當時文字書發展之情形也。

文字書輯佚	玉函山房（四十種石經乙種未列入）	黄氏逸書考（三十種）	小學鉤沈（三十八種）	小學鉤沈續編（三十種）
史籀篇（周太史籀）				
八體六技（有目無書）				

倉頡篇 秦李斯合趙高爰歷 胡毋敬博學爲篇

凡將篇 漢司馬相如

訓纂篇 漢揚雄

倉頡訓詁 後漢杜林

三倉 倉頡篇倉頡訓纂 滂熹篇合爲三倉

古文官書 後漢衛宏

倉頡篇

凡將篇

倉頡訓纂 揚雄

三倉解詁 郭璞

倉頡篇

附 倉頡訓詁

附 倉頡解詁

凡將篇

三倉

附 三倉解詁

附 三倉訓詁

古文官書

附 古文奇字

倉頡篇 秦李斯撰 漢有增益

倉頡解詁

凡將篇

三倉

三倉解詁

古文官書

古文奇字

雜字指 後漢郭顯卿
勸學篇 後漢蔡邕
通俗文 服虔○按無後漢字
埤倉 魏張揖
古今字詁 魏張揖
雜字 魏張揖
雜字解詁 魏周成

郭顯卿雜字指 在小學內
郭訓古文奇字 在小學內
勸學篇
蔡邕聖皇篇 在小學內
通俗文
埤倉
古今字詁
張揖雜字 在小學內

附 郭訓古文奇字
勸學篇
聖皇篇
通俗文
埤倉
古今字詁
雜字
雜字解詁
周成難字

勸學篇
聖皇篇 魏曹植○與上所列不同
通俗文 後漢服虔
埤倉
古今字詁
雜字解詁
周成難字

聲類 魏李登
廣倉 樊恭
辨釋名 吳韋昭
異字 朱育
始學篇 吳項峻
草書狀 晉索靖
發蒙記 晉束晳
啟蒙記 晉顧愷之
韻集 晉呂靜
字指 晉李彤
四體書要 晉衛恒

聲類
廣倉
辨釋名
韻集
字指

聲類
廣倉
辨釋名
韻集
字指

聲類
廣倉
辨釋名
韻集
字指

要用字苑 晉葛洪
演說文 庾儼默
字統 楊承慶
纂文 宋何承天
庭誥 宋顏延之
纂要 宋顏延之
纂要 梁元帝
文字集畧 梁阮孝緒
音譜 李槩 有目無書

王義小學
在小學内
字統
纂文
顏延之幼誥
在小學内
纂要
文字集畧
音譜
附聲譜

字苑
小學篇
字統 後魏楊承慶
纂文
纂要
文字集畧
音譜
聲譜

字苑
小學篇 晉王義
字統
纂文
纂要 舊有數家
文字集畧
音譜
聲譜

古今文字表 後魏江式
韻略 北齊陽休之

字略 宋世良
新字林 陸善經
字書
韻略
異字苑 在小學內
字類 在小學內
字諟 在小學內
異字音 在小學內
古今字音 在小學內

字略
字書
韻略
證俗音
異字苑
字類
字諟
異字音
古今字音

字略
字書
韻略
證俗音 北齊顏之推
異字苑
字類
字諟

桂苑珠叢 隋諸葛穎

文字指歸 隋曹憲

桂苑珠叢

文字指歸

開元文字音義

韻海鏡源 顏真卿

唐韻 孫愐

切韻 李舟

證俗文

文字指歸

字體

切韻 未題名與李舟切音不同

文字指歸

字體

切韻 與上兩種皆不同其名目如下○孫愐切韻○陸詞切韻○郭知玄切韻○王仁煦切韻○祝尚邱切韻○東宮切韻○釋氏切韻○裴務齊切韻○麻果切韻○李審言切韻○蔣魴切韻○切韻○考聲切韻（唐張戩另刊）

四聲五音九弄反紐圖 唐釋神珙

分毫字樣 唐缺名

小學 除前所記在小學內十一種外其他尚有數種○說文解字中各通人說○古今奇字○文字辨疑○字譜○音譜○張諒四聲韻林○字樣○韻海○韻圖○李虔續通俗文○字說

據上表而觀。馬氏輯佚中。吳項俊之始學篇。半屬古史神話。晉索靖之草書狀。論草書之姿勢。束晳之發蒙記。顧愷之之啟蒙記。猶之常識讀本。衛恒之四體書要。索靖草書狀之類。馬氏黃氏輯佚中。共有宋顏延之之庭誥。（黃氏逸書中所輯名幼誥。）言心性學品。及詩書易春秋之要。與顏之推家訓相似。顧氏輯佚之聖皇題名魏曹植所輯與黃氏任氏不同且僅一條與文字學無關黃氏所輯題名蔡邕隋唐志著錄聖皇篇皆云蔡邕撰顧氏輯自文選注文選注係曹植聖皇篇當是又一書馬氏黃氏任氏顧氏輯佚中共有吳韋昭之辨釋名韋昭之書係辨劉熙釋名而作顏元之渠元帝之纂要略似爾雅以上諸書皆非文字學史中之材料學者當分別觀之也

㈠埤倉魏張揖撰北史江式古今文字表云魏初博士清河張揖著埤倉廣雅古今字詁究諸埤廣綴拾遺漏增長事類抑亦於文為益者埤倉體例今不可考據玉篇土部所引塪㙮不安也又力部所引劤多力也廣韻平聲十九臻鎒下所引鎒小鑿又去聲五十候𨇦下所引𨇦醉倒貌之類皆後起之言語而以文字為符號以記之者名為埤倉蓋以補三倉之缺而作隋唐志並三卷

㈡古今字詁魏張揖撰北史江式古今文字表云字詁方之許篇古今體用或得或失江氏此

言。殊為籠統。今考爾雅釋文所引。徇今巡。漢書揚雄傳師古注所引。迟今遲。徐也。尚書釋文所引。義古字。戲今字。毛詩釋文所引。鎒古字也。耨今字也之類。蓋以古今字體不同。取而詁之。與許書異。其體例不可相提並論。隋志三卷。舊唐志作古今字訓二卷。新唐志不載。

㊂雜字。魏張揖撰。雜字者。雜採成篇。不復類次。隋志云。梁有難字一卷。錯誤字一卷。並張揖撰亡。唐志作雜字。不作難字。據輯佚本所收之字。殊非難識。作雜字是也。或為二書。與

㊃見清許印林古今字詁疏證。山東省立圖書館編集。民國二十三年瑞安陳氏印行。

㊄雜字解詁。魏周成撰。成字里未詳。據隋書經籍志。知其官至掖庭左丞。推隋志只題周氏而不名。藝文類聚與太平御覽所引。並題周成雜字解詁。則周氏即周成矣。又隋志梁有解文字七卷。舊唐書經籍志。唐書藝文志。皆著錄。當為兩書也。

㊅聲類。魏李登撰。登字里未詳。據北史江式古今文字表。知其官左校令。其書分部大概。以聲為類。據各書所引。如[illegible]毛之曲者。熹亦熙字。墟。故所居也。諸。詞之總也。等。有益于文字甚巨。隋唐志皆十卷。

⑦韻集晉呂靜撰靜任城人呂忱之弟官至福安令北史江式古今文字表云忱弟靜別放左校令李登聲類之法作韻集五卷使宮商龣徵羽各為一卷而文字與兄便是魯衛音讀夏楚時有不同是韻集一書其分部音讀與字林不同其文字不甚相異隋志六卷唐志五卷據文字表作五卷是也

⑧字指晉李彤撰彤字里未詳據隋志知其官朝議大夫隋志二卷又梁有單行字四卷字偶五卷新舊唐志字指皆不錄

⑨要用字苑晉葛洪撰洪所著書存于今者有抱朴子晉書本傳不紀要用字苑一字隋志亦不載唐志始著錄之然顏氏家訓亟引其書當時必盛行于北隋志偶失載也

⑩字統楊承慶撰承慶不詳何人隋志二十一卷題楊承慶撰無朝代陳顧野王玉篇曾引其書當是顧野王以前人馬國翰以為齊梁時任大椿題為後魏未知其審唐志二十卷視隋志少一卷其解釋字義多新意廣韵上聲二十八銑行下引云水朝宗於海故从水行又平聲五支規下引云丈夫識用必合規矩故規从夫也又平聲十一模麤下引云麤警防也鹿

之性相背而食。慮人獸之害也。故从三鹿。集韻去聲三十三綫使下引云。人有不善。吏之則安。故从吏从人。此等解釋字義。已開王安石字說之漸。

㈠文字集畧。梁阮孝緒撰。孝緒字士宗。陳留尉氏人。隱居不仕。門人謚文貞處士。事蹟具梁書處士傳。及南史隱逸傳。隋志六卷。新舊唐志皆一卷。

㈡桂苑珠叢。隋諸葛潁撰。潁字漢。丹陽建康人。隋書文苑有傳。隋志無桂苑珠叢。唐志一百卷。隋書本傳潁所著無桂苑珠叢一書。而新舊唐書曹憲傳皆言煬帝令與諸儒撰桂苑珠叢。規正文字。是桂苑珠叢曹憲所撰。而新舊唐書志皆云桂苑珠叢諸葛潁撰。二處必有一誤。

㈢文字指歸。隋曹憲撰。憲揚州江都人。仕隋為秘書學士。唐貞觀中。揚州長史李襲譽薦之。以弘文館學士召。不至。即家拜朝散大夫。本傳憲之著作有桂苑珠叢。無文字指歸。而新舊唐書皆云文字指歸曹憲撰。二者必有一誤。又玉篇女下引文字指歸。當是孫強增加之字。不然。顧野王在曹憲之前。何以能引也。

呂忱字林之輯佚

文字書傳世者。說文玉篇兩書為最古。而在說文之後。玉篇之前。承說文之緒。開玉篇之先者。則有呂忱之字林一書。㊀字林承說文而作。而亦有補說文之闕者。爾雅釋天釋文。謂霢霂字林作霢。而說文原作霢。五經文字。謂字林以謚為笑聲。而說文原以謚為笑聲。於此見字林本集說文之成。其補闕。有說文本無而增者。如五經文字所云。祧禰逍遙是也。有說文本有而文各異體者。如說文作蜡。字林作稓。說文作珌。字林作⿰王畢是也。其他如說文作⿰木咨。字林作粢。說文作稾。字林作稿之類。仍與說文音訓同。偏旁體畫並同。不過上下左右或相易而已。字林之學。閱魏晉陳隋至唐極盛。與石經說文等。並為課士之用。㊁其分部五百四十。如說文之數。凡一萬二千八百二十四字。多於說文三千四百七十一字。㊂隋書經籍志作七卷。舊唐書經志作十卷。新唐書藝文志作七卷。宋史藝文志作五卷。陳振孫書錄解題作五卷。通考作五卷。册府元龜與王應麟玉海及通志。皆作七卷。大約七卷之說近是其書在文字學上之價值有可以為說文之參考者如說文之解璣字也曰珠不圓者字林璣小珠也璣从幾得聲幾微之義小之說也說文之解犕字也引易曰犕牛乘馬字林犕牛具齒也犕从葡得聲全犕之義具之說也有垣曰苑無垣曰囿字林之義也說文以囿為苑之有垣者則文王囿方七十里而有垣為不可能之事矣字林迒兔道也說文以迒為獸迹通名㊃字林洵渦水也說文以洵為過水中之通名㊄有可以補說文之闕者如蟒大蛇㊅幺小豚㊆蜈蚣蝍蛆也㊇皆與爾雅相同又如坊別屋也餿飯傷熱溼也檣颿柱也廓空也皆為常用之所需有可以校說文之誤字者如解祲字云精氣成祥可以校說文精氣感祥感字之誤解撎字云舉首下手㊈可以校說文舉手下手也手字之誤㊉觀此足以知字林之價值矣其書亡佚當在宋元之間⑪隋有吳恭注⑫宋有僧雲勝注⑬皆亡佚清興化任大椿有字林考逸八卷凡千有五百餘字⑭會稽陶方

琦。有字林考逸補本一卷。凡二百字。㊄

㊀魏書江式傳。延昌三年三月。式上表曰。晉世義陽王典祠令任城呂忱表上字林六卷。尋其況趣。附託許慎說文。而按偶章句。隱別古籀奇之字。文得正隸。不差篆意也。按忱字伯雍。呂靜之兄。

㊁唐六典。吏部考工員外郎。掌天下貢舉之職。凡諸州每歲貢人。其類有六。五曰書。其明書則說文六帖。字林四帖。

通典。試說文字林凡十帖。口試無常限。皆通者為第。

唐張參五經文字序例。今制國子監置書學博士。立說文石經字林之學。

㊂張懷瓘書斷。晉呂忱字伯雍。博識能文。撰字林五篇。萬二千八百餘字。字林則說文之流。小篆之工。亦叔重之亞也。

封演聞見錄。晉有呂忱。更按羣典。搜求異字。復撰字林七卷。亦五百四十部。凡一萬二千八百二十四字。諸部皆依說文。說文所無者。皆呂忱所益。

㈣爾雅，麋其跡躔，鹿其跡速，麕其跡解，兔其跡迒，言獸跡之不同也如是，故字林釋迒字曰兔道也，說文以迒為獸跡之通名，與爾雅不合。

㈤爾雅，水自河出為灉，濟為濋，汶為瀾，洛為波，漢為潛，淮為滸，江為沱，過為洵，言水所自出之名不同也如是，故字林釋洵字曰過水也，說文作過水中也，以洵為過水中之通名，段注據爾雅改為過水出也。

㈥爾雅，蟒王蛇，郭注，蟒蛇最大者，故曰王蛇。

㈦爾雅，幺幼，郭注，最後生者俗呼為幺豚。

㈧爾雅，蒺蔾蝍蛆，蒺蔾莖葉似蜈蚣，爾雅舉似名之，莊子，蝍且甘帶，帶為小蛇，是其證也。

㈨說文祲下云，精氣感祥，玉篇引鄭康成周官眡祲注云，陰陽氣相侵漸成祥者，字林則曰精氣成祥，于是知說文之感字，必為成字之譌。

㈩說文㨖下云，舉手下手也，玉篇从之，周禮大祝辨九拜，九曰肅拜，鄭司農說，但俯下手，今時㨖是也，言但俯下手，則不舉手可知，舉首者對頓首，頓首空首，諸拜皆必俯首，今㨖則舉首不俯但俯下手而已。字林作舉首下手。正合揰字之義。于是知說文之舉手。必為舉首之譌。段注據左傳釋文引字林改。

㈡通考載李燾說。謂忱書本不可遂使散落。則南宋初已患散落矣。宋岳珂九經三傳沿革例。詳列小學諸書。尚載字林。至戴侗六書故。云其傳于今則有說文玉篇類篇諸書。不及字林。則元時字林不傳明矣。又明修永樂大典。臚列見存小學之書略無遺漏。獨不見字林。則明永樂時書亡已久。焦竑經籍志雖載之。但竑志所載存亡未核。不足為據。

㈢隋書經籍志。字林音義。宋揚州督護吳恭撰。

㈢直齋書錄解題。字林注。太乙山僧雲勝注。錢大昕云。雲勝宋初僧。工隸書。宋太祖新譯聖教序即雲勝書也。

㈣字林考逸。興化任大椿輯成于清乾隆四十七年。照說文分部。每部記字數。並記說文所無之字數。

㈤字林考逸補本。會稽陶方琦輯。陶書無年月。有錢塘諸可寶附錄。成于清光緒十年。則陶成書之年當亦相近其自序有云近據所見慧琳大藏音義希麟一切經音義玉燭寶典諸書採出任氏未列者幾及百字後見者不錄錢塘諸璞齋同年又坿以經典釋文蕭該漢書音義三國志注晉書音義及學海堂刻任曾兩家補本數十條補其所闕

顧野王之玉篇

自說文解字以後四百五十年間文字書存于今日者惟顧野王之玉篇為較古（廣雅為訓詁書）清四庫全書提要云「重修玉篇三十卷梁大同九年黃門侍郎兼大學博士顧野王撰唐上元元年富春孫強增加字宋大中祥符六年陳彭年吳銳邱雍等重修」是今本玉篇已非顧野王之舊野王字希馮吳郡吳人其歷畧莫詳于陳書本傳㊀據陳書本傳野王于梁大同四年除大常博士遷中領軍入陳後至宣帝大建二年遷國子博士再遷黃門侍郎是野王在梁時固未嘗為黃門侍郎宋人重修玉篇時誤合而為一題曰「梁大同九年三月二十八

日黄門侍郎兼太學博士顧野王撰」清四庫全書提要仍之清人王祖辨之甚詳㊁惟王氏斷玉篇撰成于武帝之時進呈于簡文帝之世觀其進玉篇啟中有「殿下天縱岳峙叡哲淵凝三善自然匪須勤學六行前哲寧以勞諭」之語以為證據詎知蕭愷受命刪改玉篇在大清二年以前其時猶為武帝之世蕭該死于侯景之亂玉篇當進呈于武帝之時不能因宋人題官銜之混誤而疑之考大同九年顧野王年二十五歲似嫌年輕不能成此巨著觀陳書本傳年十二隨父之建安撰建安地記二篇以此度之二十五歲撰玉篇三十卷無足異也

玉篇部首始于一上示終于十干十支與說文解字相同而中間則全不相同其部首之排列似以字義之類相次而不甚精密段玉裁非之曰「顧氏玉篇以「而」部次於「毛」「毳」「髟」之後「角」「皮」之前則其意訓「而」為獸毛絕非許意」不僅是也「二」部「三」部不與諸數目字部相次文「釆」

部次于「七」部「八」部之後，「丸」部廁于「九」部「十」部之間，似又以據形系聯相次，是自亂其例也。而其刪去說文所立之「哭」「延」「畫」「教」「眉」「白」「𠷎」「飲」「后」「𠂢」「弦」十一部，增添「父」「云」「喿」「冘」「處」「兆」「磬」「索」「書」「牀」「單」「弋」「丈」十三部，比說文增多兩部，為五百四十二部。其增添之部如「父」部內，有「爹」「爸」「箸」「爺」等字，皆是後起之字，不能不增添「父」部以收之。而「牀」部只有部首一「牀」字，不知是何意義增添此一部。「書」字說文在「聿」部，「畫」字不隸「聿」部者，因有一从畫省之「晝」字，故立「畫」部以收之。玉篇刪去「畫」部，增添「書」部，而以「畫」「晝」二字隸于「書」部之內，殊失文字組織之意義。其他增添之部，未必皆有必須增添之理由。㊂

大廣益會玉篇首題舊「一十五萬八千六百四十一言新五萬一千一百二十九言新舊總二十萬九千七百七十言」又雙行注云「注四十萬七千五百有三十字」清四庫全書提要照此迻録此等數目字殊不明瞭今本大廣益會玉篇（張氏澤存堂本）無如此之字數楊守敬以廣益本合大字注文并計之實只二十萬有奇絶無注文四十萬之事玉篇零卷（古逸叢書本）注文之多數倍於張氏澤存堂本應有四十萬之數㊃惜無由統計而得其全而楊守敬云「其所云注四十萬者為顧氏原本之數舊一十五萬者孫強等删除注文增加大字並自撰注文之數也新五萬有奇者陳彭年等增加大字並自撰注文之數也」此言頗近理特未能證明耳

其正文所收之字唐封演聞見記云「梁朝顧野王撰玉篇三十卷凡一萬六千九百一十七字」以張氏澤存堂本據其每部所記字之都數而總計之共二萬

二千五百六十一字。（劉師培中國文字學玉篇二萬二千七百二十六字。）比封演聞見記所載，多五千六百四十四字，所多之字，是否即孫強所增加，抑陳彭年等重修時所增加，現已不可明考。以今本玉篇之字數與說文解字九千三百五十三之字數相較，增加一萬三千二百八字。社會事物日繁，人類思想日複雜，言語增多，文字當隨之增多，而又佛學輸入，因翻譯佛經之故，文字之增多更巨。試觀各部比說文增多之字數在二倍以上者，如「示」「玉」「土」「人」「首」「見」「齒」「彡」「手」「収」「力」「心」「欠」「走」「宀」「門」「疒」「穴」「禾」「网」「刀」「攴」「水」「火」「阜」「馬」「衣」等部在三倍以上者，如「田」「目」「耳」「口」「舌」「髟」「足」「骨」「肉」「食」「夕」「麥」「米」「瓦」「金」「雨」「鬼」「目」「广」「牛」「犬」「豕」「鳥」「魚」「虫」「羽」「巾」等部在四倍以上者。如「黃」「面」「䀠」「竹」「片」等部。在五倍六倍以上者。如「鼻」「彳」「舟」「風」「山」「石」等部。最多者十一倍之「毛」「皮」二部十四倍之「身」部。以上諸部。皆與社會事物人類思想有密切之關係。言語當時時增加。替代言語之符號。亦當時時增加。「身」部說文僅有二字。玉篇增加有二十八字。至有十四倍也。其他如「玨」「畕」「冂」「旻」「首」「惢」「山」「稽」「虘」「鼎」等與社會事物人類思想關係不甚密切。而「玨」「鼎」非後世社會常用之物。故每部增加之字絕少。而「邑」部且比說文少九字。可見後世對于邑之言語無專門名詞也。惟是自東漢和帝永元十二年。（說文之年。）至梁武帝大同九年（玉篇之年。）計四百四十三年。文字比例之增加。不應有一萬三千二百八字之多。（今本之數。當然有許多孫強或陳彭年等所加者在內。然亦不過多。）再據封演見記所載。「魏李登撰聲十卷。

凡一萬一千五百二十字。晉呂忱撰字林七卷，亦五百四十部，凡一萬二千八百二十四字。後魏楊承慶復撰字統二十卷，凡一萬三千七百三十四字。」下即接以玉篇之一萬六千九百一十七字。以此推算，聲類比說文多二千一百六十七字，字林比聲類多一千三百四十字，字統比字林多九百一十字，玉篇比字統多三千一百八十三字。字統時代與玉篇不相上下，若以字林與玉篇相較，則玉篇增多四千九十三字（原本之數）。其激加之數甚巨，當不僅因社會事物繁賾，人類思想複雜，言語增加之關係。以今本玉篇核之（張氏澤存堂本），有一字變為兩字者，如皮部之皻，即鼻部之齇。有一字分為兩部者，如皮部有皸字，而革部又有皸字。有實為一字，以篆體隸體之寫法不同，而分兩字者，「口」「甘」「琴」「珡」「自」「𦣹」「云」「𠫶」等。即增加十四倍之「身」部，如「躭」即說文之耽，「⿰身甹」即說文之聘，「⿰身区」即說文之傴，「⿰身亶」即說文之顫，「⿰身冉」

即說文之聃「軁」即說文之僂「軄即說文之職「躶」即說文之裸「躰」「軆」即說文之體「⿰身支」「⿰身只」即說文之胑「⿰身夸」「⿰身比」即爾雅之「夸」「毗」此種疊牀架屋之增加與社會事物人類思想毫無關係茲更以增加十一倍「皮」部之字除說文之「皮」「皯」「皰」外將其增加之三十五字詳記于下

皽之善切皮也按皽即說文之⿰革亶⿰革亶靼之古文說文靼柔革也段注謂革之柔耎者「皽」「⿰革亶」當是一字析言之未去毛曰皮去其毛曰革統言不分从皮猶从革也廣雅皽訓離王氏疏證引禮記去其皽鄭注謂皮肉之上魄莫是離之義也廣雅皮膚亦訓離王氏疏證引韓策皮面引鄭注內則膚切肉皮膚皆有離之義是知總謂之皮其裏面為膚其表面為皽因之凡皮之表面皺而垂者亦謂之皽故廣韻云皽皮寬也肉脫則皮寬有病之狀故集韻云皽面膚病也

⿰足軍居云切足坼裂也按鈕樹玉云⿰足軍疑韗之別體或作⿰足囷龜考說文韗攻皮治鼓工也或从韋作韗（玉篇韋部有韗字吁萬于問二切靴也）禮記祭統鄭注韗謂韗磔皮革之官據此韗義與韗合⿰足軍訓足坼裂是義之引伸又說文⿰足囷訓瘃足莊子逍遙游宋人有善為不龜手之藥釋文龜徐居倫反司馬云文坼如龜文也則⿰足囷龜音義亦同⿰足軍鈕氏不能作肯定之語余謂⿰足軍即說文之韗字治皮當有坼裂之文因之相承有坼裂之訓因有二義遂成二形易革為皮而有⿰足軍字之產生說文新附⿰足軍足坼也由韗而來非由⿰足囷而來

⿰巤皮⿰耷皮⿰巤皮力盍切⿰巤皮⿰耷皮皮瘦寬貌⿰耷皮都闔切寬皮貌按巤說文毛巤巤也象髮在囟上及毛髮巤巤之形耷集韻大耳曰耷尋巤耷二字之義略含寬義集韻類篇訓為皮不如玉篇訓為皮瘦貌之善

皵思亦切又七亦切皴散也木皮甲錯也今作措按爾雅釋木槐小葉曰榎大而

皵。榝。小而皵。榎。郭注。老乃皮麤皵者為榝。小而皮麤皵者為榎。廣韻。皵。皮細起也。皵本木皮之皵。玉篇木皮甲錯是本義。皺皵是引伸義。廣韻七雀切。集韻七約切。音若鵲。又集韻倉各切。音若錯。今人言皮膚粗糙。當作皵。皵讀為倉各切之轉。

⿰暴皮。皰。⿰暴皮。布角切。⿰暴皮。皰。皮起也。又步角切。亦作𦢊。肉膭起也。皰。扶卓切。皮起也。按類篇。⿰暴皮皰為一字。⿰暴皮。北角切。墳起也。或从勺。⿰暴皮皰同為皮破墳起之義。原為一字。因形分為二。遂為二字耳。

⿰皮曼。無阮。無顧二切。皮脫也。亦作脕。按類篇。武遠切。引廣雅。⿰皮曼。離也。謂皮脫離。又謨官切。皮也。集韻亦分二讀。一無販切。訓離。一謨官切。訓皮。玉篇無訓皮一義。

⿰且皮。千胡切。皴⿰且皮也。今作麁。按麁為麤之俗。說文。麤。行超遠也。引伸為鹵莽之偁。今人多用粗。說文。粗。疏也。米之粗者。因之皮之⿰且皮者而有⿰且皮字矣。廣雅。皴皵⿰且皮也。

王氏疏證云，䏔散一聲之轉，釋名齊人謂草屨曰搏腊，搏腊猶把鮓，麤貌也，荊人曰麤腊，與散麤，與䏔音義同，類篇通作觳。

觚觳，觚胡官切，觳觚，箭器也，病也，觳徒木切，所以貯弓，或作韇，按廣雅觚，病也，又殰觚，矢藏也，其訓病者，王氏疏證引廣韻云，皮病也，其訓矢藏者，王氏疏證云，殰觚，蓋矢箙之圓者也，殰通作櫝，又作韇觚，作丸，方言所以藏弓謂之鞬，或謂之殰丸，後漢書匈奴傳弓鞬韇丸，李賢注引方言作藏弓為鞬，藏箭為韇丸，與廣雅合，賈逵馬融服虔並以掤為櫝丸，櫝丸之為矢箙明甚，然鄭注士冠禮今時藏矢者謂櫝丸，則弓弢亦同斯稱矣，又按說文韇弓矢韇也，段注，緐呼之曰韇丸，單呼之曰韇，韇丸猶丸韇，王氏所謂矢箙之圓者也，賈逵馬融鄭玄及李賢注，皆以藏矢為殰丸，與玉篇合，惟方言為藏弓異，說文則通乎弓矢，丸為緐呼之詞，非獨立之名詞，不知何時加皮作丸，成為名詞，觚訓病者，肒之借字，說

文肒搔生創也段注手搔皮肉成瘡蓋因瘡之形如丸故从肉从丸作肒而訓

搔生創創即瘡字為皮膚病又从皮作皰廣韻訓皰為皮病也

𤿰他活切皮剝也按𤿰為脫之變說文脫消肉臞也脫本肉脫之脫引伸去筋與骨亦曰脫禮記內曰脫之皇注治肉除其筋膜爾雅釋器李注肉去其骨曰脫又引伸去皮亦曰脫列子天瑞其狀若脫釋文謂剝皮也因剝皮之訓遂从皮而作𤿰矣廣韻𤿰皮破也集韻𤿰皮壞也即是玉篇𤿰皮剝也之義即是列子釋文脫剝皮也之義

皵楚累切粟體也按粟體之語未甚明康熙字典引類篇膚如粟也當是粟體之義姚刻本類篇無膚如粟也一語只作體類篇又讀士到切米未舂廣韻皵米穀雜即今日通用之糙字

䟺亡忍切皮理細䟺䟺按說文笢竹膚也朱駿聲云竹竹青也聲轉謂之篾爾雅

釋草其表曰苠皮裹之皺當由竹膚之苠而來康熙字典引玉篇不音皺字類篇皺有二讀一眉貧切訓皮理一弭盡切訓理將玉篇之音義分為二也

皶莊加切皰也今作皻按黄帝素問勞汗當風寒薄為皶注俗謂之粉刺此種粉刺生于面部在鼻者尤顯故玉篇訓為皰今作齇類篇直訓為鼻上皰因之正字通訓為紅暈似瘡浮起面鼻者曰酒皶酒皶當即今人所謂酒糟鼻子糟皶聲之轉其引伸有如是者

皴七旬切皵也按說文新附皴皮細起也鈕樹玉云皴疑皸之俗字梁武帝紀執筆觸寒手為皴裂語同漢書手足皸瘃故亦疑皸之俗字又按皴皸音義悉同皴雖收于說文新附皴字之產生或在皸字之後

⿰央皮於亮於明二切青皃按類篇二音為二訓讀於京切訓為青皃讀於亮切訓青血又有一訓面蒼惟面蒼即青皃也

⿰杜皮。徒古切。桑白皮也。今作杜。按經典釋文。詩鴟鴞。桑土。音杜。桑土桑根也。小雅同。韓詩作杜。義同。方言云。齊東謂根曰杜。字林作⿰杜皮。桑皮。音同。清馬瑞辰云。徹彼桑土。蓋徹取桑根之皮。趙岐注孟子。謂取桑根之皮是也。⿰杜皮杜同聲。韻之孳乳。毛詩假土為之。訓為桑根之皮。字林類篇並訓桑皮。玉篇多一白字。

⿰旱皮。乎旦切。射⿰旱皮。或作捍。按類篇。射韝謂之⿰旱皮。射韝以皮為之。所以⿰旱皮臂。⿰旱皮捍音義同。玉篇以為一字。

皷。扶分切。鼓也。按即革部之⿰革賁。亦即鼓部之鼖。實即詩大雅賁鼓維鏞之賁。說文。大鼓謂之鼖。鼖或从革作⿰革賁。類篇皮部無皷字。

岥。音披。器破。按方言。南楚之間。器破未離謂之岥。

⿰臽皮。口咸切。無義。按康熙字典引篇海。不平貌。又按說文。臽。小阱也。小阱有不平義。⿰臽皮當是皮之不平。類篇有欿無⿰臽皮。玉篇有⿰臽皮無欿。類篇欿。側洽切。皺⿰臽皮。老人皮膚。老人皮膚有不平之貌。是⿰僉皮⿰面皮義同音異。當是一字。誤為二字。

⿰赤皮。奴版切。慙而面赤。今作赧。按方言秦晉之間。凡愧而上見謂之赧。即俗語所謂面紅也。康熙字典皮部無⿰赤皮字。在赤部。

⿰繭皮。吉典切。皮起也。按⿰繭皮即說文黑部之䵎字。說文䵎黑皴也。从黑幵聲。墨子百舍重繭。往見公輸般。淮南書申包胥累繭。七日七夜至于秦庭。皆借繭為䵎。此則加皮作⿰繭皮。類篇胝也。

皺皱。側救切。面皺也。皱俗。按皺即說文糸部之縐。說文縐絺之細也。一曰蹴也。朱駿聲云。蹙也。詩鄭箋。縐絺絡之蹙蹙者。絺之蹙蹙名為縐。面之蹙蹙名為皺。革部⿰革芻訓⿰革芻束。當是訓革之蹙蹙者。類篇皺。側救切。皺也。又菑尤切。革文蹙也。革部⿰革芻。菑尤切。革文蹙也。又楚九切。束也。是類篇皺⿰革芻二字。皆有革文蹙之訓。

⿰敫皮。乎遘切。石蜜膜。按集韻平聲侯韵。⿰敫皮蠠膜也。無石字。去聲候韵。引埤蒼⿰敫皮石蠠膜也。一曰石蠶。類篇引埤蒼同。蠠蠠即蜜字。西京雜記。南越王獻高帝石蜜五斛。說文。蜜。蠭甘飴也。石蜜膜當是石蜜上所結之膜。

𤿭音答。皮寬也。按類篇。皮縱。集韵作皮縱。廣韻作皮𤿭。吾鄉方言此物與彼物相接曰𤿭。即此字。蓋肥人猝瘦。其皮寬縱。皮與皮相接。故合皮為𤿭也。今用搭白居易詩。熏籠亂搭舊衣裳。玉篇手部無搭字。

𤿎。丑革切。皺𤿎也。按集韻同。康熙字典云。字彙訛為从斤。余謂从斤不誤。艸斱曰斱。土圻曰圻。木析曰析。皮𤿎曰𤿎。今本類篇（姚刻本）作破。

䵴。居質切。黑䵴也。按類篇。皮黑。集韻皮㬎㬎為顯之古文。其義未詳。廣韻與玉篇同

皷𥀈皷。苦角切。𥀈皷。皮乾皃。𥀈乎角切。按吾鄉謂物之皮面乾者曰乾皷皷。當是此字。

鞁。匕吉切。皮也。按說文革部。鞁。車駕具也。从革皮聲。晉語。吾兩鞁將絕。吾能止之。韋曰。鞁。靷也。玉篇革部亦有鞁字。皮彼切。鞍上被。玉篇皮部之鞁。革部之鞁。二音二義。皮部之鞁。當是晉語兩鞁將絕之鞁。革部之鞁。當是說文車駕具之鞁。封禪書言雍五時路車各一乘。被具。西時畦時禺車各一乘。禺馬四匹。駕被具。被即說文與玉篇革部之鞁。類篇康熙字典皮部皆不收鞁字。

⿱此皮。爭義切。⿱此皮皺。皮不伸。按類篇作皮不展也。

⿰㡭皮。七絕切。皮斷也。按類篇皮部無此字。

⿰畢皮。畢吉切。畫韋曰⿰畢皮。按集韻與韠韍同。說文韠。韍也。玉篇革部不收韠字。韋部收韠字。訓所以蔽前。與說文同。皮部之⿰畢皮。訓韋。韠為名詞。⿰畢皮為動詞。

以上玉篇比說文增加之字。或有必須增加者。或有不須增加者。分別觀之。即一部推之他部。文字增之故。可以思矣。

大廣益會玉篇非顧野王之舊日本之玉篇零卷據黎庶昌楊守敬考核確爲顧氏原本刊于古逸叢書内計存「言」(不全)「誩」「曰」「乃」「丂」「可」「兮」「亏」「云」「音」「告」「吅」「品」「喿」「龠」「册」「欠」「食」「甘」「旨」「次」(不全)「辛」(不全)「放」「丌」「左」「工」「卜」「兆」「用」「爻」「叕」「車」(不全)「舟」(不全)「方」「水」(不全)「糸」「系」「素」「絲」「黹」「率」「索」四十三部以今本核之「車」部多七十三字「舟」部多四十六字「糸」部多一百三字其他各部所差尚少楊守敬云野王所收之字大抵本於說文其有出于說文之外者多引三倉等書於字異義同且兩部或數部並收余細讀其書識如楊氏之言而其注解亦有條例先出音次證次案次廣證次又一體畧有五例雖不必每字注解五例俱全而大概如是視廣益本僅有字音

與單注解不同矣迻錄四條於下以見顧氏原本注解之完備

謙去兼反（音）周易謙輕也天道虧盈而益謙地道變盈而流謙鬼神害盈而福謙人道惡盈而好謙謙尊而光卑而不可踰（證）野王案謙猶沖讓也尚書滿招損謙受益是也（案）國語謙謙之德賈逵曰謙謙猶小小也說文謙敬也倉頡篇謙虛也（廣證）

託他各反（音）公羊傳託不得已何休曰託以也論語可以託六尺之孤（證）野王案方言託寄也凡寄爲託（案）廣雅託依也託累也（廣證）或爲侂字在人部（又一體）

虧去爲反（音）毛詩不虧不崩箋云虧猶毀壞也（證）楚辭芳菲菲而難虧王逸曰虧歇也又曰八柱何當東南何虧王逸曰虧缺也爾雅虧毀也說文虧氣損也廣雅虧去也虧以也（廣證）或爲虧字在亏部（又一體）

龤胡皆反（音）說文樂和龤也虞書八音克龤是也（證）野王案此謂弦管之調和也（案）今為諧字也在言部（又一體）

觀上四條一引證悉出原書可以復按二證據不孤增加訓詁學之價值三案語明白有的確之解說四廣搜異體並注屬於何部便于檢查五保存古書之材料此皆遠過于廣益本也廣益本不僅引書不詳所出而所用之切語與顧氏原本所用之反語亦多不同蓋玉篇初經蕭愷刪改繼經孫強增加復經陳彭年等重修已不能作顧野王之玉篇讀此讀玉篇者所當知也玉篇原本除古逸叢書之玉篇零卷外有羅振玉景印之殘本今世通行者一曹氏楝亭本二張氏澤存堂本四部叢刊景印元建安鄭氏本

㈠見陳書三十卷列傳第二十四

㈡見春融堂集玉篇跋

㊂所增添之十三部。「父」「牀」「書」已詳于前。其餘十部。「云」部二字「[illegible]」「霒」「侌」。「喿」部二字「⿰喿包」「⿰喿冘」。「冘」部一字「⿰甚冘」。「處」部二字「⿺處占」「⿺處𢆶」。「兆」部一字「⿰兆卜」。「磬」部八字「殸」「⿱殸喬」「⿱殸今」「⿱殸登」「⿱殸告」「⿱殸金」「⿱殸土」。「索」部二字「⿰索卒」「⿰索各」。「弋」部三字「⿰耳弋」「⿰爿弋」「⿰呈弋」。「單」部一字「⿰單艮」。「丈」部二字「⿱爫丈」「⿺是丈」。「云」部「兆」部可不必增添者也。

㊃顧氏原本「饔於恭反。周禮內饔中士四人。鄭玄曰。饔者割亨煎和之稱也。又曰凡賓客之飧饔。鄭玄曰。飧者客始至之禮也。饔者將幣之禮也。於客莫盛于饔也。說文熟食也。或為今雍在二部。」計六十九字。廣益本「饔於恭切。熟食也。」計七字。以饔字計之。原本注多于廣益本幾十倍也。

第二編　文字學前期時代　唐宋元明

李陽冰之擅改

文字學之重要書籍爲說文解字說文解字一書在唐時經過李陽冰之擅改陽冰字少溫趙郡人以詞翰名肅宗乾元時爲縉雲令後遷當塗令善篆書好以私意說文字不守許叔重之舊見於徐鍇祛妄篇者約五十餘字（一）徐鍇駁之云「說文之學久矣其說有不可得而詳者通識君子所宜詳而論之楚夏殊音方俗異語六書之內形聲居多其會意之字學者不了鄙近傳寫多妄加聲字篤論之士所宜隱括而李陽冰隨而譏之以爲己力不亦誣乎自切韻玉篇之興說文之學湮廢泯沒能省讀者不能二三棄本逐末乃至於此沮誦逾遠許慎不作世之知者有以振之可也前代學者所譏文字蓋亦有矣中興書缺不可得盡此蓋作

者之冠冕而後來之妄故略記所憶作袪妄篇」徐鍇之斥李陽冰可謂至矣陽冰之書不傳據袪妄篇之所舉誠多謬妄無根之說如東爲墨斗率爲車此字義之謬妄無根也非兩手相背未從上小此字形之謬妄無根也血从一聲豐從丰聲此字聲之謬妄無根也宋王安石之字說極多此種私意之說解㈡明人之文字學亦復如是㈢近代四川雲南等省治文字學者尚未脫此種私意說解之習㈣然陽冰之說雖不合于許慎之本書或文字之原始而亦有致疑之處頗與學理相合如斲爲自斲折人手折之隹以雅字從隹如非短尾之稱繩以六書之例自應如是即以才爲木幹去枝竹非草類亦頗有意思蓋六書本是後人整理文字所定之名稱小篆亦是整理文字時齊一之筆畫如有可疑之處當加以研究不宜死守前人之成規不過須有的確之證據不能僅以私意說也如甲骨文隹鳥爲一字則陽冰之說在當時只可謂之無根不可謂之謬妄自說文解字以後

為文字學之研究，不僅為文字書之搜集，當推陽冰，故在文字學前期時代首述之。

㈠徐鍇說文解字繫傳卷三十六祛妄，即祛李陽冰之妄，茲從其書中錄出陽冰之說，以見擅改之迹。

弌 陽冰曰：弋，質也。天地既分，人生其間，皆形質已成，故一、二、三皆從一。

毒 說文從屮每聲。陽冰云從屮母，出地之盛，從土，土可制毒，非取每聲。每，烏代切。

𣂚 𣂚說文斷艸，籀文從手。陽冰云：𣂚，折各異。𣂚，自𣂚；折，人手折之。

路 說文從足各聲。陽冰云非各聲，從足輅省。

龠 說文樂竹管，以和眾聲，從品侖。侖，理也。陽冰云從亼冊。亼，古集字；品象眾竅，蓋集眾管如冊之形，而置其竅爾。

𢆉 說文撮也，倒入一為干，入二為𢆉，言稍甚也。陽冰云干一為𢆉。

叚 說文從叉從コ尺，闕。陽冰云從尸，尸予也；コ，器也；又，手也；手持器為求之於人，人與之也。

說文。鳥之短尾總名。陽冰云。鳥之總稱。爾雅長尾而從隹。知非短尾之稱。
說文。叀小謹也。從幺省。屮才見。屮亦聲。陽冰云。𡈼丰中。形象車軸頭叀𡈼之形。上書平引。
不從屮也。
說文。小也。象子初生之形。陽冰云。厶不公也。重厶為幺。蒙昧之象也。會意。
說文。閡也。從叀引而止之。陽冰云。車前重不前。合從車。宜上畫平。不從屮明矣。
說文。刃。刀之堅利處。象有刃之形。陽冰曰。刀面曰刃。一示其處所也。此會意。
說文。冬冬生艸。陽冰云。謂之艸非也。
說文。豆之豐滿者。象形。陽冰云。山中之丰乃豐聲也。
說文。血祭所獻也。從皿一。血也。陽冰云。從一聲。
陽冰云。凵象膏澤之氣。土象土。木為臺氣。主火之義。會意。
說文。三合也。從入一。象三合形。陽冰云。入者合集之義。自一而成乎億萬。入者集之初。故
從入從一。

矣說文。詞也。從矢。引省聲。矢者取詞之初所之。陽冰云。倉頡作字。無形象者。則取音以為之
訓。矢引則為別。其類往往而有之。矣字是也。

木說文。從屮。下象其根。陽冰云。象木之形。木者五行之一。豈取象於屮乎。

才說文。艸木之初也。從丨貫一。將生枝也。一地也。陽冰云。才木之幹也。木體枝上曲。今去其
枝但有槎枿。

日說文。陽精不虧。從口一。陽冰云。古人正圓象日形。其中一點。象烏。非口一。蓋篆籀方其外
引其點爾。

齊說文。禾麥吐穗上平。象形。陽冰云。二物相竝乃齊平。

米說文。穬粟實也。象禾實之形。陽冰云。象在穗上之形。

尗說文。象尗生形。陽冰云。父之弟為尗。從上小。言其尊行居上而已小也。

弔說文。古者葬之中野。以弓驅禽獸。人遇弓為弔。陽冰云。弔從二人。往返相弔問之義。

袁說文。從衣。叀省聲。陽冰云。從衣。屮口。非叀省

秃說文人無髮也從禾王育說蒼頡出見秃人伏禾中未知其審陽冰云從秀省聲

欠說文張口氣語也象氣從人上出之形陽冰云上象人開口下象氣許氏擅改作气無所據也

卩說文象卩相合分之形陽冰云𠂤字從卩而生一重為卩二重為㠯三重為𠂤

□說文從兀從匕從倒亡陽冰云非倒亡聲倒亡不亡也

豸說文獸長脊行豸豸也陽冰云從肉力

□古法字陽冰云注一所以驅人之正

狀陽冰云象形之中犬字象似文之尢者故狀從犬

州說文九州地之高者從重川為州陽冰云三丩為州

仌說文象水凝冰形陽冰云象冰裂之形

飛說文象肉飛之形陽冰云右旁反半弱象夭嬌飛騰形

非說文背違也從飛下翄取其相背陽冰云兩手相背也

直說文正見也故從十目乚陽氷云正視難見故從乚音隱

畢說文捕鳥畢也象絲罔上下其竿柄也陽氷云率卑也玄牽省糸糸相牽之義入集也八

八象象也十十人也作捕鳥之具許氏誤用

土說文二象地之下地之中丨物出也陽氷云土數五成數十取成數下一地也

𡉚說文爵諸侯之土從之土寸寸其制度陽氷云從古文㞢古文㞢從屮一之下土音皇非

封

坐說文從畱省從土土所以止此與在同意陽氷云從卯卯時人不卧

金仌金說文從土左右注象金在土中形今聲陽氷云許慎金體非

勹說文抱取也象形中有質與包同意陽氷云古文不從屈一之體竝從勹勹一為勺二為

匀一少也二漸多也兩均之義許氏同俗輩云一勺為與便謂中畫屈一則與与字同部文

云包同意此正勹也豈得為同意哉移入勹部之略反白如此許氏勹如此

与說文賜予也一勺為与與予皆同陽氷云中畫盤屈兩頭各鉤有交互相與之義與互同

意許云一勺甚涉迂誕與屈中爲虫何殊

巳說文蛇食象形陽氷云從巳中一

庚說文秋時萬物庚庚有實也陽氷云從干从象人兩手把干立庚庚然史記大橫庚庚是也

𠫓說文不順忽出也從倒子不孝子突出也陽氷云疏流二字竝從古𠫓疏通流行也豈不順哉

午說文啎也五月陰氣午逆陽氣冒地而出與矢同意陽氷云五月筍成竹之半枝出地

戌說文九月萬物畢成陽下入地從戊含一也五行土生于戊盛于戌從戊一聲陽氷云戌土也一陽也陽氣入地一固非聲

二𠀅說文二古上字一人男一人女乚象懷子侅侅之形陽氷云古文本象豕形諸義穿鑿之𠀅豕古文亥從豕本象豕滅一畫𠀅篆文乃從二首六身

㊂見下王安石之新說

㊂趙宧光說文長箋。顧炎武斥其好行小慧。如以青青子衿之衿即衾字。是韓洽之篆學測解亦多新說。如以風字之凡為帆。虫為它。風藉帆為用。它者動之意。是

㊃四川呂吳之六書十二傳。聲東古棣字曰在木閒象木工所圖太極形也。是呂清光緒間人而氏十八年二十年出版之蒼石山房文字談與說文匡鄦。尚多此種無根之新說。

顏師古顏元孫之正字體以及郭忠恕之佩觿等

自改篆為隸以後。又經過南北朝之俗書。百念為憂（憂）。言反為變（變）。不用為甭（罷）。追來為歸（歸）。更生為甦（蘇）。先人為老（老）。文子為斈（學）。老女為姥（母）。以及席中加帶作席。恶上安西作悪。鑿頭生毁作鑿。離則配禹作離。以及彳旁作亻。亻旁作彳。木旁作才等。見於說文統釋序。金石文字辨異與漢碑魏誌墨拓者。不遑悉舉。㊀唐顏師古考定五經文字。而有字樣一書。㊁杜延業又稍事增加。而有新定字樣一書。㊂字樣者筆畫之準繩也。今其書皆

佚據汪黎慶所輯錄如鉤字樣句之類並無者厶者軌字樣以九則其書之大概可知顔元孫本之作干祿字書㊃其名干祿者元孫自序云「並仕觀光惟人所急循名責實有國恆規既考文辭兼詳翰墨升沈是繫安可忽諸用舍之間尤須折衷目以干祿義在茲乎」則其作書之用意可見其書以平上去入四聲爲次具言俗通正三體所謂俗者例皆淺近唯籍帳文案券契藥方等所用之字如衷作衷兒作皃是所謂通者相承久遠可以施表奏牋啟尺牘判狀之用如采採通陂坂通是所謂正者並有憑據者述文章對策碑碣當用之字用以糾正不正之字體如泒正作派第正作第是此書唐大曆九年真卿官湖州時書以勒石開成四年楊漢公復摹刻于蜀中宋寶祐丁巳衡陽陳蘭孫始以湖本鋟木此正字體之第一書也自是以後宋婁機有廣干祿字書五卷㊄凡一字數義一義數字較其同異並載本原總爲字七千六百郭忠恕有佩觿三卷㊅上卷備論形聲訛變之

由分為三科。一曰造字之旨。始于象形。中則止戈反正。而省聲生焉。二曰四聲之作。始于譬況。中則近煙為殪。而翻語生焉。三曰傳寫之差。始則五日三豕帝虎魯魚。中則興雲剖疑。其論歷舉俗書之誤。錢大昕之說文統釋序即本此而加以擴充者也。中下二卷。則取字畫疑似者。以四聲分十段。一曰平聲自相對。如松祥容翻。木名。松章容翻。不安皃。二曰平聲上聲相對。如僑其遥翻。僑如人名。僑巨眇翻。行皃。三曰平聲去聲相對。如棑皮拜翻。船頭。排皮皆翻。排比。四曰平聲入聲相對。如錫弋良翻。馬頟飾。錫先擊翻。金錫。五曰上聲自相對。如寵丑隴翻。寵愛。竉力董翻。孔竉。六曰上聲去聲相對。如受殖酉翻。傳受。受都導翻。人姓。七曰上聲入聲相對。如少申兆翻。不多也。他末翻。蹈也。八曰去聲自相對。如戾他計翻。轁車之旁。戾來計翻。曲也。九曰去聲入聲相對。如朿千賜翻。木芒。束收錄翻。束縛。十曰入聲自相對。如苜莫割翻。目不正也。苜莫卜翻。苜宿菜。雖分十段。其例則一。蓋清朝以前著文字學書者好以韻區分。其習尚如是。末附與篇韻音義異者十五字。辨證舛誤者一百十九字。是後人所加。惠棟九經古義嘗駁其書。而四庫全書提要則謂其書頗有價值。⑦其他如釋適之之金壺字考。顏愍楚之俗書證誤。王雰之字書誤讀。⑧此皆宋朝以前之正俗書。而不必根據說文解字者也。其他如清之迴瀾字義。字學舉隅等。其書頗多。悉踵干祿字書之遺。而為考試繕寫之用。無與于文字學。不復述焉。

(一)說文統釋序。清錢大昭撰。并注。大昭著說文統釋六十卷。未刊行。序一篇。都三萬餘言。金石文字辨異十二卷。清邢澍撰。澍字雨民。號自軒。甘肅階州人。乾隆庚戌進士。官至江西南安府知府。著此書辨筆畫異同。楷法溯原。碑別字等書。皆踵此而作。刊在聚學軒叢書內。

(二)唐書儒學傳曰。帝嘗歎五經去聖遠。傳習寖訛。詔師古於祕書考定。多所釐正。顏元孫干祿字書序曰。元孫伯祖故祕書監。貞觀中刊正經籍。因錄字體數紙。以示讎校。當代共傳。號為顏氏字樣。字樣今不傳。汪黎慶輯有九條。刊入廣倉學宭叢書內。

㊂顏元孫干祿字書序曰後有羣書新定字樣是學士杜延業所修雖稍增加然無條貫

㊃元孫師古之姪孫杲卿之父真卿之諸父也謝啟昆小學考云師古字樣即元孫干祿字書之所本

㊄宋史晏袤傳袤字彥發嘉興人乾道二年進士中興藝文志袤取說文及諸家字書為廣干祿字書蓋廣顏元孫之書也

㊅談苑郭忠恕先洛陽人本名忠恕字恕先後秖稱字少能屬文善史書小學通九經按忠恕所著有汗簡七卷佩觿三卷汗簡見後佩觿在鐵華館叢書內

㊆四庫全書提要云惠棟九經古義嘗駁忠恕而反以視為俗字今攷其書中如謂車字音尺遮反本無居音蓋因韋昭辯釋名之說未免失于考訂又書號八分久有舊訓蔡文姬述其父語自必無謬乃以為八體之外別分此體强為穿鑿亦屬支離至于以天承口為吳已見越絕書而引三國志為徵景為古影字已見高誘淮南子注而云葛洪字苑加彡又陶侃本字士行而誤作士衡東方朔以來來為棗本約略相似而遂造棗字均病微疎然忠恕洞解

六書故所言具中條理如辨逢姓之逢音皮江反不得讀如逢遇本字證之漢隸字原逢字下引逢盛碑通作逄亦仍作皮江反可證顏師古之論又若辨角里本作角里與甪几字無異亦不用顏師古恐人誤讀故加一拂之說證之漢四老神位神胙几石刻角里實作角里與此書合則知忠恕所論較他家精確多矣

㈧清嘉慶時管受之合干祿字書金壺字考俗書證誤字書誤讀四種為同文考證

正字體之復古編等

自顏師古顏元孫之正字體以後有唐一代有歐陽融之經典分毫正字㈠其書已佚無由知其內容觀其題名大概亦是正字體之作至宋郭忠恕之佩觿則其視正字體之範圍已為推廣記之于上矣嗣有作者當推張有之復古編㈡張有之書略仿顏元孫干祿字書正俗通三體之例而例加密正體用篆文別體俗體載於注中如棊博棊从木其聲別作碁非詒相欺詒一曰遺也別作貽俗即

碁詒正碁别貽俗也。入聲之後附辨證六門。一曰聯緜字。如劈歷劈破也。歷過也。别作霹靂。非。消搖猶翺翔也。别作逍遥。字林所加。二曰形聲相類。如棲為續木接為交接。並子葉切。聲相類也。一从木。一从才。形相類也。朓晦而月見西方謂之朓朓兆祭也。並土了切。聲相類也。一从月。一从肉。隸書偏旁肉作月。形相類也。三曰形相類。如䚻从肉从言。䍃从肉从缶。䚻余招切。徒歌也。䍃以周切。瓦器。聲不類而形類也。𣅀从日。望遠合也。皀象嘉穀在裹中形。匕以扱之。𣅀烏皎切。皀皮及切。又音香。聲不類而形類也。四曰聲相類。如玩弄也。从玉元。或从貝。翫習猒也。从習元。並讀五換切。形不類而聲類也。启開也。从户口。啟教也。从攴启。並讀康禮切。形不類而聲類也。五曰筆迹小異。如啇商二篆。一則中畫直。一則中畫不直。小異也。革革二篆。一則中作凵。一則中作口。小異也。六曰上正下譌。如天篆作丙作亓。丙正亓譌。阜篆作𨸏作𠂤。𨸏正𠂤譌。剖析頗為精密。足為認識文

字者之指導清錢大昕頗稱其書脩當作修薩當作辥鬹論俗書荅為舠獲讀謙
中書皆已有之惟亦不免謬誤之處如琵琶乃攙把之譌而以為枇杷凹凸乃窅
窔之俗而以為坳垤認古書作仞而以為訒妙古書作眇而以為紗罙與突又須與
須畾與荅形聲俱別而并為一文㊂是亦可以知其書之價值矣張書而外吳均
有增修復古編㊃戚崇僧有後復古編㊄泰不華有重類復古編㊅劉致有復古
糾繆編㊆曹本有續復古編㊇以上存者惟吳均與曹本之書吳氏之書頗不謹
嚴如仝字之類引及道書則其取材極不可靠也清四庫全書提要譏其蕪雜而
不盡確所分六書尤多舛誤且其書似已佚失其半未為全本曹氏之書體例悉
照張有張書二千七百六十一字曹書六千四十九字則比較張書為擴大又于
附錄中增音同字異一門收二千三百六十七字其實只能謂之字同體異蓋其
所收者即同為一字而遍及或體及籀文與古文也諸復古編之外類似之書有

四一周伯琦之六書正譌⑨二李文仲之字鑑⑩三趙曾望之字學舉隅①四張式曾之說文證異②周伯琦嘗謂張有失之拘鄭樵過于奇戴侗病于雜乃著六書正譌以禮部韻畧分隸諸字以小篆為主先注制字之義而以隸作某俗作某辨別于下亦有牽强之處論者謂不如張有之復古編李文仲之字鑑本其世父伯英之類音而成先是伯英以六書惟假借難明乃就典籍中字同音異者正其字畫輯類音一書以字為本以音為榦以義訓為枝葉文仲更其所未及刊除俗謬作字鑑一書依二百六十部韻分列諸字辨其形義如霸不从西臥不从卜豊豐之別鍾鐘之異亦可觀也趙曾望之字學舉隅分為八類一洗謬俗字之謬有因不明其體而妄作者洗之俗字之謬有因不達其用而濫收者洗之二舍新徐氏新附諸文擇其可取者取之餘則舍之三補偏即偏旁之學四劈㴱如[illegible][illegible][illegible][illegible][illegible][illegible]不同而隸作春舂奉奏泰皆作𡗗𡭔五觀通如人與臣通僕古作

隸也。六省變。如帝古省作帝。七明微。辨筆畫之類。八談屑。其書可為學篆者之助。其他無甚精義。張式曾之說文證異。其例有二。一異義正誤。如凶為惡。兇為擾恐。不可通用。二異體並用。如馗逵不同。實為一字。亦猶干祿字書之例也。趙張之書。雖在清朝。以其皆正字體之書。聯類記之。

㈠崇文總目曰。經典分毫字樣一卷。唐太學博士歐陽融撰。

㈡四庫全書提要曰。有字謙中。湖州人。張先之孫。所著復古編之書。根據說文以辨俗體之譌。以四聲分隸諸字。於正體用篆書。而別體俗體則附載注中。

㈢見潛研堂文集二十七卷跋復古篇。

㈣四庫全書提要曰。舊本題吳均撰。但自署其字曰仲平。不著爵里。亦不著時代。其凡例稱注釋用黃氏韻會。而書分部全從周德清中原音韻。則元以後人。

㈤黃溍文獻集。戚君墓誌曰。君諱崇僧。仲咸其字也。永康人。所著有後復古編一卷。

㈥元史泰不華傳曰。泰不華字兼善。伯牙吾台氏。初名達普化。文宗賜以今名。年十七。浙江鄉試第一明年對策大廷則進士及第授集賢修撰累遷台州路達魯花赤卒追封魏國公謚忠介泰不華善篆隸溫潤遒勁常重類復古編十卷攷正文字於經史多有據云

⑦見山西通志書目

⑧曹本字子學大名人其書四卷成于元至正十二年前有危素等序據其自序所以補張有復古編之遺

⑨元史周伯琦傳曰伯琦字伯溫饒州人博學工文章尤以篆隸眞草擅名嘗著六書正譌說文字原二書

⑩李文仲元吳郡人李伯英猶子著字鑑五卷

⑪趙曾望字紹庭清丹徒人與專爲臨文備覽之字學舉隅不同

⑫張式曾字孟則清武進人皐文先生曾孫其書稿本未刻有吳大澂序

張參賈昌朝之羣經文字

唐以說文字林石經爲書寫文字之標準所以羣經文字注意者極多陸德明著

經典釋文㊀即爲當時羣經文字之巨著其例條雖言「豈必飛禽即須安鳥水族便應著魚蟲屬要作虫旁草類皆從兩屮」以及「黿鼉從龜亂辭從舌用攴代文將无混旡」之類關於字體亦曾注意然其書究爲音義之書茲編不復詳論

以羣經文字分部編纂爲讀經之是正者當推張參之五經文字㊁其自序「以經典之文六十餘萬既字帶惑體㊂音非一讀㊃學者傳受義有所存離之若有失合之則難並」據此則其撰五經文字之意義可知其書分爲一百六十部凡三千二百三十五字區爲三卷其取材採之說文以明六書之要㊄有不備者求之字林㊅其或古體難明則以石經比例爲助㊆石經湮沒通以經典及釋文相承隸省者引伸之㊇其辨別說文與石經之字如木部桃桃注云上說文下石經凡字從兆者皆倣此米部粲粲注云上說文下石經從夕者訛其辨別說文與經典相承隸省之字如手部揬探注云上說文下經典相承隸省如止部歲歲注云

上說文下經典相承隸省其辨別字書所無而見于羣經者如人部傎注云丁田反顛倒字案字書無此字見春秋傳手部撤注云去也按字書無此字見論語其辨別羣經之字與字書同字者如木部柙注云與匣同見論語缶部罃注云與甖同又烏耕反晉大夫名見春秋傳其他辨別筆畫之訛者頗多如木部梅注云從每每字下作母從毋者訛毋音無諸從母者放此權注云從手者古拳握字今不行俗作攉訛宀部實注云食栗反從毋毌公丸反象形從毋者皆訛害憲注云從丰丰音介石經省從士從工者訛其書初寫于屋壁後易以木版復易于石刻最後始鏤版印行焉[九]九經字樣者唐玄度撰[一〇]所以補張參五經文字之畧也其自序云「大曆中司業張參掇衆字之謬著為定體號曰五經文字傳寫歲久或失舊規今補冗漏一以正之文于五經文字本部之中採其疑誤舊未載者撰成新加九經字樣一卷凡七十六部四百二十一文其偏旁上下本部所無者

乃纂雜辨部以統之」㊁此四百二十一文皆出于三千二百三十五之外兩書共計羣經文字當為三千六百五十六文據開成二年八月十二日牒羣經文字隸變之後繼以楷變五經文字九經字樣兩書直可尋出其變遷之迹㊁如科作冄𢆉作予𡈼作要𡖍作夜之類皆可于此書中見之篆隸楷之遞變此亦文字學史上之一重要事也自是而後至宋朝賈昌朝而有羣經音辨之作㊂凡五門一曰辨字同音異如趨疾行也七俞切趨行皃也莊九切趨徇也七喻切之類二曰辨字音清濁如衣身章也於希切施諸身曰衣於既切之類三曰辨彼此異音如取於人曰假古雅切與之曰假古訝切之類四曰辨字音疑混如居高定體曰上時亮切自下而升曰上時掌切之類五曰辨字訓得失如頌从頁說文以為容貌字經典以為歌頌字之類其書雖亦關于音義而與經典釋文不同經典釋文博採漢魏以來之音義使人閱之而自求其音義之變遷羣經音辨則辨别其音

讀以致義訓之不同辨別其義訓以致音讀之各異而第五門如原說文本作厵冰尚書古文凝亂尚書古文治賡說文以為古續字之類不僅關于音義已也故與羣經文字而類記之

㊀唐陸元朗字德明以字行吳人博採漢魏六朝音切凡二百三十餘家又兼採諸儒之訓詁各本之異同著經典釋文三十卷為漢魏以來羣經音義之總滙

㊁林罕字源小說曰大歷中司業張參作五經文字三卷凡一百六十部顧炎武日知錄曰張參五經文字據說文字林刊正謬失甚有功于學者朱彝尊曰參在開元天寶間舉明經至大歷初佐司封郎尋授國子司業其姓名僅一見于宰相世系表一見於藝文志小學類他不詳焉

㊂若鼏冪同物禮經相舛蔿薳同姓春秋互出

㊃若鄉原之鄉為嚮取材之材為哉

㊄若古文作明篆文作朙古文作坐篆文作㘸之類古體經典通行不必改而從篆

⑥若祧禰逍遙之類。說文漏畧。今得之于字林。

⑦若𡨋變爲宜。𣈆變爲晉之類。說文𡨋𣈆人所難識。則以石經遺文宜與晉代之。

⑧若𦾔變爲壽。㮚變爲栗之類。石經湮沒。經典及釋文。相承如此作。

⑨四庫全書提要云。劉禹錫國學新修五經壁記。大曆中名儒張參爲國子司業。始詳定五經。書於講論堂東西之壁。積六十餘載。祭酒韓博士公肅。再新壁。乃析堅木負墉而比之。其製如版牘而高廣。背施陰關。使衆如一。觀此可以知五經文字初書于屋壁。其後易以木版。至開成乃易以石刻也。又云。考冊府元龜稱周顯德二年。尚書左丞兼判國子監事田敏獻印版書五經文字奏稱。臣等自長興三年校勘雕印九經書籍。然則此書刻本在印板書甫創之初已有之。特其本不傳耳。

⑩四庫全書提要云。玄度里籍未詳。惟據此書。知其開成中官翰林待詔。考唐會要稱太和七年二月。勑唐玄度覆定石經字體。十二月。勑于國子監講論堂兩廊創立石九經。玄度字樣。蓋于是時。

㊁雜辯部注云緣文字不多若依說文各出部目即為繁冗以類相從併入諸部外其偏旁意義不同者共編為此部

㊂開成二年八月十二日牒云右國子監奏得覆定石經字體官翰林待詔朝議郎權知沔王友上柱國賜緋魚袋唐玄度狀准大和柒年拾貳月伍日勑覆定九經字體者今所詳覆多依司業張參五經文字為准其舊字樣歲月將久畫點參差傳寫相承漸致乖誤今並就字書參詳改就正訖諸經之中別有疑闕舊字樣未載者古今體異隸變不同如總據說文即古體驚俗若依近代文字或傳寫乖訛今與校勘官同商較是非取其適中纂錄為新加九經字樣一卷或經典相承與字義不同者具引文以注解今刊削有成請附于五經字樣之末用證紕誤者

㊂宋史賈昌朝傳云昌朝字子明真定獲鹿人景祐中置崇政殿說書以授昌朝誦說明白帝多所質問昌朝請記錄以進賜名邇英延義記注加直集賢院著羣經音辨

通志七卷宋志三卷今本七卷自序亦七卷宋志誤

唐武后之剏制新字

自文字發生以後制造者非一時非一地更非一人觀甲骨文與金文每一文字而形體各殊即可見也鄭樵通志六書略有古今殊文一代殊文諸國殊文等圖㈠所收殊文容有錯誤古來文字之殊異則是事實也所以然者因文字之剏制日多其勢遂不能不殊異自秦罷殊文而後而文字遂統一焉㈡但篆變為隸不僅隸體違異而亦影響於篆㈢許叔重記說文解字以明字例之條而文字若不容後人復有剏制儒者論文字無論隸楷皆繩以說文解字之條例說文解字所無者即謂之俗書㈣但是事物由簡而繁文字由少而多此乃自然之趨勢不能不剏制新字也文字既已楷變未能盡合六書之條例亦事之無可如何者剏制新字不可純以說文解字之條例議之也且新字剏制不自唐武后始如「炅」「香」「炔」三字乃秦博士桂貞之後避地別居各以為姓所制之字「[illegible]」

「莔」「𡈽」「羿」「𧾷」「𣊫」「寇」「𣦵」八字，乃孫亮命子名所制之字。秦人以市買多得為𠬧，始皇以辠似皇，改而為罪。對舊作對，漢文以言多非誠，故去口作對。隋舊作隨，文帝以周齊不遑寧處，故去辵作隋。疊舊作曡，新室以三日太盛，改為三田。騧舊作騧，宋明以咼類禍，改而為瓜。形影之影舊作景，葛稚川加彡於右㊄。軍陣之陣舊作陳，王逸少去東用車。尼丘之山，三倉合而為屔。章貢之水，後人合而為贛。荒昏二義，元次山謚隋煬帝，合而為[illegible]。鄗本一名，漢光武分而為高邑。鄭嫌近鄭，幽嫌近幽，唐明皇改鄭為莫，改幽為邠㊅。以上剏制之新字，多數在唐武后之前。唐書藝文志有武后字海一百卷㊆，百卷之書今不傳。世傳武后剏制之新字十有八：天為𠑺，地為埊，日為𡆠，月為𠥱，又為𡇓，星為〇，臣為𢘑，載為𡕀，初為𡔈，年為𠦚，正為𠙺，又為𤯔，照為曌，證為𤼣，聖為𨲢，授為𥠢，戴為𡗜，國為圀，新制十八字，以代舊十六字㊇。而王觀國學林又有𠁈即君字，𤯔即人字亷即吹字。㈨則刱制者已不止十八字。王觀國議其贅作。鄭樵謂其草刱有本。要皆未為平論。字當刱作乃文化進步當然之事。惟武后所制之二十一字。舊字既用為習慣。不必改作。且改作之新字。其筆畫除星字外皆繁於舊字。刱制未為非是。惟刱作之新字則有可商量處也。百卷書中刱制之新字。必多集韻。至韵引武玄之。棨木下垂見此字似出於武后字書。唐志韻銓十五卷。武玄之撰。玄之之韻詮當遵武后之字書而譔。㈩今韻銓亦亡矣。㈡唐代官家之文字書。又有開元文字音義三十卷。凡三百二十部。㈢據其序。其書補說、文字林之缺。隸篆並載。今書亦已亡。㈢據慧琳音義五所引。鄙鳥窮則啄。獸窮則攫介持曰鄙。廣韻三十一洽。五音集韻十一洽所引。𥁕五味調肉菜。誠說、文字林所無。不知何時刱制之新字。在唐代是否通用。此最為文字學史上有趣味之問題也。

㈠見通志略第五卷。

㈡說文解字叙秦始皇初兼天下丞相李斯乃奏同之罷其不與秦文合者

㈢如說文解字之或體俗體皆當漢時篆書之殊異者

㈣如芙蓉只作夫容崑崙只作昆侖鴛鴦之鴛不从鳥東風之東不从草凡說文解字所無之文字悉是俗書例不得用

㈤景爲古影字已見高誘淮南子注非始于葛稚川見顏師古顏元孫之正字體以及郭忠恕之佩觿等節注

㈥自炅昚炔三字以下悉見於鄭樵通志略第五卷

㈦唐書藝文志曰凡武后所著書皆元萬頃范履冰苗神容周思茂胡楚賓衛業等撰

㈧十八新字見鄭樵通志畧第五卷

㈨王觀國學林據唐史所載十二字曌照 𠀑天 埊地 𡆠日 𡝗月 〇星 𠁈君 𢘑臣 𠡦吹 𡕀載 𠦚年 𤯔正 又據集韻載𤰞人 圀國 二字與鄭樵通志畧有出入

㈩王黎慶小學叢殘韻銓序韻銓或即武后字書未可知也考志又載武后字海一百卷知武

启于文字訓詁之學。亦雅重者。武氏韻銓。定當遵承意旨。

㈡韻銓王黎慶輯二百七十二條。刊在廣倉學宭叢書內。

㈢中興書目曰。開元文字音義二十五卷。玄宗譔。其序云。古文字惟說文字林最有品式。因備所遺缺。首定隸書。次存篆字。凡三百二十部。合為三十卷。今止存二十五卷。

㈢開元文字音義王黎慶輯四十六條。刊在廣倉學宭叢書內。

徐鉉之校訂

說文解字一書。經唐李陽冰所亂。許君真本不傳。陽冰改本。亦已佚失。今本說文解字最古者。惟大小二徐之書而已。大徐之書。尤為通行。在文字學史上。徐鉉校訂之功。可謂甚巨。㈠其書原十五卷。鉉以篇帙繁重。每卷各分上下。共三十卷。說文闕載。注義及序例偏旁有者。新補十九文。於正文中。㈡經典相承傳寫及時俗要用而說文不載者。新附四百二文。於正文後。㈢又以俗書譌謬不合六書之體二十八文及篆文筆迹相承小異者附于全書之末校訂之外稍有訓釋如木部木字下弓部甹字下採鍇之説亦有鉉按每字皆用孫愐切音注于下㊃此徐氏校訂之功不可没也惟其校訂有甚粗疏處如代取弋聲徐以弋為非聲疑兼有忒音不知忒亦从弋聲也絰取至聲徐以為當从姪省不知姪亦从至聲也配取己聲徐以己為非聲當从妃省不知妃亦从己聲也卦取圭聲徐以圭聲不相近當从挂省不知挂亦从圭聲也暵取堇聲徐以為當从漢省不知漢从難省聲難仍从堇聲也⿱𥫗殿取殿聲徐以為當从𦢊省聲不知殿本从𡱂聲𦢊乃从殿聲也（𡱂𦢊古今字）隸取枲聲徐以枲為非聲不知枲从台聲詩隸天之未陰雨今本作迨亦从台聲也轘从睘聲徐以睘非聲當从環省不知睘从袁聲環翾嬛儇獧之類竝从睘聲古人讀睘如環詩獨行睘睘釋文本作㷀㷀與睘聲相轉故多借通用非環睘有異聲也熇取高聲徐以高為非聲當从嗃省不知嗃亦从高聲

且說文無嗃字徐氏據周易王輔嗣本增入攷劉表本作熇熇鄭康成訓苦熱之意亦當从火旁熇之與嗃猶妃之與配本是一字不當展轉取聲也翬取軍聲徐以為當从揮省不知揮亦从軍聲軍轉為威猶斤轉為幾所圻蘄沂之取斤聲揮翬之取軍聲皆聲之轉而徐未之知也能取㠯聲徐以為非聲按台能皆以㠯得聲古人讀能為奴來切漢諺云欲得不能光祿茂才不必鼈三足乃有此音也贛取竷省聲徐云竷非聲未詳按詩坎坎鼓我說文引作竷竷坎與空聲相轉故空矦一名坎矦贛為竷之轉聲猶鳳為凡之轉聲而徐亦未之知也兌取㕣聲徐以為非聲按兌說同義說即从兌得聲台轉為說猶殄轉為餮此四聲之正轉而徐亦未之知也弻取丙聲徐以為非聲按丙有三讀其一讀如誓以折得聲弻从丙得聲亦四聲之正轉而徐未之知也移取多聲徐云多與移聲不相近蓋古有此音按移眵趍𡧯皆取多聲猶之波取皮聲奇取可聲六朝以降古音日亡韻書

出而支歌判然爲二而徐亦未之知也虔取文聲讀若矜徐云文非聲未詳按古人真文先仙諸韻互相出入而徐亦未之知也駁取爻聲𠩺取爻聲徐皆以爲非聲按覺學本蕭宵有豪之入聲釣从勺鞄从包翯从高駮从交徐皆不復致疑而獨疑駁𠩺之非聲何也輅賂皆取各聲徐以爲各非聲當从路省按藥鐸本虞模之入聲謨从莫涸从固縛从尃薄从溥竝取諧聲路之从各亦諧聲也（說文不云各聲葢轉寫之脫）徐皆不復致疑而獨疑輅賂之非聲何也是古人四聲相轉之法徐亦未之知也⿰革焦取⿰米焦聲讀若酋徐云⿰米焦側角切聲不相近按⿰米焦本从焦聲平入異而聲相通鄭康成謂秦人猶搖聲相近脩有條音繇有宙音籀从䌛聲茅从矛聲朝从舟聲彫从周聲皆聲之相轉何獨疑⿰革焦之⿰米焦聲是古音相通之例徐亦未之知也訴从斥省聲徐以爲非聲按訴本从㡿省字或作⿰言朔朔與㡿並从屰得聲與啎聲相近故許君訓啎為逆㡿朔皆以屰得聲則訴之从㡿聲宜矣今

本序作斥乃轉寫之訛徐氏不能校正轉疑其非聲亦過矣㊄徐氏校訂本於形聲之例不能悉通往往除去聲字而為會意之訓此不能不待于清代諸儒之校正也㊅

㊀宋史徐鉉傳曰鉉字鼎臣揚州廣陵人十歲能屬文仕吳為校書郎又仕南唐入宋為太子率更令加給事中出為右散騎常侍遷左常侍貶靖難行軍司馬卒年七十六鉉精小學好李斯小篆臻其妙隸書亦工嘗受詔與句中正葛湍王惟恭等同校說文

㊁新補十九文「詔」「志」「件」「借」「魋」「綦」「剔」「觷」「醆」「趄」「顦」「璵」「㶟」「櫍」「緻」「笑」「迓」「睆」「峯」

㊂錢大昕云予初讀徐氏書病其附益字多不典及見其進表知所附實出太宗之意大徐以羈旅之身處猜忌之地知其非而不敢力爭往往于注義中畧見其旨錢氏之論可謂曲諒徐氏之心惟經典相承及時俗所有之字不見於說文者甚多太宗欲附于說文之後頗有見地徐氏既別為新附自不攪與許氏原書相混既承詔附益當廣為搜集今僅新附四百

二文亦不完備也

㊃自序云許慎注解詞簡義奥不可周知陽冰之後諸儒箋述有可取者亦從附益猶有未盡則臣等粗為訓釋以成一家之書說文之時未有翻切後人附益互有異同孫愐唐韻行之已久今並以孫愐音切為定庶乎學者有所適從

㊄如代取弋聲以下錢大昕跋說文解字文見潛研堂文集二十七卷

㊅大徐說文解字三十卷今世通行本以孫星衍校刊本為佳淮南書局翻刻汲古閣第四次本亦善藤花榭本錯誤太多即景印宋本亦有錯字如丨部中而也而是內之誤字小徐本中和也淮南本據小徐本亦作和也段玉裁云俗本和也非是當作內也宋麻沙本作肉也一本作而也正皆內之譌據而肉二字決是內之譌而非和之譌是宋本亦有誤字不過可據以校正耳

徐鍇之繫傳

清盧文弨稱鼎臣於許氏本文有難曉處往往私自改易而楚金本獨否蓋諧聲

讀若之字鍇多於鉉學者可由鍇書以達形聲相生音義相轉之理即其於形聲諸字求之不得者雖删去聲字然猶著疑詞於其下㊀後人尚可因此而得許氏之舊此繫傳之所以可貴也㊁繫傳共四十卷通釋三十卷遵許君原文而通釋之用朱翶切音㊂部叙二卷叙五百四十部首據形聯系之迹通論三卷舉天地仁義聲音水火山谷性情父母喜樂敬慎等字作為通論袪妄一卷袪李陽冰之妄也類聚一卷類叙「數目」「語詞」「六府」「山川」「日月」「手足」「鳥屬」「魚屬」「獸屬」「艸屬」「干支」等字以為說錯綜一卷說明刑字从井巫字从工言字从辛之故通釋未詳而錯綜以說之也疑義一卷「劉」「志」「騂」「希」「崔」「免」「由」等字偏旁有篆文無說文脫漏一「衣」「長」「康」「粤」「言」「羽」「亻」「肉」等字篆文筆畫稍誤系述一卷即本書分目之大綱論者謂楚金所解大致微傷於宂而且隨文變

易。初無一定之說。牽強證引。不難竄改經典舊文以從之。如掄與棆不同也。而兩引周禮掄材。一則从手。一則改从木。釋與釋亦有別也。釋本訓漬米。而此復贅云猶散也。引釋旅為釋旅。以為从米之證。椑欜兩字。皆引易之擊柝。不引周官之聚欜。旨字下。改內則調以滑甘為滑旨。⿱前巾字下。改國語戎車待游車之裂。以裂為⿱前巾袳字下。則引詩好人袳袳。案王伯厚詩考。所載異文。止有作媞媞。或姼姼者。暦字下則引晉書郭暦。按晉止有郭黁。見藝術傳。脟字引子虛賦。脟割輪焠。則云脟借為爵。於膊字下。又引此。復云脟當為膊。是其說無一定也。說文無幗字。而有蔮字。蔮即幗也。乃指幗為巾幗之幗。說文有亲字。兼有榛字。乃云說文無。而指榗為榛栗之榛。又其引書多不契勘。以檀弓仲尼之守狗。及其言肉肉然如不出諸口。皆以為論語。尚書鯀陻洪水。則以為詩。左傳敢不承受君之明德。則以為書。論語奡盪舟。則以為⿱玨弓。左傳齊侯余姑揃搣。則以為楚王。又稱巫馬期行不由徑。陳仲子捆屨而食且引詩云匪面命之言示之事匪口誨之言提其耳賈字許氏云西聲則當以價為本音乃不引聘禮之賈人及納賈待賈而專引公戶反之賈區服賈又賑本訓殷富乃惑於後人振贍振濟之亦作賑而遂以振起解之農字中从囟囟與囪皆有聰音而乃謂囟當為凶乃得聲獮秋田也本見犬部乃於示部增一禰字亦訓秋畋且為之說曰獵者所以為宗廟之事也鼎臣本禰與祧祆祚皆為新附之字今皆收入許氏本部中而又增一⿰礻虘字訓為祝也不知言部自有詛字許氏訓為詶詶即祝耳又犬部中出一炗字鼎臣本所無此蓋炗與炎之譌文耳至其所引經史亦多失其本意如貲字下引史記張釋之以貲為郎而為之說云即今州縣吏以身應役是也貲錢即今庸值也此說謬甚漢時以貲為郎猶近世職財貨者之舉身家殷實耳又衮字下許氏云天子享先生卷龍繡于下幅一龍蟠阿上鄉从衣公聲楚金上鄉作上卿云春秋傳諸侯死於王事加二等于是有

以裒斂謂以上公禮也然則愼所上卿即用公禮也此於文理何可通㊃楚金之書宋時已無完本㊄容有爲後人竄亂者然此等之失不能不歸咎楚金之疏畧說文原本爲李陽冰竄亂之餘不有二徐研究文字學者將於何爲根據惟鉉鍇二本互有不同其顯見者或部居移易㊅或說解闕佚㊆論者謂鉉頗簡當間失穿鑿又附俗字鍇加明贍而多巧說衍文又一文繁畧有無不同要之二書不可偏廢楚金之繫傳雖說論畧多頗可藉之以窺一時文字之旨趣而形聲相生音義相轉之理在宋朝尚未能發見此亦文字學史上重要之書也㊇

㊀如一部元从一兀聲鉉鍇二本皆删去聲字而鍇本獨注曰俗本有聲字

㊁陸游南唐書曰徐鍇字楚金父延休字德文唐乾符中進士仕至光祿寺江都少尹二子鉉鍇遂家廣陵鍇酷嗜讀書隆寒烈暑未嘗少輟開寶七年七月卒年五十五著說文通釋方輿記古今國典賦苑歲時廣記及他文章凡數百卷

㊂宋王伯厚玉海云繫傳舊缺第二十五卷今宋鈔本以大徐所校定本補之

㊃論者謂楚金所解大致微傷于冗以下盧文弨與翁覃溪論說文繫傳書見抱經堂文集第二十一卷

㊄尤袤曰余暇日整比三館亂書得南唐徐楚金說文繫傳愛其博洽有根據而一半斷爛不可讀會江西漕劉文潛以書來言李仁甫託訪此書乃從葉石林氏借得之方傳錄未竟而余有外補之命遂令小子槩於舟中補足是本得于蘇魏公家而訛舛尚多當是未經校定也乾道癸巳十月二十四日

困學紀聞曰徐楚金說文繫傳有通釋部敘通論袪妄類聚錯綜疑義系述等篇呂太史謂原本斷爛每行減去數字故尤難讀若得精小學者以許氏說文參釋恐猶可補也

㊅若鍇本㫗次畗後彔次克前

㊆若鍇本鼅寐等下是

㊇小徐說文繫傳四十卷按今世通行小徐說文祁刻本為佳蓋祁據顧千里校宋抄本及汪

士鍾所藏宋残本付刊而又經李申耆苗仙鹿承培元手校者也江蘇書局刻本至龍威秘書本據乾隆時汪啟淑刊本不佳惟附録一卷足資參考

李燾之改編

自有二徐之校訂許君之書得以保存文字學始有入門之徑途自有李燾之改編許君之書轉以湮沒文字學遂乏研究之根據蓋文字雖合形聲義三者而言而形之研究實為文字學之初步說文解字一書立一為耑畢終於亥同牵條屬共理相貫雜而不越據形系聯㊀分別部居不相雜廁本為形之分類與編韻書者以韻分類不同徐鍇既有說文繫傳之撰而又說文韻譜之編原以備檢字為讀說文繫傳之工具也㊁李燾繼之擴充其內容編為說文解字五音韻譜三十卷則無意義矣㊂李燾初稾尚以類篇次序於每部之中易其字數之先後而部分未移㊃後乃出以示餘杭虞仲房仲房以五音譜發端實因徐氏則此譜宜以

徐氏爲本，於是盡變許君分別部居之舊矣。㊄仲房乃一書偏旁刻金石之人，不解學術，㊅不知據形系聯之妙，而專競聽其言，參取集韻次第，起東終甲，學者安于所習，以其書易以省覽，流俗盛行，始一終亥之本，竟湮沒不彰，明陳大科竟以爲許慎舊本，茅溱作韻譜本義，遂推闡許慎說文所以始于東之意，㊆殊爲附會，顧炎武博極羣書，而亦不見始一終亥之本，㊇此文字學在清代以前未能發達也。即其本書之音切，除手部攜字能糾徐鉉之謬外，其餘如餶字似醉切，改爲房九切，首字模結切，改爲徒結切，臤字苦閑切，改爲邱耕切，多所竄亂，犛字本里之切，誤作莫交切，氂字本莫交切，誤作里之切，尤爲踈舛。㊈五音韻譜一書，在文字學上殊無價值，在文字學史上，則頗有關係也。

㊀說文解字後叙。

㊁說文韻譜五卷，徐鍇編，徐鉉叙云，偏旁奧密，不可意知，尋求一字，往往終卷，力省功倍，思得

其宜。古弟楚金。特善小學。因命取叔重所記。以切韻次之。聲韻區分。開卷可數。楚金又集通釋四十卷。考先賢之微言。暢許氏之元旨。正陽冰之新文。析流俗之異端。文字之學善矣。今此書止欲便於檢討。無恤其他。故聊存訓詁。以為別識。

㊂宋史李燾傳曰。燾字仁甫。眉州丹稜人。唐宗室曹王之後也。四庫全書提要曰。初徐鍇作說文韻譜。音訓簡略。粗便檢閱而已。非改許慎本書也。燾乃取說文而顛倒之。移自一至亥之部。為自東至甲。說文舊第。遂蕩然無遺。

㊃見說文解字五音韻補李燾自序。

㊄見說文解字五音韻補李燾後序。

㊅李燾後序云。仲房能為古文奇字。聲溢東南。凡江浙扁牓。與其他金石刻。多仲房筆。魏了翁書李巽巖後序云。仲房雖有分間分白之能。觀其篆隸筆蹟。若不解書意者。

㊆韻譜本義十卷。明茅溱撰。溱字平仲。丹徒人。其凡例云。平聲以東為首者。謂日出東方甲乙木也。說文先得此義。而廣韻因之。故不敢擅改。

㊇顧炎武日知錄曰。說文原本次第不可見。今以四聲為列者。徐鉉等所定也。切字鉉等所加也。旁引後儒之言。如杜預裴光遠李陽冰之類。亦鉉等加也。又云諸家不收今附之韻末者。亦鉉等所加也。

㊈見四庫全書提要。

王荊公之新說

文字之制造。是人類文化進步之過程。後人可以整理古人之文字。甚至於可以改革古人之文字。斷不可以自己之意思。當古人制造文字之意思而為之說。自來研究。文字學者。每患此病。王荊公尤其甚者也。王荊公晚年著字說一書㊀。多以己意說文字。昧於形聲之旨。其不可通者。必從而為之說。遂有勉強之患㊁。今其書已佚。雜見于各筆記中者。猶可窺其一二。如曰人為之謂偽。位者人之所立。訟者言之於公。五人為伍。十人為什。歃血自明而為盟。二戶相合而為門。與邑交曰邠同田爲富分貝爲貧㊂除同田爲富之外餘皆不至大相剌謬惟其解伶字云伶非能自樂也非能與衆樂樂也爲人所令而已其解種字云物生必蒙故從童草木亦或種之然必種而生之者禾也故從禾字其解役字云戍則操戈役則執殳余謂役字不必從彳止合作役字殊爲穿鑿㊃其尤猶豫無定者客問覇字何以從西荊公以西在方域主殺伐累言數百不休或曰霸從雨不從西荊公曰如時雨化之耳㊄其解天字取法苑珠林之說其解星字取晉天文志載張衡之論其解鸜鵒字取酉陽雜俎之說引後出之小說佛書以解古人制造文字之義縱可穿鑿附會究非說文字者所應當出也㊅與荊公同時見其說字牽强多戲笑之如劉貢父謂三鹿爲麤鹿不如牛三牛爲犇牛不如鹿又謂易之觀卦即是老鸛詩之小雅即是老雅荊公嘗問東坡鳩何從九東坡曰鳲鳩在桑其子七兮連娘帶爺恰是九個又云坡者土之皮東坡笑曰然則滑者水之骨也荊公自

矜重其字說，每與人談字說，娓娓不倦。㊆且以政治之勢力，強人以必習。㊇究竟說無根據，不久即被禁止。㊈其字說雖無價值，要亦文字學史上之一段故事也。

㊀王安石進字說表曰：抱病負憂，久無所成，雖嘗有獻，大懼冒瀆，退復自力，用忘疾憊，咨諏討論，博盡所疑，冀或涓塵，有助深崇，謹勒成字說二十四卷，隨上表以聞。

㊁葉適石林燕語曰：凡字不為無義，但古之制字，不專主義，或聲或形，其類不一。王氏見字多有義，遂一槩以義取之，是以每至於穿鑿附會。

楊慎曰：王荆公好解字說，而不本說文，妄自杜譔。

㊂見葉大慶攷古質疑。

㊃見袁文甕牖閒評。

㊄見邵博聞見後錄。

㊅見朱翌猗覺寮雜記。

㊆黃庭堅曰：荆公晚年刪定字說，出入百家，語簡而意深，常自以為生平精力盡于此書。好學

者從之請問口講手畫席終或至千餘字

㈧鄧肅書字學曰熙豐以來專用王安石字學士大夫師之不敢誰何蘇東坡尤切齒時以文字中以兒戲玩之

㈨晁公武讀書志曰字說王安石介甫譔晚年閒居金陵以天地萬物之理著于此書與易相表裏而元祐中言者指其揉雜釋老穿鑿破碎聾瞽學者時禁絕之

司馬光等之類篇

玉篇而後類篇一書爲文字學之一巨製舊本題司馬光等奉敕修纂實則歷王洙胡宿掌禹錫張次立范鎮而告成奏進於司馬光非司馬光撰也㈠類篇之修因集韻增字既多與玉篇不相參協乃別爲類篇與集韻相副施行㈡所謂不相參協者因集韻爲以韻分部之書類篇爲以形分部之書類篇分部一如說文解字而與玉篇之分部與說文解字稍有出入者不同㈢全書凡十五卷每卷各分上

中下故稱四十五卷末一卷為目錄亦是用說文解字之例㊃類篇本與集韻相副施行或且增多集韻所遺之字然考集韻所收併重文為五萬三千五百二十五字類篇文凡三萬一千三百一十九重音二萬一千八百四十六共五萬三千一百六十五較集韻尚少三百六十蓋集韻所收重文頗為雜濫類篇所收重文雖則雜濫然比集韻則稍為謹慎故所刪之數多于所增之數觀蘇轍序可知其序略云凡為類篇以說文為本而例有九一曰槻槼異釋而呐㕯異形凡同音而異形者皆兩見也二曰天一在年一在真凡同意而異聲者皆一見也三曰旗之在草㐱之在秋凡古意之不可知者皆從其故也四曰雩古气類也而今附雨齡古口類也而今附音凡變古而有異義者皆从今也五曰壺之在口無之在林凡變古而失其真者皆從古也六曰兂先之附天生之附人凡字之後出而無據者皆不得特見也七曰王之為玉爾之為朋凡字之失故而遂然者皆明其由也八曰

邑之加邑白之加[illegible]凡集韵之所遺者皆載于今書也九曰⿰少彡之附小⿰𢆶甚之附叕凡字之無部分者皆以類相聚也其例大概如是細核其書覺猶有可言者茲以示字一部核之而推于其餘類篇示部所有之字而説文解字無者計六十四字

㊄此六十四字之中如禕之即為偉字⿰礻婁之即為膢字⿰礻虛之即為魖字祩之即為呪字⿰礻焦之即為醮字礽之即為仍字⿰礻衣之即為⿰犭衣字⿰礻央之即為殃字⿰礻未之即為魅字⿰礻亶之即為禪字⿰礻昔之即為蜡字⿰礻出之即為祟字⿰礻尞之即為尞字祑之即為秩字⿰礻睪之即為繹字禝之即為稷字⿰礻彖之即為獮字⿰礻盧之即為詛字其孳乳浸多之迹皆可以尋惟此等非造字之孳乳浸多乃用字之孳乳浸多祑祭有次也顯由秩字而增禝兗臣能播五穀有功于民祀之顯由稷字而增祑禝二字今雖不用然頗有意義禕美也顯由偉字而增則無意義矣至若⿰礻亶祭天也禪本訓祭天⿰礻出祟也直是復字視从見示聲而隸示部見部亦有視字則又編輯之淩亂者矣又類

篇示部之重文不見于說文解字者計三十二字㊅此三十二字中如祑之重文祙禮之重文𥜽祣之重文禮禡之重文禡其正文即不見于說文解字如祈之重文祈祇之重文祇神之重文神祼之重文祼祝之重文祝則因示古文作爪而由此演出者也尤可異者禮既有重文礼而又演出一重文礼更謬誤者以禽為正文以禽為重文如照此例則隸變皆重文矣而說文之禂或體作䮞類篇則不收桂未谷本祿之重文作禰類篇祿之重文則作禮凡此皆可研究者也又四庫全書提要謂玉篇已增于說文此書又增于玉篇此說亦未盡然即以示部細核之凡類篇所有之字而玉篇無者連重文計之共四十七字㊆即有二十四重文可徵類篇重文收集之雜濫則是類篇多于玉篇二十三字然玉篇中所有之「𥙐」「䄎」「祣」「禡」「𥙊」「禭」「𥘱」「䃬」「禈」「禯」「𥛖」「祻」「𥘅」十三字皆不見收于類篇類篇多于玉篇僅十字耳朱彝尊云治平中類

篇書出推原析流而輕重淺深清濁之變迭用旁求猶不改舍韻部居之舊先民之規矩略存焉後此而始一終亥之序莫有講習者矣此言未免推崇太過學者往往以其為司馬光所修纂而重之未細核其内容也要之類篇除遵照説文部首次第之外其他無多文字學之價值而在文字學史上則不能不序述之也

㊀類篇後附記曰寶元二年十一月翰林學士丁度等奏今修集韻添字既多與顧野王玉篇不相參協欲乞委修韻官將新韻添入别為類篇與集韻相副施行時修韻官獨有史官檢討王洙在職詔洙修纂久之嘉祐二年以翰林學士胡宿代之三年四月宿奏乞光禄卿直秘閣掌禹錫大理寺丞張次立同加較正六年九月宿遷樞密副使又以翰林學士范鎮代之治平三年二月范鎮出知陳州又以龍圖閣直學士代之時已成書繕寫未畢至四年十二月上之

㊁陳振孫書録解題曰丁度等既修集韻奏言今添字既多與顧野王玉篇不相參協乞委修韻官别為類篇與集韻並行自寶元迄治平始成書

③玉篇删去「哭」「延」「畫」「教」「眉」「白」「䰜」「飲」「后」「穴」「弦」十一部。增添「父」「云」「喿」「冘」「處」「兆」「磬」「索」「書」「牀」「單」「弋」「丈」十三部。比說文解字增多兩部。而又有敘次之不同之部。類篇分部。一如說文解字。列目為五百四十三者。艸部木部水部。因字多分為上下。故增出三也。

④今日通行之姚刻本。其目錄一卷。顛倒錯誤。不足為據。

⑤示部類篇所有說文所無之字。「𥛱」「禕」「祛」「𥘬」「𥜒」「祒」「𥞒」「𥟎」「禨」「𥛽」「禑」「祩」「𥚉」「𥜲」「禗」「祹」「𥛚」「𥟖」「祾」「𥛟」「𥞾」「視」「䄫」「䄇」「禓」「禟」「𥜩」「𥜹」「𥞵」「祳」「𥢄」「𥛿」「䄧」「祱」「𥙊」「祙」「禲」「祮」「禶」「䄍」「𥙇」「𥜰」「𥞥」「𥞩」「𥘶」「𥛒」「𥝐」「𥞊」「𥜻」「𥙿」「𥛔」「祑」「𥜭」「禃」「𥛙」「䄃」「𥜲」「𥛙」「禐」「禒」「禛」「禊」「祽」「𥛦」計六十四字。

⑥示部類篇重文說文所無者。「祓」「𥘅」「祈」「齋」「祵」「禋」「祆」「祗」

「祬」「神」「禮」「禮」「祢」「禧」「禱」「祒」「禩」「礼」「禋」「袖」「祀」「𥜒」「祢」「禞」「社」「祾」「禡」「祼」「禍」「𥜒」「祝」「禥」計三十二字。

㈦示部類篇有玉篇無之字。「祛」「祠」「祈」「齋」「禋」「祇」「祬」「神」「禮」「禧」「𥜒」「禱」「禬」「視」「祒」「禩」「礼」「祒」「祆」「禬」「祠」「禓」「禖」「禊」「禮」「祀」「祖」「禞」「社」「祾」「禴」「祱」「祰」「祼」「禮」「禮」「禠」「𥛚」「祟」「𥜒」「禶」「祝」「祾」「祑」「禥」「禃」「禝」計四十七字。

薛尚功王俅等之鐘鼎文字

湯之盤銘見於禮記。㈠三命之銘見於家語。㈡以古器物文字為修身處世之則。而非文字學之範圍。漢武帝時汾陽得鼎。吾丘壽王以為是漢鼎非周鼎。㈢此乃詭辯之辭。說李少君識齊桓公陳于柏寢之器。㈣此乃欺詐之行為。惟張敞辨美陽之鼎。據銘文識爲周之侲賜大臣。大臣之子孫。銘其先功。藏于宮廟之器。⑤鄭衆辨盧江之鼎。據左傳以對⑥可謂注意鐘鼎文字之原始。至許慎往往於山川得鼎彝。其銘之前代之古文⑦據鼎彝爲文字之考證。與今日搜輯古文字者一律。不過墨拓未發明。無由據以錄入說文解字之書耳。迨至趙宋歐陽修之集古錄⑧趙明誠之金石錄⑨未將器銘文字摹入書內。于古文字無可考證也。呂大臨之考古圖⑩無名氏之續考古圖⑪宣和之博古圖⑫繪古器物之形象。摹其銘文由實物遂爲墨本。雖不能毫髮無誤。然可以據此認識古器物古文字之形式矣。然在當時尚是器物之意義多。文字之意義少。四庫全書目錄提要列于子部譜錄類。與古今刀劍錄等同觀。至薛尚功鐘鼎彝器款識。則列于經部小學類。始認爲在文字學之範圍矣⑬其書搜集自夏至漢古器物四百五十八之文字。一一爲之音釋。雖其中如夏琱戈。夏鉤帶。商鐘。濟南鼎。比干銅盤銅之類。未免真僞雜糅然在當時已可稱其博洽其音釋雖不甚精而篳路藍縷之功亦殊不易四庫全書提要稱其箋釋名義考釋尤精如攷古圖釋蠆鼎云周景王十三年鄭獻公蠆立此獨從博古圖以為商夔鼎銘五字博古圖云上一字未詳此書以上一字為夔字父乙鼎銘亦五字博古圖云末一字未詳此書以末一字為彝字又如博古圖釋召夫鼎銘詞有午刊二字此書作家刊博古圖釋父甲鼎銘作立戈父甲此書作子父甲又凡博古圖所云立戈橫戈形者此書多釋為子字其立說並有依據蓋尚功嗜古好奇又深通篆籀之學能集諸家所長而比其同異頗有訂譌刊誤之功非鈔撮蹈襲者比也提要稱其書至矣但薛書實未足以當此以今日眼光觀之只謂開鐘鼎文字之先路考據尤精則未然也一則器物不多無以資比較二則學說初立無以資切磋蓋時為之也觀其所摹石鼓文是據前帖本至有顛倒之處據此以推則其資料之來源未必悉精又陳振孫書錄解題作

鐘鼎法帖。可見當時不以此書為文字之講求。而以為臨池之研究。尚功所著別有廣鐘鼎篆韻七卷。今已不傳矣㊃王俅之嘯堂集古錄㊄收尊彝鐘鼎敦卣之屬。自商至漢。不及薛書之多。凡薛書之偽器。此書皆收之。而并收薛氏未收之滕公墓銘。又收古印三十餘事。其一曰夏禹。元吾邱衍學古編謂係漢巫厭水災法印。世俗有渡水佩禹字法。此印乃漢篆。故知之。則此書之真贋雜糅。可以知矣。此外宋人關于鐘鼎文字之書尚多。而皆無甚價值。特以鐘鼎文字之學。肇端于宋。故記其大概如上云。

㊀禮記大學篇。湯之盤銘曰。苟日新。日日新。又日新。

㊁孔子家語觀周篇。故其鼎銘曰。一命而僂。再命而傴。三命而俯。循牆而走。亦莫余敢侮。饘于是。粥于是。以餬其口。

㊂漢書吾丘壽王傳。汾陰得寶鼎。群臣皆上壽賀曰。陛下得周鼎。壽王曰。天祚有德。而寶鼎自出。此天之所以與漢。迺漢寶。非周寶也。

㊃漢書郊祀志少君見上上故有銅器問少君少君曰此器齊桓公十年陳于柏寢已有按其刻果齊桓齊器一宮盡駭臣為少君神數百歲人也

㊄漢書郊祀志是時美陽得鼎獻之張敞好古文字按鼎銘勒而上議曰此殆周之所以褒賜大臣大臣子孫刻銘其先功藏之宮廟也

㊅東觀漢記盧江獻鼎召鄭眾問齊桓之鼎在柏寢見何書曰春秋左氏有鼎事

㊆見說文解字敘

㊇集古錄十卷宋廬陵歐陽修永叔撰前有永叔自序據四庫全書提要言修採摭佚遺積至千卷撮其大要各為之說

㊈金石錄三十卷宋東武趙明誠德甫撰據四庫全書提要言是書以所藏三代彝器及漢唐以來石刻仿歐陽修集古錄例編排成帙

㊉考古圖十卷宋呂大臨撰大臨字與叔藍田人事蹟附宋史呂大防傳四庫全書提要稱大臨圖成于元祐壬申在宣和博古圖之前而體例謹嚴有疑則闕不似博古圖之附會古人

勳成舛謬。

㊁續考古圖五卷。錢曾讀書敏求記則稱十卷之外。尚有續考五卷。釋文一卷。是錢氏以續考古圖亦呂大臨所作。惟續圖五卷。書錄解題所不載。吾邱衍學古編亦未言及。其中第二卷引呂與叔云云。又引考古圖云云。第三卷有紹興壬午所得之器云云。則其書在紹興三十二年之後。與大臨遠不相及。蓋南宋人續大臨之書而佚其名氏。錢曾並以為大臨之作。蓋考之未審也。（以上四庫全書提要）

㊂四庫全書提要。晁公武讀書志稱宣和博古圖王楚撰。錢曾讀書敏求記稱王黼撰。又稱博古圖成于宣和年間。而謂之重修者。蓋以採取黃長睿博古圖說在前也。陳振孫書錄解題博古圖說十一卷。秘書郎昭武黃伯思長睿撰。長睿沒于政和八年。其後修博古圖頗采用之。而亦有改刪云云。然考蔡絛鐵圍山叢談曰。李公麟字伯時。最善畫。性喜古。取生平所得及其聞睹者。作為圖狀。而名之曰考古圖。大觀初。乃倣公麟之考古圖作宣和殿博古圖。則此書踵李公麟而作。非踵黃伯思而作。且作于大觀初。不作宣和中。其時未有宣和年號。而

曰宣和博古圖者實以殿名不以年號名其書考證踈而形模未失音釋雖謬而字畫俱存尚可因其所繪以識三代鼎彝之制款識之文

㊂鍾鼎彝器款識二十卷宋薛尚功撰尚功字用敏錢塘人是書見于晁公武讀書志宋史藝文志均作二十卷與今本同陳振孫書録解題吾邱衍學古編均作十卷或傳寫脫二字抑原有二本卷數不同不可考與

四庫全書提要案語云此書雖以鍾鼎款識為名然所釋者諸器之文字非諸器之體製改隸字書從其實也

㊃晁公武讀書志曰廣鍾鼎篆韻七卷皇朝薛尚功集元祐中呂大臨所載僅數百字政和中王楚所傳亦不過數千字今是書所録凡一萬一百二十有五

㊄嘯堂集古録二卷宋王俅撰俅字子弁一作球字夔玉履歷無考李邴序祇稱故人長孺之子長孺履歷亦無考

郭忠恕夏竦之六藝文字

自清代末年以來對於古文字之認識比前較精古文字有兩種一種書六藝之文字謂之晚周文字又謂之東土文字一種銘鐘鼎之文字謂之成周文字又謂之西土文字以前統謂之古文而無分別也㊀名義上雖無分別而事實不知不覺若有分別之趨向郭忠恕之汗簡夏竦之古文四聲等若為六藝文字之一派薛尚功之鐘鼎款式王俅之嘯堂集古錄若為鐘鼎文字之一派茲記六藝文字六藝文字者孔子刪訂詩書禮樂易春秋六藝以後門弟子用以書六藝者說文解字中之古文魏三體石經之古文等在鐘鼎文字學未發達以前所謂古文字者皆是此種文字集成于郭忠恕之汗簡㊁郭忠恕脩汗簡得七十一家之古文字依說文解字之分部依部隸屬七十一家之書存於今日者不及二十分之一後來言古文字者輾轉援據大抵皆由此書而出則是汗簡一書可謂集六藝古文字之大成矣所謂七十一家者古文尚書㊂古周易㊃古周禮㊄古春秋㊅古月令㊆

古孝經[八]古論語[九]古樂章[一〇]古毛詩[一一]石經[一二]古爾雅[一三]說文[一四]史書[一五]古老子[一六]史記[一七]義雲章[一八]莊子[一九]林罕集字[二〇]郭顯卿字指[二一]裴光遠集綴[二二]王存乂切韻[二三]趙琬璋字畧[二四]李尚隱集畧[二五]義雲切韻[二六]衛宏字說[二七]張揖集古文[二八]王維畫記[二九]古禮記[三〇]朱育集奇字[三一]孫強集字[三二]徐邈集古文[三三]蘇文昌奇字集[三四]顏黃門說字證俗古文[三五]李彤集字[三六]庾儼字說[三七]周才字錄[三八]開元文字[三九]淮南王上升記[四〇]牧子文[四一]楊氏阡銘[四二]楊大夫碑[四三]張廷珪劍銘[四四]樊先生碑[四五]碧落文[四六]天台碑[四七]孔子題吳季札墓文字[四八]華岳碑[四九]漢貝丘長碑[五〇]豫讓文[五一]王庶子碑[五二]荀邕碑[五三]王先生誄[五四]滑州趙氏石頟[五五]古虞卿碑[五六]欝林序文[五七]烟蘿頌[五八]茅君別傳文[五九]陳逸人碑[六〇]郭知玄字畧[六一]濟南碑文[六二]無錫縣名[六三]馬日磾集[六四]羣書古文彌勒像碑[六五]山海經[六六]陵敲臺銘[六七]演說文銀牀頌[六八]鳳樓記[六九]玄德觀碑[七〇]以上七十一家古月令即古禮記古樂章即古毛

詩義雲章即義雲切韻證俗古文即顏黃門字說庾儼字說即演說文彙書古文即馬日磾集滑州趙氏石額非郭氏標題為六十四家惟注下尚有七家墨翟書(七一)周書大篆(七二)宓子賤碑(七三)荊山文(七四)李守言釋(七五)摭古文(七六)集類文字(七七)因知七十一家之說在李建中刊修以前已有之李氏本其說而誤題七家而不知其注中實有七家為李氏之所遺適合七十一家之數七十一家之文字除碑銘等外尚有五十餘家郭氏集之為汗簡一書真可謂六藝文字史之一重要著作錢大昕謂郭忠恕汗簡談古者奉為金科玉歷以予觀之其灼然可信者多出于說文或取說文通用字而郭氏不推其本反引它書以實之其它偏旁不合說文者愚固未敢深信也錢氏不明六藝文字與鐘鼎文字之分故有此籠統之批評近日新出土之三體石經足以為六藝文字之證明予嘗謂三體石經之出土大足以增長汗簡之價值(七八)蓋汗簡一書為集六藝文字之大成也以後則有夏竦古

文四聲韻（七九）其書即本汗簡而成所得古文標目凡九十八家比汗簡增多二十七家但馬日磾既重出又有馬田碑疑即日磾之譌既有庾儼集又有庾儼字書既有演說文又有庾儼演說文既有石經又有蔡邕石經既有滕公墓銘又有石槨文既有雲臺碑又有華嶽碑又有三方碑全祖望議其引書未嘗多汗簡一種（八〇）雖非確論而其標目之淩亂則可見也惟其書則為便于檢尋而作蓋宋時之檢尋文字者悉以韵為準猶既有始一終亥之說文解字復有始東終之之五音韻譜也（八一）惟其書亦頗有紕繆四庫全書提要論之最詳迻錄于此其書由雜綴而成多不究六書之根柢如窺即古親字也親字下既云古尚書作[古文]又別出一窺字譌从宀為从穴云即古雲字也既云說文作[古文]云字下又云王存乂切韻作[古文]朙即古瞿字也朙下引汗簡作[古文]瞿字下又引崔希裕纂古作䀠以及朝鼂閒閬協叶之類不可殫數鼂字引古尚書是西伯戡黎之戡古字通也乃

不并於戩字而自為一條。是由不知古文誤以一字為二字也。澄即澂字之別體。澄字下引雲臺碑作□。澂字下引王庶子碑作□。彩即采之別體。采字下引雲臺碑作□。彩字下引雲義章作□。以及「桐㮚」「窺闚」「謩謨」「仙僊」「員圓」「熙煕」「奉捧」「准準」「帽冒」「覚競」之類。不可殫數。是又不辨俗書。以一字為二字也。覃韻之函乃函蓋字。咸韻之函乃函谷字。而並引南岳碑作□。仙韻之鮮乃腥鮮字。於古當从三魚。獮韻之鮮乃鮮少字。于古當从是少。乃並云古老子作□。顏黃門說作□。古尚書作□。說文訓巟為大。訓荒為荒蕪。本為兩字。而以古尚書之荒字籒之巟字並列荒字下。是不辨音義。以二字合為一也。「□」「□」「□」「二二」並出說文。乃惟云「□」字出說文。「□」「□」字則云出貝邱長碑。古老子。「二二」字則云出天臺石經幢。「□」字出石鼓文。乃云出王存乂切韻。

「鎦」字出說文「廇」字出儀禮「瀶」字「𪁪」字「飌」字「簬」字出周禮乃並云出崔希裕纂古「沵」字出荀子公羊傳乃云出古文是不求出典隨所見而捃摭也「簀」字說文本作[illegible]乃云出唐韻「夢」字說文本作[illegible]乃云出汗簡「燒」字說文本作[illegible]乃云出崔希裕纂古以及「兮」「回」「冰」「井」「丑」「志」之類全與說文相同者亦不可殫數至併不辨小篆也至于「室」字云季札墓銘作[illegible]季札銘墓無室字「怕」字云古孝經作[illegible]古孝經無怕字益杜撰矣他如「[illegible]」「鏡鏡」「[illegible]」之類相連並立猶云一篆文一隸書也至「保」字下云崔希裕纂古作保「鴈」字下云籀韻作鴈則全作隸書點畫不異更不解其何故讀是書者亦未可全據為典要也四庫全書提要所指斥極足以言古文四聲韻之失合而錄之在文字學史上可以見宋代文字學之紕繆至于明王應電之同文備考㊂其古文字之無

根據更甚于古文四聲韻矣。㊂

㈠詳細見王國維觀集林卷七。

㈡李建中題曰。汗簡元闕著譔人名氏。因請見東海徐騎省鉉云。是郭忠恕製。鄭思肖題後曰。汗簡一編。乃郭忠恕所集。凡七十一家字蹟。為證古尚書。為始石經說文次之。觀其原委。深有自來。

㈢鄭珍曰。孔子壁中尚書科斗古文。失傳已久。即孔安國以今文改讀為隸古定本。漢後亦幾經更變。自真古文亡。而有東晉梅賾所上五十八篇之偽古文。出。當時羣信為隸古本復顯于世。即有好奇之士。依傍偽經。采輯僻異之文。以當壁中經者。蓋即陸氏所指斥。其本歷唐及宋。薛季宣取以作訓。郭氏尊信不疑。采列其文。多至數十百計。今以編中所載。較薛氏書十九符合。知郭氏乃據此本。不僅郭氏認為真書。唐儒亦有稱述之者。盤庚正義云。孔子壁內之書。治皆作乿。匡謬正俗云。尚書湯斲。予則孥翏女。自注。斲古文誓字。翏古文戮字。今檢此文。盡在薛本。則孔穎達。顏師古。尚猶信之。降及唐後。若說文繫傳。集韻。類篇。羣經音辨。國

語補音諸家並有援引古尚書及此本者則五代宋人亦莫知其僞其不爲所惑前有陸元朗

闢之後則王伯厚疑之耳

㊃采說文注稱易孟氏古文與今本異者「𩂣」「𨒪」「𡍼」「忼」「杬」五字非當時

别有古文

㊄采今本中「𧓍」「羑」「瀴」「𩙣」四字並非古文周禮奇字多矣所録止此

㊅惟采「邱」「盟」二字說文盟古作盟諸經通用邱亦通用

㊆惟𠀤字一見月令古統于禮記非别書郭氏標題多不專一以𡨥字出月令即題月令分作

一家非

㊇此書所載不特非壁中真古文恐亦非士訓所得（汗簡略叙李士訓記異大歷初余帶經

鋤瓜于灞水之上得石函中有絹素古文孝經一部二十二章一千八百七十二言）以弟

作悌是漢隸俗加古止作孝弟而郭氏所據本从心是後世僞作當即渭本耳（夏竦古文

四聲韻字又有自項羽妾墓中得古文孝經亦云渭上耕者所獲）若句中正所刻三字孝

經據其序云以諸家所傳古文比類會同則是中正自集奇古字爲之在郭氏後又非渭上本其文今亦失傳當去真本益遠

（九）采說文注稱壁中古文與今本異者「黬」「黺」「黼」三字采當時別本「蕑」「弁」「韡」「竺」「箟」五字亦采今本「紏」「奪」「訒」「虐」「蒽」五字

（一〇）惟鐻字一見即取毛詩虡業維樅字隨題古樂章非別一書

（一一）采說文注詩毛氏古文異于今本者「㐱」「續」兩字亦采今本「連」「揭」「鷩」三字

（一二）隸續所收八百一十九文概目爲左傳遺字其文顛倒錯雜孫氏星衍就其文考之別爲尚書大誥呂刑文侯之命三篇與春秋桓莊宣襄四公經文間有左傳洪氏未深考謂之左傳非也此書所錄是據馬氏家藏開元所得春秋一十三紙然以編中字體校之隸續十九皆在可知所謂春秋一十三紙仍是尚書春秋兩經遺文其本亦必似隸續差舛無文理唐時見春秋文少多遂謂之春秋誤也

㉓編中所采有「⿰京風」「飄」二字與說文稱古爾雅同其佗載「靃」「叡」「弇」「鼉」「⿰身弗」「乾」「艁」「豪」「麒」「鐇」「活」「⿷匚西」「医」「婭」「蜸」「蠡」「蠹」等大抵皆古字疑是據舍人李巡樊光孫炎顧野王諸家本取其與郭異者

㉔字體多與二徐本不同

㉕按其文即是史記前漢書所采間不見今本

㉖編內止一盅字是從說文注稱老子采者據廣川書跋言古老子以其爲亓則宋以前相傳自有古本夏氏古文韻采其字最夥郭氏乃無一及之

㉗就編中所采字覈之題史記者或亦見漢書題漢書者或亦見史記二書文本多同

㉘義雲章無考下義雲切韻與此是一書是部題下盅部欲下稱義雲章切韵可見編中或稱義雲章或稱義雲切韻但取省便編中采此書文字頗繁蓋其體多錄奇字

㉙采「華」「咕」「胳」「鼈」「髻」「圾」「撖」「鎛」八字或異今本郭注

㉚罕字仲緘西江人事蜀後主除溫江主簿遷太子洗馬據自撰小說序所著書名小說集解

篆取李陽冰。重定說文。隸取開元文字。解說集諸家之善。後以說文卷軸繁多。撮其機要。于偏旁五百四十一字。各隨字訓釋。名曰林氏字源偏旁小說。手書刻石。宋史及宋人書目。止載小說。不及集解。如其書宋已不傳。至郭氏所采集字。恐又非集解。郭氏答夢英書云。集解誤收去部在注中。今檢點偏旁。少晶惢至龜弦五字。故知林氏虛誕。誤後進者。小說見宜焚之。據此知郭氏深鄙其書。而編中收集古文甚夥。當是林氏別有輯采古文之書。名為集字。非集解也。

㈡郭氏名訓。顯卿其字。新舊唐書志目。襍字指為字旨篇。與古文奇字。皆云郭訓撰。可見惟今本舊唐志字旨下。誤為鄭玄。釋玄應一切經音義。屢引古文奇字。于甍字下。云郭訓古文奇字。以為古文逝字。亦舉其名。廣川書跋云。郭昭卿字指。有襛字。改顯為昭。避宋諱也。

㈢集綴。編中或稱集字。光遠無考。說文水部染字徐鍇注。及徐鉉說文新附韻字注一。及此書。據句中正三字孝經序云。以諸家所傳古文。比類會同。自注瞿令聞衛包裴光遠林罕等集。以光遠次衛包。知是盛唐已後人。

㉓佩觿卷上云三百六十體吏是榛燕自注王南賓存乂切韻首列三百六十體多失部居不可依據又濫翻居沼注沼當為湑王存乂說陸氏切韻誤也拾音拾級弟曰弟勞注諸家以經史借用字加陸氏切韻本為王南賓存乂刪之點竄未盡于今尚有

㉔趙琬璋字略無攷編中惟采「瑳」「䶕」兩字

㉕唐書李尚隱李商隱皆有傳不言著是書宋史藝文志有李商隱蜀爾雅三卷陳振孫直齋書錄云商隱采蜀語為之郭氏所采或即商隱書中字夏氏古文四聲韻作商隱

㉖切韻自陸法言後撰者不止一家以汗簡知有存乂切韻義雲切韻以說文繫傳知有朱翺切韻李舟切韻

㉗段玉裁衛宏官書考韓退之言李少溫子服之以科斗書衛宏官書相贈見于隋書藝文志曰古文官書一卷後漢議郎衛叔仲撰見于唐書藝文志曰衛宏詔定古文字書一卷字者官之訛也唐初玄應引衛宏詔定古文官書三條曰𢑥得同體曰袍桴同體曰圖啚同體張守節史記正義曰衛宏官書數體呂忱或字多奇然則其書體製蓋同張揖古今字詁而字

體爲古文籀文唐人以爲難得至唐季其書亡矣

(二八)後魏江式傳魏初博士清河張揖著埤倉廣雅古今字詁究諸埤廣綴拾遺漏增長事類抑亦于文爲益者然其字詁方之許慎篇古今體用或得或失矣

(二九)惟采「塼」「早」兩字

(三〇)采異于今本者「盦」「鏶」二字亦采今本「薦」字此目宜與上周禮相次

(三一)吳志虞翻傳注會稽典録曰孫登時有山陰朱育好奇字凡所特達依體象類造作異字千名以工廣川書跋朱鮪集字舟爲古文周字

(三二)玉篇宋重修以前其孫強增字必有識別自宋大廣益會之後不惟不辨孰顧孰孫即宋添者亦無從分別郭氏言玉篇相承紕繆難繕成毫知玉篇古體非所遵用止采孫強增字而已玉篇古文與汗簡體正同者則又大抵宋陳彭年等據此書所增入

(三三)考魏晉凡三徐邈此當是徐仙民爲諸經作音者故能識古文然從無著録及此書編中見「肩」「剈」「朕」「企」四形並譌謬無理

(三四)兔部俛字一見標題如此刻本作蘇文章集字章字誤文昌無攷

(三五)證俗古文當即證俗音字略郭氏采其中古字因改名古文據編中所采此書食部餱歺部澱注稱證俗古文佗或題顏黄文說文或題顏黄門字説知此與上止是一家分為二誤也

(三六)隋書經籍志梁有單行字四卷李彤撰又字偶五卷亡集字蓋即字偶或即單行字隋志云亡而郭氏見之者蓋唐時復出

(三七)隋書經籍志梁有演說文一卷庾儼默注亡此與後演說文止是一家故注中稱庾儼演說文分為二非

(三八)編中止采一「⿰食殳」字今本⿰食殳下寫脱此目據夏竦古文四聲韻可見

(三九)宋史藝文志唐玄宗開元文字音義二十五卷唐志作三十卷

(四〇)惟采「⿱⺮巷」「烝」兩字

(四一)牧子疑是書名無攷

(四二)采「閏」「班」「訖」「趨」「⿰米耑」五字

㊸采「雋」「舒」「奚」三字。

㊹采一「壯」字。廷珪唐開元時與李邕友。

㊺采「鬻」「惠」「蓑」「甸」「匋」五字。

㊻碑在絳州龍興宮。唐高祖十一子。韓王元嘉諸子。追為其母房太妃。為立大道天尊石像。第三子黃公譔作文記之。在當時一刻絳州。一刻澤州。在絳者刻天尊石像之背。州將以不便椎拓。別刻一本。今石像久亡。所傳乃別刻本。止是篆文。趙氏以為大篆。非也。其結體造形。杜撰。炫異詭更正文者幾十之七八。後來衛包之三方碑。司馬之經幢。及諸家所制古文。其傳會增減。任肌欺世。實自此碑導源。

㊼夏竦古文四聲韻。稱天台經幢。即此碑。英公序云。天台山司馬天師。漆書道德經上下篇。司馬天師。即司馬子微承禎也。舊唐書隱逸傳云。道士司馬承禎頗善篆隸書。玄宗令以三體寫老子。

㊽宋都穆記吳延陵季子墓。在常州府江陰縣西申浦。有碑曰。嗚呼有吳延陵季子之墓。相傳

以為孔子書郭氏所注是據蕭定重刊石本後朱彥冉摹刊今蕭朱刻石並存字大徑尺郭氏采載數文石刻大抵相似惟汗簡口部所采碁文是君略敘誤作季據江陰志蕭定釋十字已誤君作季

㊾編中或稱太華岳頌文即夏英公云唐石補闕衛包勒修三方記于雲臺觀者也今檢古文四聲韻所載每汗簡題華岳碑而題雲臺碑或同是一體一題雲臺碑一題華岳碑又有題三方碑者可知同一衛包之迹英公所采特多于汗簡而以一碑分為華岳三方雲臺三家非實也

㊿采「嗂」「𣍘」「逨」「迵」「劦」「𩆤」「鬱」七字

五一采一「禦」字

五二編中或稱王氏碑采文甚多

五三采「睫」「睹」二字本稱蔡邕集字

五四采「蹕」「御」二字御字注誅作碑

(五五)編中辵部遒下注。嘗覽滑州趙氏碑。是唐衢題額尚如此。辵部自適至還二十六文。古文四聲韻竝題義雲章。遒在其中。當是據汗簡之舊。今本脫標題也。然則遒字元采自義雲章注語。止據唐衢作趙字。尚从辵以為證耳。以此額當一家誤。

(五六)編中不見此碑。

(五七)惟采一「諧」字。今本告部注中寫脫此目。據古文四聲韻可見。

(五八)惟采一「謁」字。今本言部注中寫脫此目。據古文四聲韻可見。

(五九)采「髓」「忌」二字。

(六〇)采「惎」「陳」二字。

(六一)采「鉌」「錦」二字。郭氏此書當是采廣韻朱箋三百字中之文。廣韻自宋重修以前。其陸法言長孫訥言切韻本文。與郭知玄所箋及唐孫愐所增字。宜皆各有識別。自陳彭年等增字之後。新舊混而為一。與玉篇之分顧氏本文者同。使後人無從根究源流。殊可惜也。

(六二)惟采一「肩」字。

（六三）惟采一「錫」字。

（六四）日磾學出馬融。亦漢末通儒。與蔡邕等正定六經文字。水經注稱陸機洛陽記云禮記碑上有馬日磾蔡邕名。此其所集羣書古文。史志未著錄。今依魚部鱨下。戈部戠下。斤部近下竝題馬日磾集羣書古文。無單題馬日磾集及羣書古文者。可知與下本止一家。李建中誤分爲二古文四聲韵因之。又誤增馬田碑。複出馬日磾集。則一種且成四家矣。

（六五）惟采一「輢」字。注中碑作記。古文四聲韵作彌勒篆銘。

（六六）惟采一「鏞」字。

（六七）惟采一「廚」字。古文四聲韵作凌增臺文。

（六八）惟采一「甃」字。銀牀者井幹名也。

（六九）惟采一「鄣」字。

（七〇）惟采一「波」字。

（七一）羊部羴下。是從說文羴字注采。

(七二)首部頁下。

(七三)癸部揆下。

(七四)補遺作下。

(七五)九部指下。

(七六)鼻部鼻下古文四聲韵作雜古文。

(七七)户部居下。

(七八)著者與于右任論三體石經書見國學彙編第一集。

(七九)宋史夏竦傳曰竦字子喬江州德安人累遷樞密使封英國公徙武寧節度使進鄭國公謚文莊。中興書目曰古文四聲韻五卷夏竦集前後所獲古文字準唐切韻分爲四聲。

(八〇)全祖望跋云所引遺書八十八家以校郭氏汗簡未簡多一種實即取汗簡而分韵録之絶無增簡異同雖不作可也。

(八一) 鼂公武讀書志曰。古文四聲韻五卷。皇朝夏竦撰。博采古文奇字。分四聲編次。以便檢尋。四庫全書提要曰。汗簡以偏旁分部。而偏旁又全用古文。不從隸體。猝不易尋。此書以韻分字。而以隸領篆。較易于檢閱。此如既有說文。而徐鍇復作篆韻譜相輔而行。固不可廢其一也。

(八二) 明史儒林傳曰。王應電字昭明。崑山人。研精字學。著同文備考。九義音切。貫珠圖。

(八三) 四庫全書提要曰。杜撰字體。臆造偏傍。竟于千百世後重出一製字之倉頡。不亦異乎。

洪适之漢碑文字

說文解字序云。秦燒滅經書。滌除舊典。大發吏卒。興戍役。官獄職務繁。初有隸書。以趨約易。而古文由此絕矣。漢書藝文志云。是時始造隸書。起於官獄多事。苟趨省易。施之於徒隸也。隸書之興。專為獄史隸人之用。秦時雖滅文重質。然從未以隸書施之高文典册。觀始皇各處刻石。皆書以篆。詔版亦然。惟權用隸。可知篆隸之用在秦固各有所宜也。自漢人以隸寫經。隸書之用日廣。變更篆體。俗書疊出。千里草爲董。白水爲泉。篆文之廢。不廢于秦之造隸書。而廢于漢之用隸書也。雖然隸即變更篆體。究竟由篆而出。其間變遷之迹。苟明字例之條。皆可心知其意。況乎漢人說經。皆有師承。用字每多假借。悉有條例可言。以隸變篆。雖紊象形會意之原。而以隸說經。猶得依聲託事之理。則隸書一體。在文字學史上有重大之關係也。漢人隸書存于碑碣。其搜集摹刻成書者。則爲洪适。㊀洪适之書有四。一隸釋㊁二隸續㊂三隸纂㊃四隸韻㊄今隸纂已佚。隸韻已缺。隸釋隸續。雖非原本。而爲漢碑文字之研究者。當首推此書矣。細讀其書。在文字學上之價值有二。一筆畫之變更。二用字之假借。其筆畫變更者。如脩堯廟碑。配作䣄。失作𠅇。驗作驗。因作囙。帝堯碑。御作御。屬作属。典作典。不作丆。成陽靈碑。體作軆。聖作垩。知作知。葬作塟。孔龢碑。讚作讃。卒作卆。恭作恭。能作能。如此之類極多。或承篆體。或開真先或爲俗體之所自出其用字假借者如孔廟碑及後碑以胡輦爲瑚璉以於氏爲於是以郎爲廊以術爲述華嶽碑以壇爲禪以犂爲黎以熾爲織以識方爲職方老子銘以旄爲耄以纍爲累以渡爲度以浴神爲谷神孫叔敖碑以刑爲形以波爲陂以拭爲式以長掖爲張液如此之類亦極多或爲經典習見之假借或爲今日通行之假借亦有不見于經典不通行于今之假借洪氏於文字之考證頗密觀員興宗荅其問隸碑一書論堯祠請雨禕隋在公之義畧云禕隋在公取詩委施委施退食自公之義也不曰委施而曰禕隋乃韓詩內傳解禕隋三倉君注云行步依動貌也又年壽者眉壽也齒雅者齒牙也儀禮凡紀者年作眉禮記引君牙然則隸爲兼究齒牙永享年壽年爲眉雅爲牙其義可決據此洪氏之爲是書嘗博訪通人並非率爾命筆也其中偶有遺漏者如衛尉卿衡方碑以寬慄爲寬栗以聲香爲馨香以郘虎爲召虎以疣爲瘣謚爲諡以尅長尅君爲克長克君以

謇謇為蹇蹇。以樂旨為樂只。白石神君碑。以幽讚為幽贊。以無量為無疆。皆為洪氏書中所未舉及。錢大昕金石文字跋尾。均舉其疏。又郙閣頌柔遠而邇之而字未釋。不知而即耐字。為能字之假借。㊅李翊夫人碑五七秉亍良左姬釋秉為末。不知即是柰字之省。㊆此皆不免於駁雜者也。石刻文字集古錄與金石錄雖已搜集。然絕無文字上之考證。洪書可謂剏作。雖有駁雜。要無害其宏旨。此外劉球隸韻。㊇婁機漢隸字原。㊈無名氏漢隸分韻。㊉隸韻一書。似在洪書之前。今已佚失。內容不得而知。洪适有書劉氏隸韻文。據洪書而觀。殊不足重矣。漢隸字原漢隸分韻二書可為隸釋隸續之輔。則所以備檢尋者也。而婁書殊勝。如曲江之為曲紅。引周憬碑。遭羅之為遭離。引馬江碑。陂障之為波障。引孫叔敖碑。委施之為禕隋。引衡方碑。於古音古字。多存梗概。皆足為考證之資。不但以點畫波磔為書家模範已也。

㈠宋史洪皓傳曰。皓字光弼。番陽人。子适字景伯。皓長子也。幼敏悟。日誦三千言。紹興十二年與弟遵同中博學宏詞科。後三年邁亦中是選。由是三洪名滿天下。

㈡錢曾敏求記曰。隸釋二十七卷。隸七百一十餘。葉直齋書錄解題作二十六卷。按今本二十七卷。與敏求記同。第二十七卷標題天下碑錄。天下碑錄者。失名人所著。共十卷。中多唐人碑。洪氏刪取其東漢及魏碑。著其碑名于篇。作二十六卷者。或去此卷。與是書自一卷至十九卷。收碑一百八十三。二十卷水經。二十一。二十二卷歐陽修集古錄。三十三卷歐陽棐集目錄。目二十四至二十六卷。趙明誠金石錄。二十七卷天下碑錄。其精粹在一卷至十九卷。

㈢适自跋曰。隸釋有續。前後二十一卷。乾道戊子始刻一卷於越。淳熙丁酉。姑蘇范至能增刻四卷於蜀。後二年。雲川李秀叔又增五卷于越。明年錫山尤延之刻一卷於江東倉臺。而鞏其板歸之越。延之與我同志。故鄭重如此。凡漢隸見于書者。為碑碣二百五十八。磚文器物款識二十二。魏晉碑十七。款識二。欲令數書為一。未能也。今老矣。平生之癖將絕筆于斯。按今皖南洪氏晦木齋刻本。二十一卷。卷一至卷四碑。卷五卷六卷八碑圖。卷七碑式。卷九卷十闕卷十一卷十二碑卷十三卷十七卷十八畫象卷十四題字款式卷十五卷十六卷十九卷二十一碑卷二十碑及碑文順次第雜亂計碑八十二即以九十兩闕卷計之當亦無二百五十八之多想是殘本

㈣見洪适盤洲集十卷今佚

㈤盧文弨曰汪君太完得宋搨洪景伯隸韻已不全止第三卷下平聲上第八卷去聲下計此書當有十卷今僅得五之一耳

㈥王懋野客叢書曰如柔遠而邇而字無釋疑而字借用能字耳蓋漢人書字有損偏傍者如書繼為𢇍之例是也

㈦四庫全書提要曰李翊夫人碑五三耒予良左姬據山海經剛山多柒木水經注漆水下有柒縣柒水柒渠字皆作柒隸从柒省去水為耒适以為即木字非也

㈧盤洲集洪适書劉氏隸韻曰予初見劉氏子隸韻紀元凡隸釋碑刻無一不有驚其何以廣博如是及觀其書乃是借標題以虛張其數其間數十碑韻中初無一字至他碑所有則編

次又甚疏略。古碑率多模糊。辨之誠難。予因作隸釋目。爲之昏。孔宙碑。南畝孔龢。王純碑謝
麋陳餕文理判然。此書乃以畝作敏。以麋作麋。此類不一。漢人專以假借爲事。韻中略不表
出。學者何考焉。按其書已佚失。

⑨漢隸字原六卷。宋婁機撰。機字彥發。嘉興人。乾道二年進士。官至禮部尚書。所撰又有班馬字類。此書前列碑目。計碑三百九。各記其年月地人書人姓名。次以禮部韻略分爲五卷。以真書標之。隸文排比于下。便于檢尋也。其文字異同。亦隨字附注。前有洪邁序。

⑩四庫全書提要曰。漢隸分韻七卷。不著譔人名氏。亦無時代。考其分韻。一東二冬三江標目。是元韻。非宋韻矣。其書取洪适等所集漢隸。依次編纂。又以各碑字迹異同。縷列辨析。要其比較點畫。訂正舛誤。亦足資考證者。

鄭樵等之六書說

六書之名稱與次第。在漢時不同者有三家之說。一班固漢書藝文志。一象形。二象事。三象意。四象聲。五轉注。六假借。徐鍇說文繫傳周伯琦說文字原因之。二許

叔重說文解字。一指事。二象形。三形聲。四會意。五轉注。六假借。衞恒書勢因之。三鄭康成注周禮。一象形。二會意。三轉注。四處事。五假借。六諧聲。賈公彥因之。自清以來六書之名稱。大概从許叔重之說。六書之次第。大概从班固之說。㊀三家之說。惟叔重於每一書各有八字之界說。餘二家皆無。晉衞恒唐賈公彥等皆有六書之界說。而語焉不詳。徐鍇之說。詳于說文解字繫傳。茲不復述。自宋鄭樵以後六書之界說不同者多矣。

六書之界說。至今尚未有定論。而轉注猶甚。在文字學後期篇述之。茲將鄭樵以下至于明代關于六書之說。分別記之。

象形第一

宋鄭樵。分象形為三。曰正生。曰側生。曰兼生。都十八類。正生之類。分為天地之形。山川之形。井邑之形。艸木之形。人物之形。鳥獸之形。蟲魚之形。鬼物之形。器

用之形。服飾之形。側生之類。分為象貌。象數。象位。象氣。象聲。象屬。兼生之類。分為形兼聲。形兼意。㈡

張有曰。象其物形。隨體詰屈。而畫其迹者也。如云回山川之類。元戴侗曰。何謂象形。象物之形。以立文。日月山川之類是也

楊桓曰。凡有形而可以象之者。摹其形之大體。使人見之而自識。故謂之象形。象形者。象其可見之形也。象形之文有十。一曰天文。二曰地理。三曰人品。四曰宮室。五曰衣服。六曰器用。七曰鳥獸。八曰蟲魚。九曰艸木。十曰怪異。㈢

明趙古則曰。聖人之造書。肇于象形。故象形為文字之本。而指事會意諧聲。皆由是而出。象形者。象其物形。隨體詰詘。而畫其迹者也。其別有正生十類。曰數位之形。則「一」「口」之類是也。曰天文之形。則「云」「回」之類是也。曰地理之形。則「水」「厂」之類是也。曰人物之形。則「子」「呂」之類

是也。曰艸木之形。則「禾」「尗」之類是也。曰蟲獸之形。則「蟲」「牛」之類是也。曰飲食之形。則「酒」「肉」之類是也。曰服飾之形。則「衣」「巾」之類是也。曰宮室之形。則「畫」「覃」之類是也。曰器用之形。則「弓」「矢」之類是也。文有衆生二類。曰形兼意。則日月之類是也。曰形兼聲。則「纍」「箕」之類是也。㊃

王應電曰。三才萬物。靡不有形。肖其形而識之。故曰象形。此字學之本也。

趙宧光曰。象形者。租迹也。象形有獨體。如「水」「木」「人」「女」之類。有多體。如「艸」「竹」「蟲」之類。有合體。如「茻」「林」「从」「龖」之類。有聚體。如「苗」「𦯬」「樂」「巢」之類。有變體。如「尸」「几」之類。有離合體。如「新」「匆」「𣎵」「𤼴」之類。有加體。如「㞢」「出」「未」「東」之類。有省體。如「屮」「朩」「才」「片」之類。若諸體之

可以意求不可以象顯者皆指事會意二者之分取成文合變為會意取散筆啟變為指事一義明而三體分矣㊄

指事第二

宋鄭樵曰指事類乎象形指事事也象形形也指事類乎會意指事文也會意字也獨體為文合體為字形可象曰象形非形不可象者指其事曰指事此指事之義也指事之別有兼諧聲者則曰事兼聲有兼象形者則曰事兼形有兼會意者則曰事兼意㊅

張有曰事猶物也指事者加物于象形之文直著其事指而可識者也如「本」「末」「叉」「叉」之類㊆

元戴侗曰何謂指事指事之實以立文一二上下之類是也

楊桓曰指事者何或形或意隨體隨用遠有所主之事或特設一畫二畫三畫

直指其事之所在或立形立意未明復以其屬指之或偶同他形他意復以體類各別指之或形意互相指或以注指或以聲指使人觀之而自趨其事之所在故謂之指事指事上承乎象形會意而下生乎轉注象形文之末字之首也

(八)劉泰曰指事者文既成于象形會意而理不能該者則事生焉如本末之類指于木之下者為本指于木之上者為末也(九)

周伯琦曰形不可象則指其事上下是也

明趙古則曰象形文之純指事文之加蓋造字之本附于象形如「本」「末」「朱」「禾」「未」「朿」之類是木象形文也加一於下則指為本加一於上則指為末加一於中則指為朱以其首曲而加則指為禾以其枝葉之繁而加則指為未以其條幹有物而加則指為朿其字既不可謂之象形又不可

謂之會意故謂之指事此外又有兼諧聲而生之一類曰事兼聲「齒」「金」之類是也(一〇)

王應電曰以形以意合數文而為經綸之象从又持肉於示為祭事从又持弓矢為射事从哭亡為喪事从目加木為相度之事故曰處事謂以人處事又曰指事謂指人之事即古語象事之謂也(一一)

朱謀㙔曰指事「史」「夬」「尊」「奉」「朋」「巽」「射」「矦」之類(一二)

張位曰指事謂直著其事而可知也如人目為見鼻臭為齅兩戶相向為門兩手齊下為拜之類是也(一三)

吳元滿曰形不可象則屬諸事始以象形易位為增減次以象形變體為差別三以象形加物為指事其文有加既不可謂為象形而所加之畫又不成字亦

不可謂之會意。居文字之間。故曰指事。(四)

趙宧光曰。指事者。指而可識也。「一」「二」「三」之類。彼將曰象其數。獨不知數可心通。不可目取。非物也。趙古則諸人所引。當在後例。所謂變例。非正例也。指事有二。一獨體指事。謂「一」「二」「三」「十」之類。一坿體指事。「𠄞」「𠄟」「本」「末」之類。(五)

會意第三

宋鄭樵曰。象形指事。文也。會意。字也。文合而成字。文有子母。母主義。子主聲。一子一母為諧聲。諧聲者。一體主義。一體主聲。二母合為會意。會意者。二體俱主義。合而成字也。其別有二。有同母之合。有異母之合。其主義則一也。又曰。二母之合為會意。二母者。二體也。有三體之合者。非常道也。(六)

張有曰。會意者。或合其體而兼乎義。或反其文而取其意。擬之而言。議之而後

動者也。如「休」「信」「鬻」「明」之類。㊆

元戴侗曰。何謂會意。合文以見意。兩人為从。三人為㐺。兩火為炎。三焱為焱之類是也。

劉泰曰。會意者。天地景物之形既異。其文又不一而足。故摹庶物變動之意以成文。如「从」「比」之類。相从為从。相比為比也。㈥

楊桓曰。會意者何。形者體也。常也。而其用也。其動也。其變也。各有意主焉。故必假其形之用之動之變。以示其意。使人觀之而自悟。故謂之會意。又曰。會意者寫天地萬物變動之意。使人觀之而自曉自會也。然意因形而生。故意不能獨見。必假其形之變而意見焉。蓋形體也。意用也。形意相從。體用一致。先明其形。則意無不了然而自會矣。其體十有六。一曰天運之意。二曰地體之意。三曰人體之意。四曰人倫之意。五曰人倫事意。六曰人品之意。七曰人品事意。八曰數目之意九曰彩色之意十曰宮室之意十一曰衣服之意十二曰飲食之意十三曰器用之意十四曰飛走之意十五曰蟲魚之意十六曰生植之意（九）

周伯琦曰事不可該則會諸意信義是也

明張位曰會意者合文以成其意也如止戈為武力田為男女帚為婦人言為信人為為偽吏於人為使之類

吳元滿曰事不能該則屬諸意合象形指事之文以成字擬議以成其變化故曰會意

趙古則曰會意其別有五曰反體會意曰省體會意曰同體會意曰二體會意曰三四五體會意反體者如「永」乃水之長也象其形焉「𠂢」則水之衺流別者故反永則為𠂢之類是也省體者如「月」形兼意字也「夕」則月見故「月」省則為「夕」之類是也同體者如二口為「吅」三犬為「猋」

之類是也。二體者如艸生田上則為「苗」。鼠居穴下則為「竄」之類是也。三四五體者从臼匊水臨皿則為「盥」。土上有广从几以居其里則為「廛」。从臼持缶置于几上有鬯酒而飾之以彡則為「鬱」。其類是也⑳。

王應電曰：其涉于影響思慮之所及而不可以形傳也，則以其形而反人為「匕」。反山為「𠂤」。增木為「本」「末」。增口為「甘」「曰」。損木為「朩」。損月為「夕」。重山為「屾」。重木為「林」。疊口為「品」。疊屮為「艸」。配木日為「杳」「杲」。配人戈為「伐」「戍」。合邪為「邪」。合木為「斨」。于形不類而意則可通，或配他成字。土受易曰「場」。心思咸和曰「想」。凡動虫生為風，禾味入口為「和」。故曰會意也㉑。

趙宧光曰：會意者，事形不足，合文為之。二合以至多合，有同體合，如「从」「㐺」「林」「森」之類；有異體合，如「休」「相」「意」「義」之類；有省體合如「尺」「介」之類有讓體合如「詹」「㫐」之類有破體合如「爰」「雜」之類有變體合如「疊」「盰」之類其變而側倒反化者如「𠃌」「𠤎」「比」「勹」諸文後人雜入形事遠矣㊂

形聲第四

宋鄭樵曰諧聲與五書同出五體有窮諧聲無窮五書尚義諧聲尚聲天下有有窮之義而有無窮之聲擬之而後言議之而後動者義也不疾而速不行而至者聲也作者謂之聖述者謂之明五書作者也諧聲述者也諧聲者觸聲成字不可勝舉畧引其類子母同聲如「啎」五故切午吾皆聲也母主聲如「瞿」九遇切从䀠䀠即聲也主聲不主義如「䶌」从包聲不取包之義也子母互為聲如「靡」从非聲讀忙皮切从麻聲讀謨加切聲兼意如「禮」从示从豊豊亦聲「祏」从示从石石亦聲三體諧聲如「奉」从収从手丰聲「𦣻」

从艸从日屯聲㊂

張有曰諧聲者或主母以定形或因母以主意而附他字爲子以調合其聲者也如「鵝」「鴨」「江」「河」之類

元戴侗曰何謂諧聲从一而諧以白聲爲「百」从晶而諧以生聲爲「曐」从甘而諧以匕聲爲「旨」从又而諧以卜聲爲「攴」此類是也㊃

楊桓曰形聲者何形者非專指象形而言也蓋總其象形會意以賓主言之也主爲形賓爲聲也蓋有此形必有聲以爲之稱呼而轉注不足以明稱呼之義故必于形之旁取一文一字直附以聲使人呼之而自知其何意也故謂之形聲形聲之目一十有八一曰天象之形二曰天運之聲三曰地理之聲四曰人體之聲五曰人倫之聲六曰人倫事聲七曰人品之聲八曰人品事聲九曰數目之聲十曰彩色之聲十一曰宮室之聲十二曰衣服之聲十三曰飲食之聲

十四曰器用之聲十五曰鳥獸之聲十六曰蟲魚之聲十七曰艸木之聲十八曰怪異之聲總其體則有四一曰本聲如「璣」从幾聲是也二曰諧聲如「嶽」从獄聲是也三曰近聲如「礦」从黄聲是也四曰諧近聲如「漸」从斬聲是也（二五）

劉泰曰諧聲者物之形意非轉注所能盡故于形之旁附之以文因聲以明之如「曈」「曨」之類从日以童龍為聲也

周伯琦曰意不可盡則諧諸聲「江」「河」是也

明趙古則曰六書之要在乎諧聲聲原于虛妙于物而無不諧也然其為字則主母以定形因母以主意而附他字為子以調合其聲者也原夫造聲之法或取聲以成字或取音以成字聲者平上去入四聲也音者宫商角徵羽半徵半羽七音也有同聲者則取同聲而諧如「倥」「銅」而諧空同聲之類是也

無同聲則取轉聲而諧。如「控」「洞」而諧空同聲之類是也。無轉聲則取旁聲而諧。如「叨」「江」而諧刀工聲之類是也。無旁聲則取正音而諧。如「蕭」「昵」而諧肅尼音之類是也。無正音者則取旁音而諧。如「知」「威」而諧矢戌音之類是也。有惟取同音而諧者。如「風」「開」而諧凡幵之類是也。此其大畧也。若其別。則有聲兼意。如「禮」「貫」之類。三體四體。如「歸」「微」之類。又有左定意而右諧聲者。「松」「柏」之類是也。右定意而左諧聲者。「雞」「都」之類是也。其或定意于上而諧聲于下者。「蓮」「霄」之類是也。定意于下而諧聲于上者。「帚」「常」之類是也。有形定于外而聲諧于內者。「圍」「圃」之類是也。形定于內而聲諧于外者。「徽」「輿」之類是也。有从聲之文散居而卒難認者。「皷」「黄」之類是也。其言之於「語」「論」寸之于「寺」「尃」之類。則謂之因母以主意。其口之于「圍」「圖」。晶之于「曑」「曟」之類。則謂之主母以定形。又有所謂从聲而省者。蓋省文有聲關乎義者。有義關乎聲者。如「甜」之从舌為義。舌之所嗜者甘故也。謂恬之从舌則非矣。蓋从甜為省聲。而關于義故也。如「營」之从熒省聲也。以呂為義。而關于聲也。謂營之从熒則非矣。蓋从熒省為義而關于聲故也。諧聲之道。既有無不諧之妙。又有累加之妙。如「讀」字主言以為意。从賣以為聲。則「賣」字主貝以為意。从𡿦以為聲。又「𡿦」字乃主囧以為意。从𦥯以為聲。「斅」字主攴以為意。从學以為聲。則「學」字主𦥑以為意。从斈以為聲。又「斈」主子以為意。从爻以為聲矣。加而不厭煩者。此諧聲之道所以無窮也。(二六)

王應電曰。主一字之形。而以他字之聲合之。因其形之同。而知為是類。因其聲之異。而知為是物。是義。故曰形聲。非本聲而諧之。故又曰諧聲。

朱謀瑋曰。諧聲因名以定意。「楓」「諷」从風。「霈」「泰」从雨。張位曰。諧聲謂本一字以定其體。而附他字以諧其聲也。如「江」「河」左从水以定其體。而諧聲在右。「鵝」「鴨」。右从鳥以定其體。而諧聲在左。「裳」「常」諧聲在上。「簾」「箔」諧聲在下。「園」「圃」諧聲在内。「徽」「輿」諧聲在外之類是也。（三七）

吳元滿曰。未立文字。先有聲音。意有盡而聲無窮。故因聲以補意之不足。立部爲母。以定意。附他字爲子。以調協聲音。故曰諧聲。或諧聲轉聲以成字。或諧音轉音以成字。或叶音轉音以成字。其正生者二種。一曰諧本聲。二曰諧轉聲。其變生者二種。一曰諧本音。二曰諧轉音。其兼生者二種。一曰叶本音。二曰叶轉音。以是六類求之。而諧聲之義得矣。（三八）

趙宧光曰。聲者意義偕也。二文共事。冓結而成。半表義。半持聲。化生之道具。而

字滋廣矣。(二九)

轉注第五

宋鄭樵曰：諧聲轉注一也。役他為諧聲，役己為轉注。轉注也者，正其大而轉其小，正其正而轉其偏者也。

又曰：轉注別聲與義，故有建類主義，亦有建類主聲；有互體別聲，亦有互體別義。

又曰：立類為母，从類為子。母主義，子主聲。主義者是以母為主而轉其子，主聲者是以子為主而轉其母。

又曰：諧聲轉注皆以聲別。聲異而義異者，曰互體別聲；義異而聲不異者，曰互體別義。(三〇)

張有曰：轉注者展轉其聲，注釋他字之用也。如「其」「無」「少」「長」

之類。㈡

元戴侗曰。何謂轉注。因文而轉注之。側山為「𠂤」。反人為「匕」。反欠為「旡」。反子為「𠫓」之類是也。㈢

楊桓曰。轉注者何。象形會意之文。不足以備其文章言語變通之用。故必二文三文四文轉相注釋。以成一字。使人繹之。而自曉其所為用之義。故謂之轉注。又曰。轉注者承指事而作也。指事之體。由會意之變而生。轉注又生于指事之變也。故指事之初。或直指其事。或形指形。或意指意。或形意互相指。轉注已兆于斯。又以二文三文共指一形一意。而轉注之體所由著也。然轉注之作。雖承乎指事。其旨則實不出乎會意。蓋由會意之意。止能因其象形而見之。若夫天地之間。萬有之意。固非一象形之動變所能盡者。苟不並累衆文。互轉以成注。其意何由而足。故轉注之制。或二文成一字。或三文成一字。或四文成一字。四文又不足。又取已集成字者。離其文而用之。意足而後止也。㉓劉泰曰。轉注者。指事之外。意有不能盡者。則取文字轉相附注。以足其意。如「聖」「賢」之類。聖从耳从口从𡈼。以其聞無不通。言無不中。𡈼則人在士上。「聖」文士之大者。「賢」从臣从寸。从貝者。以其臣有守。則國之寶也。㉔周伯琦曰。聲不可窮。則形體而轉注焉。「帀」「乏」是也。㉕明趙古則曰。轉注者。展轉其聲而注釋為他字之用者也。有因其義而轉者。有但轉其聲而無義者。有再轉為三聲用者。有三轉為四聲用者。至于八九轉者。亦有之。其轉之之法。則與造諧聲相類。有轉同聲者。有轉旁聲者。有轉正音者。有轉旁音者。有惟取其書而轉者。其別有五。曰因義轉注者。如惡本善惡之惡。以其惡也則可惡。故轉為憎惡之惡。齊本齊一之齊。以其齊則如齊。故轉為齊莊之齊。此其類也。曰無義轉注者。如荷本蓮荷之荷。而轉為負荷之荷。雅本烏雅之雅。而轉為風雅之雅。此其類也。曰因轉而轉者。如長本長短之長。長則物莫先焉。故轉為長幼之長。長則有餘。故又轉為長物之長。行本行止之行。故轉為德行之行。行則有次序。故又轉為行列之行。又為行行（即論語子路行行如也之行）之行。此其類也。此三者謂之託生。又有二用。曰雙意並義不為轉注者。如朋皇之朋。即鵰朋之朋。皆象其飛形。杷杤之杷。補訝切。收麥之器。白加切。又為木名。樂器之枇杷。皆得从木以定意。从巴以諧聲。此其類也。是謂反生。又有兼用因假借而轉注者。如來乃來年之來。既借為往來之來。又轉為勞來之來。風乃風蟲之風。又轉為吹噓之風。又轉為風刺之風。此其類也。又有方音叶音。不在轉注例者。如聯叕之叕。陟衛切。南方之人則有株列切。兄弟之兄。呼庸切。東吳之人則有呼榮切。上下之下。讀如華夏。押于語韻則音如戶。明諒之明讀如姓名。押于陽韻則音如芒。凡此之類。不能悉載。若夫衰有四音。齊有五音不有六音從有七音差有八音射有九音辟有十一音之類或主意義或無意義然轉聲而無意者多矣學者引伸觸類通之可也夫自許叔重以來以同意相受考老字爲轉注康成以之而解經夾漈以之而成畧遂失轉注之本旨今夫老字从人从毛从匕者人之毛匕而白則爲老會意字也考者老也从老省會意从丂者諧聲字也初非以老字轉而爲考也又若「耆」「耇」「𦒱」「𦓉」「孝」「耊」六字皆从「老」省以爲意从「旨」「句」「勿」「占」「至」以爲聲則从子承父道而爲會意今夾漈以之入轉注之篇可乎哉㊱

王應電曰聲出於天或有餘焉或不足焉聲之有餘也一義而各爲一聲不能聲爲之制字也从一字而轉爲數聲故曰轉注

楊慎曰原轉注之義最爲難明周禮注云一字數義展轉注釋而後可通後人

不得其說。遂以反此作彼為轉注。許慎云。轉注「考」「老」是也。毛晃云。「考」「老」各自成文。非反考為老。王柏正始之音。亦以考老之訓為非。蕭楚謂一字轉其聲而讀。是為轉注。程端禮謂假借借聲。轉注轉聲。皆合周禮注展轉注釋之説。可正考老之謬妄矣。賁有七音。各有不同。觸類而長之。良有四音。齊有五音。從有七音。差有八音。敦有七音。辟有十一音。皆轉注之極也。[37]

朱謀瑋曰。轉注因諧以廣音。南北殊聲。平仄異讀。「謨」轉「暮」「莫」之類。

張位曰。轉注一字數義。展轉注釋。可通用也。如長久長字。長則物莫先焉。故又為長幼之長。長則有餘。故又為長物之長。行止行字。行則有蹤迹。故又為德行之行。行則有次序。故又為周行之行。如數目數字。有數則可數。故為數往之數。有數則密矣。故又為疏數之數。又音促。數罟。亦密矣。又有本其意特轉聲用之者。如以女妻人為妻之類是也。

陸深曰。轉注者轉其音以注。

吳元滿曰。假借不足故轉聲以演義。因形事意聲四體。展轉聲音注釋。為他義之用。故曰轉注。有轉聲注釋別義。有轉聲但取叶音。有轉本音注釋他義。有轉別音注釋他義。有別音注義。有別音叶韻。有轉而復轉。有雙聲並轉。有因轉復借。其正生者四種。一曰轉聲注義。二曰轉聲叶韻。三曰本音注義。四曰轉音注義。其變生者四種。一曰別音注義。二曰別音叶韻。三曰轉而復轉。四曰雙聲並轉。其兼生者一種。曰因轉復轉。(三八)

趙宧光曰。轉注者聲意共用也。取其字就其聲。注以他字。而義始顯。如「丂」字象氣難上出之形。而老人鯁噎似之。於取「老」字省其下體以注于「丂」上。而義始足也。

又曰。轉注之體。大類形聲。轉注同聲。形聲異聲。此二書之分。而其叙法之初。絶然不混也。但須毋離所引「考」「老」二字本旨。則不倍古人矣。

又曰。同聲者為轉注。如「考」同「丂」之類。轉聲者為諧聲。如「耇」諧句。「⿱耂占」諧占之類。非聲者為會意。如「孝」从老子。「耆」从老旨之類。

又曰。轉注者轉示志識也。同呼異用。不令義混。就形附釋。體煩握簡。譬則爾雅之末訓。傳疏之肇基。歟物之雜。文之贅也。㊴

假借第六

宋鄭樵曰。有有義之假借。有無義之假借。不可不別也。曰同音借義。曰協音借義。曰因義借音。曰因借而借。此為有義之假借。曰借同音不借義。曰借協音不借義。曰語詞之借。曰五音之借。曰三詩之借。曰十日之借。曰十二辰之借。曰方言之借。此為無義之假借。同音借義。如「初」裁衣之始。而為凡物之始。「基」

築土之本。而為凡物之本。借同音不借義。「汝」水也。而為爾汝之汝。「爾」花盛也。而為爾汝之爾。協音借義。如「御」之為御（音迓）為御（音禦）。「行」之為行（下孟切）為行（戶浪切）。借協音不借義。如「荷」之為荷。（胡可切負也）。「鮮」之為鮮（上聲）。因義借音。如「琢」本琢玉之琢。而為大圭不琢之琢（音篆）。「輅」本車輅之輅。而為狂狡輅鄭人之輅（音迓）。因借而借。「難」鳥也。因音借為艱難之難。因艱難之難。借為險難之難。「為」母猴也。因音借為作為之為。因作為之為。借為相為之為。語辭之借。凡語辭。惟「哉」「乎」「兮」「于」「只」「乃」有義。他並假借。虛言難象。故因音而借焉。五音之借。如「宮」本宮室之宮。「羽」本羽毛之羽。三詩之借。如「風」本風雅之風。「雅」本烏雅之雅。十日之借。如「甲」本戈甲。「乙」本魚腸。十二辰之借。如「子」人之子也。「丑」手之械也。方言之借。

如「羹」之為羹。（上更字。下音郎。楚地名。）「咎」之為咎。（上如字。下音皐。皐陶字亦如此。）此皆非由音義而借。蓋因方言之異。故不易其字。雙音並義不為假借。如「陶」為陶冶之陶。又為皐陶之陶。「衿」居吟切。領也。又其鴆切。結也。凡此之類。並雙音並義。不為假借也。（四〇）

張有曰。假借者本非己有。因他所授。而借其聲義者也。如「亦」「非」「西」「朋」之類。（四一）

元戴侗曰。何謂假借。本無正文。假借以為用。「博」之為博奕。「爾」之為爾汝。

楊桓曰。假借者何。本分之所無。而適須其必用。乃託取他之所有。以權為我之用之謂也。蓋文字之蘊。凡言語之聲義。固有難為形貌者。故象形會意指事轉注形聲五者。既皆不足形貌以成字。故必借其同近而用之。使人因其聲義以應其用。亦足以因彼而明此也。故謂之假借。

又曰。假借者承形聲不足而作也。取彼之所有。濟我之所無之謂也。六書之假借。猶五行之器用焉。其體一十有四。曰聲義兼借。曰借聲不借義。曰借義不借聲。曰借諧聲兼義。曰借諧聲。曰借近聲兼義。曰借近聲。曰借諧近聲兼義。曰借諧近聲。曰因借而借。曰因省而借。曰借同形。曰借同體。曰借而復借。（四）

劉泰曰。假借者其聲義于上五者俱不能詳。故取一字兩用以足之也。如去取之類。「去」往也。借為上聲除去字。「取」善聽也。借為取舍字。

周伯琦曰。因音義而假借焉。「令」「長」是也。

明趙古則曰。假借之所以別有五。而生有三。曰因義之借。曰無義之借。曰因借而借。曰同音並義不為假借。曰轉注而假借。此五者假借之所以別也。因義之借。如「初」本裁衣之始。而借為凡物之始。「狀」本犬出之形。而借為凡物之形是也。無義之借者。如「易」本蜥易之易。而借為變易之易。「財」本貨財之財。而借為財成之財是也。因借而借者。如「商」本商度之商。借為宮商之商。又借為商賈之商。「之」本㞢之之。既借為之往之之。又借為語詞之之是也。是謂託生同音並義不為假借者。如台說之「台」。即台我之「台」。皆得从口而為義。从㠯而為聲。壬儋之「壬」。既象治任之形。壬娠之「壬」亦象懷壬之形是也。是謂反生轉注而假借者。如「項」本矢項之項。轉為項刻之項。因項刻之聲而借為項畝之項。「過」本過踰之過。轉為既逾曰過之過。因既逾曰過之聲而借為過失之過是也。是謂兼生假借之旨不明于世。以至書然燎之然。更加火。州渚之州。復加水。果字有艸。須字有彡。如此之類。何可枚舉。尚奚論丁寧之類不用口。車渠馬腦之類不須石哉。(四三)

王應電曰。聲之不足也。一聲而或兼數義。不能義為之制字也。有一字而借為數義。故曰假借。楊慎曰。假借借義不借音。如兵甲之「甲」。借為天干之甲。魚腸之「乙」。借為天干之乙。義雖借而音不變。故曰假借。轉注轉音而注義。如「敦」本敦大之敦。既轉音頓而為爾雅敦丘之敦。又轉音對而為周禮玉敦之敦。所謂一字數音也。假借如假物于隣。或宋或吳。各从主人。轉注如注水行地。為浦為溆。各有名字矣。是奚可同哉。（四）

朱謀㙔曰。假借因義理相通。而該括同異。「甲」「乙」「子」「丑」之類。

張位曰。假借謂本無其字。因字聲意而借用之也。如「能」豪獸也。今借為賢能英豪之類。此聲借也。如內外之「內」。作收內之內。伯仲之「伯」。作王伯之伯。有惡而可惡。有好而可好之類。此意借也。又如占卜之占為占奪。女子之女為爾女。房舍之舍為取舍。骨肉之肉為肉好之類。但借聲不借義也。

吳元滿曰。自象形指事以至會意諧聲。而文字之體備矣。宇宙之內。事物多端。

以文字配物。不勝其繁矣。文字有盡而事物無窮。因形事意聲四體。聲音相同借為他義之用。故曰假借。有有義借。無義借。借復借。俗字借。聯字借。其正生者二種。一曰因義假借。二曰因聲假借。其變生者三種。一曰借而復借。二曰俗字借。三曰聯字借。以是五類求之。而假借之義得矣。

趙宧光曰。假借五義。不足借聲為之用。聲不用義也。其有義之借。轉注未加聲是矣。半為古今之用字法。其無義之借。惟聲為用。則全假借也。又有字形先定。物名後立。勢所難移。若此類者。借不能通。不得不轉其音以命之。有一轉以至多轉者。有同母轉者。有同韵轉者。有南音轉北。北音轉南者。故「長」「白」等字。南北互轉三呼。「亞」「辟」等字。母韻互轉得十餘呼。隨世遷移。遂方變易。低昂多寡。無有定則。撝謙諸家謬改此類作轉注。非矣。遺書本旨。故當畫一。後世始有南北之分。四聲之辨爾。

文曰。假借諸類。古今言之詳矣。而用借諸門。則無有及者。因疏以悉之。有本無其字不得不借者。如「禪」祭天也。借爲談禪之禪。「佛」見不審也。借爲神佛之佛。「緣」衣純也。借爲因緣之緣。「縣」繫也。借爲郡縣之縣。「樂」五聲八音總名。借爲娛樂之樂。「理」治玉也。借爲義理之理。「也」訓女陰。借爲語詞。「其」古箕字。借爲彼其之其。「云」古雲字。借爲語云之云之類。有無其字。後世已增。而說文不見者。終爲俗體。如「說」訓釋也。一曰談說。凡詞說之說。及喜說之說。皆用之。後增悅字。「止」下基也。凡行止之止。及足止之止皆用之。後增趾字。「埶」訓種也。凡樹埶之埶。及時埶之埶。皆用之。後增藝勢字。「亯」訓獻也。凡祭亯之亯。及元亯之亯。皆用之。後分享亨字之類。有兩有其字。各主本義。而古今或分或借。不以爲誤者。如「尟」訓是少也。「鮮」訓魚名。後亦通作尟。「歟」訓安氣也。「與」訓黨與。後亦通作歟。「捨」訓釋也。「舍」訓市居曰舍。後亦通作捨。「彣」訓戫也。「文」訓造畫也。後亦通作彣。「彰」訓文彰也。「章」訓樂竟為一章。後亦通作章。「䜣」訓識詞也。知訓詞也。後亦通作䜣之類。有兩有其字。各主本義。而古今通將本字廢置而混借為用者。如「亂」訓治也。又有「𤔔」字。亦訓治。又有「𤕦」字訓煩也。後通作亂。「稱」訓銓也。又有「爯」字。訓并舉也。又有「偁」字。訓揚也。後通作稱。「省」訓視也。又有「渻」字。訓水減也。又有「媘」字。訓減也。後通作省。「易」訓蜥易。又有「傷」字。訓輕也。一曰交傷。又有「敡」字。訓侮也。後通作易。「興」訓起也。又有「嬹」字。訓說也。後通作興。「逆」訓迎也。又有「屰」字。訓不順也。後通作逆。「兩」訓二十四銖為一兩。又有「㒳」字。訓再也。後通作兩之類。有兩有其字。而本文為借所奪。廢置不用。而反增俗字以應世用者。如「𠌶」訓艸木𠌶也。「蕐」訓榮也。俗增花字。「閑」訓闌也。

「閒」訓隙也。俗增間字之類。又有義可強通。而聲不協。此古今从省之法。而混若假借者。如「齊」訓禾麥吐穗上平也。「齋」訓戒潔也。「遴」訓行遴徑也。「䌛」訓隋從也之類。有聲義遠甚而俗書混亂謬作假借者。如「斁」訓解也。「殬」訓敗也。「窔」訓深也。「突」訓犬从穴中暫出也之類。有古人兩用。聲義偶混。似借非借者。如「鼎」籀文「員」字。「員」石鼓文「鼎」「員」二字互見。「乃」篆文「廼」字。「廼」嶧山碑「乃」「廼」二字互見。「遊」「我」（見石鼓文）「于」「於」（見嶧山碑）之類。有古借漢分。今不必借者。如「又」通作有。「寺」通作時之類。（俱見石鼓文）有二文聲義俱別。各自為用。而文勢相通。謬作借者。如「于」訓于也。象气之舒。「於」古文烏省。「烏」取其助气。故「于」「於」通用。「戲」訓三軍之偏也。「摩」訓旌旗所以指摩。義相近。故「戲」「摩」通用之類。有古人字形聲義各別。而許慎溷合。有類于假借者。如「二」說文謂古文上字。「丄」亦古上字。贅「二」說文謂古文下字。「丅」亦古文下字。贅「兂」古文長。「𠔃」古文終之類。有聲義遠甚。俗混雖久。本文具在。可以毋借者。如「熉」（緐蘩竝非）「⿱髟般」（蟠非）「才」「財」「裁」（借聲無義）「纔」（聲義遠甚）「惟」「維」（借聲無義）「唯」（聲轉無義）之類。又曰。假借者。假其名號也。字有限。物無窮。有義無義。耳目一揆。名之奇聲之四也（四五）。

以上所舉。自鄭樵以後。論六書之例。略具於此。六書之例。指事難明。轉注致無定論。上所舉亦指事轉注二例。異說最多。轉注一例。以轉聲當之者。張有以來。大概皆然。至今日尚多奇異不同之說。詳于文字學第二時期篇。此亦文字學史上致有趣味之一事也。

㈠四川廖平著六書舊義以班固四象之說為最善詳下文字學後期篇

㈡鄭樵之正生當為象形之正例即獨體象形是也天地山川井邑草木等之分殊為不必蓋此屬於義類而非屬於形類也其兼生當為象形之變例即合體象形是也形兼聲如「金」「齒」之類是形兼意如「眉」「巢」之類是其側生半係指事其所引之文字多混指事會意形聲於象形之中糅雜殊甚

㈢楊桓十類其誤與鄭樵同且只有正例尚不如鄭樵以正生當正例兼聲當變例也

㈣趙則古之說全與鄭樵同正生第一類之「一」「口」兩字係指事非象形「日」「月」是純形當為正例歸之形兼意殊不可解

㈤趙宧光之說似比前數人為進矣惟合體聚體離合體之類皆非象形此其誤也

㈥鄭樵指事之說不可謂非惟其所收之字「叏」「外」「户」「古」等是會意而列之指事「用」「庸」是意兼聲而列之事兼聲「吏」亦意兼聲而列之事兼形「爯」「𠬪」是會意而列之事兼意且一「爭」字而兩收一列之指事一列之事兼形此其誤也

(七)張有指事之說。是指事變例之一種。「本」「末」等字。後人所謂形不易象而變為指事者也。

(八)楊桓指事之說。以指事為指其象形會意所主之字。次弟顛倒。非謬殊甚。以注指則更悖矣。

(九)劉泰「本」「末」之類。與張有同列指事于會意之後。與楊桓等。

(一〇)趙古則本張有之說而加詳。又增事兼聲一類。然「齒」「金」二字。是形兼意兼聲。非事兼聲。此其誤也。

(一一)王應電所舉之「祭」「射」「喪」「相」等事。皆是會意。其誤甚矣。其致誤之由。不以文字之組織說六書。而以文字之性質說六書。

(一二)朱謀㙔之誤。與王應電同。朋古鳳字作[illegible]。足象形。

(一三)張位之誤。亦以會意為指事。

(一四)吳元滿加物為指事說。亦本之張有。謂所加之畫又不成字。（當云又不成文）不可謂之會意。此語頗精。變例指事所以不與會意混者。全在于此。惟其所言為指事之變例。

(五)趙宧光之論指事。分為獨體坿體。即正例變例。惟「二」「二」仍是獨體。不當入之坿體。宧光又云。此余弱冠時書。後稍詮定。然未甚純一。今悉刊去浮言。約為漢義。所謂漢義者。六書只用一字。曰事。曰形。曰意。曰聲。曰注。曰借。語焉不詳。轉難索解。

(六)鄭樵文與字之別。論之極明白。獨體為文。象形指事文也。合體為字。會意形聲字也。為今日不可易之論。惟其言三體之合作常道一語。則不甚然。在六書條例上言。二合三合以至多合同為會意之正例也。

(七)張有所舉「休」「信」「鬻」「明」四字。皆是合體兼義反文取意之字。當如「丏」「帀」「身」「匕」之類。為會意變例中之一種。

(八)戴侗劉泰會意之說。專舉所从之兩文相同為例。未免舉例未宏。趙宧光所謂此會意中一體同體會意也。

(九)楊桓之論。致不足取。趙宧光指為顛倒錯雜。至于分會意之體為十有六。更為無謂。

(二〇)趙古則之論會意。比前已加密矣。如反體省體之類。清代論會意者。尚多本此。

㉑王應電反仄增損重疊配合之論，畧同趙古則，惟其增之一類「本」「末」「甘」「曰」四字，乃指事之變例，非會意也。

㉒趙宧光所論同體、異體、省體、讓體、破體、變體之合，與趙古則、王應電同，惟名稱異耳。其言合文爲之二合以至多合，語最簡明而包括，惟稍有未盡者，與形聲之界說畧渾，蓋形聲字亦合文爲之也，當云合二文之意爲之，二合以至多合，庶與形聲之界說分別清楚矣。

㉓鄭樵分形聲爲二類，一正生，二變生。正生之類一，變生之類六，茲之所舉，皆變生之類，變生即今之所謂變例，變例不及省聲，此其疎也。

㉔戴侗所舉之「百」字，不合于說文。

㉕楊桓十八類之分，殊爲多事，惟其所謂四體有本聲則用本聲，本聲缺則用諧聲，諧聲缺則用近聲，近聲缺則用諧近聲，畧近于取譬相成之誼。

㉖趙古則形聲之說，與楊桓同而加密，其二體、四體、左形右聲、右形左聲等說，雖本之唐人，而與散居、省聲等集而爲例，雖不可視爲定論，而足資參考。

㉗張位之說。只趙古則說中之一。

㉘吳元滿之說。即趙古則之說。而言之不如趙古則曉暢。

㉙此趙宧光晚年之說。半表義半持聲二語。最為簡潔。

㉚鄭樵之論。誤以形聲為轉注。強為分別。使人愈迷。役他役己語多晦澀。其意以為合體為字。役他者从彼字之聲。而用此字之義。役己者通此字之義。而合彼字之聲。是強以形聲之字當轉注也。其分類有四。一曰建類主義。二曰建類主聲。自以為得建類一首之例。實則取說文中之相同字列之。皆形聲字也。三曰互體別聲。四曰互體別義。自以為得同意相受之例。然其中所列之字「杲」「東」為會意。「橤」「[木惢]」為形聲。其誤以轉注為制造文字之法。故疵謬百出也。

㉛張有之說。以依聲託事之假借為轉注。

㉜戴侗之說。由裴務齊考字左回老字右轉之說而來。不過用篆文為說耳。本此以說止之于㞢。正之于五。𡕒之于丬爿。彐之于𠂆。夂之于夊。屮之于帀。力之于匕。𠚣之于爪。身之于㐆之

于是皆爲轉注其誤甚矣

(三三)楊桓之說以二文三文四文之義合而成字者爲轉注且以指事由會意而生轉注由指事而生顛倒錯亂毫無足取

(三四)劉泰之誤與楊桓同「賢」說文从貝臤聲而曰从臣从寸从寶省此穿鑿附會之說也

(三五)周伯琦之誤與戴侗同

(三六)趙古則謂老爲會意字者爲形聲字較諸家爲進矣故其所論轉注亦以轉注爲用字之法惟其所言悉是假借非轉注本義假借者一字數義轉注者數字一義趙氏不明此旨也

(三七)以一字數義爲轉注其說始于宋之張有所謂展轉其聲注釋他字之用也並不見于周禮注毛晃之說曰周禮六書轉注謂一字數義展轉注釋而後可通後人不得其說遂以反此作彼爲轉注其說皆非蓋毛晃之說也楊慎用其說而不察其文義直以爲周禮注之文則謬甚矣

(三八)朱謀瑋張位陸深吳元滿之論轉注皆主轉聲之說誤同趙楊

㊴趙宧光之說，以形聲中之同聲者為轉注，轉注者為諧聲。其誤以轉注為造文字之法，是又出趙古則、楊慎諸人之下矣。

㊵鄭樵之論假借詳矣，但其五音之借，三詩之借，十日之借，十二辰之借，皆是一例，所謂託名幖識。鄭氏徒繁其例爾。

㊶張有以轉聲別義者為轉注，以同聲別義者為假借，同聲別義固為借借之一。如「亦」即腋字，借為語詞；「非」鳥飛下翅，借為是非；「西」象鳥在巢上，即棲字，借為東西；「朋」古鳳字，借為朋友。然轉聲別義者亦是假借，如「長」本長久，借為長幼。張有一以為轉注，一以為假借，誤矣。

㊷楊桓分假借為十四類，不越鄭樵之範圍。總而言之，假借之例有二：一為依聲託事之假借，為本無其字之假借，乃制文字之假借也；一為依聲不必託事之假借，為本有其字之假借，乃用文字之假借。鄭樵徒繁其例，楊桓更甚焉。

㊸趙古則之論假借，設例雖比鄭樵、楊桓為簡，然亦不扼要，因轉注而假借一例尤誤。蓋亦本

張有轉聲之說為轉注致有此誤也

㊹王應電本楊慎之說以轉音者為轉注不轉音者為假借自宋以來之言假借者皆有此誤也

㊺趙宧光之舉例雖多各有字以證之而實不足以明假借之例所舉之「二」「上」「一」「丅」「長」「亢」「終」「𠬞」諸字尤誤

聲讀之發明

聲讀在文字學上極為重要清朝文字學家以聲讀成書者極能以聲讀之法盡文字假借之妙用而聲讀之發明則始自宋朝亦文字學史上可紀之一事也何謂聲讀聲讀者不以文字之形類文字而以文字之聲類文字說文解字九千三百五十三文以形分為五百四十部學者謂之左文左文者即左邊之形或謂之偏旁學九千餘字中形聲之字計七千有餘將此七千餘字以聲為區別而部類

之。學者謂之右文。右文者即右邊之聲。或謂之聲讀。蓋上古文字。義寄於聲。未遑多制。只用右文之聲。不必有左文之形。例如兔罝之公侯干城。干即扞字。㊀范蘭之能不我甲。甲即狎字。㊁似此之類。羣籍極多。蓋古時字少。以聲為用。求之說文解字中。如臤下云。古文以為賢字。㊂丂下云。古文以為巧字。㊃哥下云。古文以為歌字。㊄㬎下云。古文以為顯字。㊅在未造「賢」「巧」「歌」「顯」等字之先。即以「臤」「丂」「哥」「㬎」等字為「賢」「巧」「歌」「顯」之用。故曰古文以為也。迨事物日繁。甚少之文字。不足以為言語符號之用。再加偏旁以為區別。「賢」从臤聲。加貝以為區別。「巧」从丂聲。加工以為區別。「歌」从哥聲。加欠以為區別。「顯」从㬎聲。加頁以為區別。雖著形以為義之標準。而義之由來。仍然與聲有關係。例如「仲」「衷」「忠」三字。皆从中得聲。而「仲」為人之中。「衷」為衣之中。「忠」為心之中。㊆「譚」「憛」「醰」「⿰覃攴」

四字皆从𦎫得聲。而「諄」為言之𦎫。「惇」為心之𦎫。「醇」為酒之𦎫。「敦」為督責之𦎫。(八)其尤易見者。「禷」以事類祭天神。从示類聲。「類」即義也。「禛」以禛受福也。从示真聲。「真」即義也。「祀」祭無已也。从示已聲。「已」即義也。由上各證觀之。則知聲之所在。即義之所在。無論何字。但舉右文之聲。不舉左文之形。知聲者可以因聲求義。因文字之孳乳。皆由聲而發展。所以清儒能本聲讀之法。尋出文字之統系。成為文字學上有價值之著作。而發明早見於宋人。特未成書耳。

楊泉物理論曰。在金曰堅。在艸木曰緊。在人曰賢。(九)

王觀學林曰。「盧」者字母也。加金則為鑪。加瓦則為甗。加目則為矑。加黑則為黸。凡省文者。省文所加之偏旁。僅用字母。則眾義該矣。(一〇)如「田」字。字母也。或為畋獵之畋。或為佃田之佃。若用省文。惟以「田」該之。(一一)

沈括夢溪筆談曰。王聖美治字學。演其義為右文。古之字書皆從左文。凡字其類在左。其義亦在左。如木類其左皆從木。所謂右文者。如「戔」小也。水之小者曰淺。金之小者曰錢。歹之小者曰殘。貝之小者曰賤。皆以戔字為義。㊁

張世南遊宦紀聞曰。自說文以字畫為類。而玉篇從之。不知其右旁亦以類相從。如「戔」為淺小之義。故水之可涉者曰淺。疾而有所不足為殘。貨而不足貴者為賤。木而輕者為棧。㊂「青」為精明之義。故日之無障蔽者為晴。水之無溷濁者為清。目之能見明者為睛。米之去粗皮者曰為精。㊃

以上四說。雖未成為有統系有條例之學說。而已確然能見聲為義之綱領。特未有成書。或有成書而不傳。致為可惜。據沈括夢溪筆談所記。王聖美既演其義為右文。在當時必有其書。而宋人文字學書之存于今者。無有一種本右文之條例以成之者。即元明以來。亦絕不見有此種條例之文字書。蓋當時研究文字學者。

只能在文字本身上探討。故即偶有所見。而不能觸類旁通。以廣博之引證。精深之思審成一學說。信今而傳後。清儒研究文字學。其範圍愈推愈廣。凡三代兩漢之書。皆為文字學考證之資。故其聲讀之成功。極為可觀。于文字學後期篇詳述之。

㊀毛傳。干扞也。按干即扞之假借字。

㊁毛傳。甲狎也。按甲即狎之假借字。

㊂說文。臤堅也。古文以為賢字。按賢多才也。多才堅之意。如能獸之為才能。未造賢字時。即以臤字為賢字之用。

㊃說文。丂氣欲舒出。ㄅ上礙于一也。古文以為巧字。按巧技也。工之事也。手工業時代。工人之氣常欲舒出。有丂之意。未造巧字時。即以丂字為巧字之用。

㊄說文。哥聲也。从二可。古文以為歌字。按歌詠也。歌即人所發之聲。朱駿聲云。哥从二可。發聲之語。如可而平。是哥歌同意。未造歌字時。即以哥字為歌字之用。

㊅說文㬎衆微妙也从日中視絲古文以爲顯字按顯明飾也首飾之光明者日中視絲其光明特甚是㬎顯同意未造顯字時即以㬎字爲顯字之用

㊆釋名釋親屬「仲」中也言在位而中也說文「衷」裏褻衣也裏褻衣衣之在中者也論語皇疏「忠」謂盡中心

㊇說文「𦎫」孰也从亯从羊按即味之厚也「諄」告曉之孰也詩抑誨爾諄諄厚意告曉之言也說文「惇」厚也从心𦎫聲心之厚也說文「敦」怒也詆也詩北門王事敦我傳敦厚遺加也言王事加我之厚

㊈說文「堅」剛也从臤从土朱駿聲云剛土也本土之堅亦用爲金之堅說文「緊」纏絲急也从臤从絲省本絲之緊亦用爲草木之緊說文「賢」多才也賢本以財分人之稱引伸爲以善教人之稱

㊉說文「盧」飯器也从皿虍聲假借爲鑪淮南原道盧牟六合注猶規矩也朱駿聲云盧牟即鑪模又爲甗司馬相如傳文君當盧即甗字實即罏字又爲矑楊雄傳玉女無所眺其清

盧服注童子也字亦作矑又為黸書文侯之命盧弓一傳黑也

㊁說文「田」樹穀曰田象四口十阡陌之制也又為畋易師卦田有禽書無逸不敢盤于遊田詩叔于田皆為畋獵之畋又為佃詩無田甫田漢書高帝紀令民得田之注謂耕作也皆為佃田之佃

㊂說文「戔」賊也从二戈朱駿聲云即殘字之古文說文「淺」不深也从水戔聲朱駿聲云謂水少說文「錢」銚也古田器从金戔聲亦曰臿曰銚田器之小者說文「殘」賊也从歺戔聲朱駿聲云即戔之或體說文「賤」賈少也从貝戔聲少小義同

㊂說文「棧」棚也从木戔聲按棚與柵畧同柵者豎編之棚者橫編之皆編木之小者也

㊃說文「青」東方色也東方木行蓋即木精明之色說文「清」朖也澂水之皃从水青聲「精」擇也从米青聲按擇米使純潔也皆有精之色「晴」篆文作夝雨而夜除星見也作晴者後起之字說文目部無睛字瞦下曰目童子精精即睛字

說文解字叙云「分別部居。不相雜廁。」其後叙云「其建首也。立一爲耑。方以類聚。物以羣分。同條牽屬。共理相貫。雜而不越。據形聯系。引而申之。以究萬原。畢終於亥。知化窮冥。」此即字形分部之說也。說文解字。分五百四十部。統九千三百五十三字。每部立一字爲首。凡从某字之屬皆从某。例如以金字爲部首。凡从金字之屬皆在金部。以木字爲部首。凡从木字之屬皆在木部。惟許氏原目。重部二百九十六下。乃臥身㐆衣裘老毛毳尸尺尾履。而徐鍇標目。重部下則爲裘老毛毳尸尺尾臥身㐆衣履。而郭忠恕汗簡。夢瑛篆書偏旁此十二字之次第。皆不與許氏原目合。而徐鍇說文繫傳部叙。且發明五百四十部之次第。此十二部之次序。說文纂詳㊀亦不與許氏原目合。而核其卷中之次第。大小二徐本。又皆與原目適合。不知何時致誤。又不知何時將卷中之次第。改從許氏原目也。玉篇改篆爲隸。不能照據形聯系之舊。顧野王雖本許叔重始一終亥之例。而別爲升降損益「土」「田」「京」「亭」「人」「我」「臣」「民」「兄」「弟」。各以類相屬。其有增入之部首與減少之部首。詳記于前顧野王之玉篇内。茲不復贅。自是以後。有專書部首以為學篆者之研究。或謂之字原。或謂之偏旁。唐李騰有說文字原一卷。㈡林罕有字原偏傍小說三卷。㈢宋釋夢瑛有偏傍字原。㈣元周伯琦有說文字原。㈤李騰之書已佚。林罕夢瑛周伯琦之書尚存。林罕之書。據其自序。謂篆文取李陽冰。隸書取開元文字。於偏傍五百四十一字。各隨字訓釋。使學者簡而易從。然鼂公武讀書後志引郭忠恕云。「說文字原唯有五百四十部。今目錄妄有更改。又集解中誤收去部在注中。今點檢偏旁少「晶」「惢」「至」「龜」「弦」五字。故知林氏虛誕誤後進。其小說可焚。夢瑛因書此以正之。」則其書宋人已不滿意矣。說文「歸」字从止从帚𠂤聲。林罕云。从追于聲為近。此不知聲者也。說文「哭」字从吅。獄省聲。林罕云。象犬嘷。乃怪矣。夢瑛之偏傍字畧。雖以矯正林罕之書而作。而其書亦有失於檢點者。「犛」字本里之切。夢瑛作陌包切。「自」字下白字。即是自字。俱疾二切。夢瑛作蒲革切。乃黑白之白字也。「甾」字側持切。夢瑛作方九切。此字音之誤者也。又「凷」字缺中畫。「豐」字作豊。此字形之誤者也。又部首少「丨」字。其顛倒者「巿」「帛」「白」「㡀」「黹」五字。「勹」「几」二字。「重」字下「臥」「身」「㐆」「衣」十二字。皆與許氏原目不合。此部首之誤者也。周伯琦之書。核其與許氏五百四十部之原目。增入「廿」部。「㠯」部。「厤」部。「亍」部。「屮」部。「毋」部。「身」部。「舛」部。「朩」部。「爿」部。「肯」部。「丣」部。「乜」部。「尢」部。「百」部。「乀」部。「乂」部。刪「厺」部。「蓐」部。「鼓」部。「豈」部。「了」部。「亣」部。「亞」部。「蕚」部。「凶」部。「囟」部。「辛」部。「𡿨」部。飛部。又改「五」為「乂」。「危」為「产」。「寅」為「𡨜」。「丠」為「厸」。「秃」

為「尧」。「畫」為「画」。「衷」為「求」。伯琦自序云。「複者刪之。闕者補之。」今觀其所增諸部。未必是闕。所刪諸部。未必是複也。以上諸書。後人謂之偏傍學。偏傍學者。言識此五百四十之偏傍。而八千餘字之孳乳。皆由此偏傍而出。即不難據偏形以求之。从魚之字。不是魚之名。即是魚之事。从鳥之字不是鳥之名。即是鳥之事。清儒教學僮。每先以五百四十之偏傍。成書頗多。理雖淺近。而事實要重。偏傍學遂成為文字學史之一名詞。茲先述其源如是。

偏傍之學。演進而為文始。清朝末年。頗有此種之趨勢。茲暫不詳述。開其先者。當為蔣和之字原表。而趙宧光說文長箋中之說文表。則遠在蔣和之前。計一百九十二文。㈥亦偏傍學上之重要史料也。

㈠徐鍇說文繫傳部敘云（上畧）衷衣之重也。故次之以裘。童子不衣裘。故次之以老。老則毛先變。故次之以毛。毳細毛也。故次之以毳。尸者毛所主也。故次之以尸。尸者身也。以身為尺度。故次之以尺。尺尾尸之後。故次之以尾。尾寢不尸。故次之以臥。臥以安身。故次之以身。反身必有依。故次之以㐆。衣者身之飾。故次之以衣。衣所以明禮。故次之以履。履禮也。履所以載人。故次之以人舟。（下畧）

㊁崇文總目曰。說文字原一卷。唐李騰集。初陽冰為滑州節度使李勉篆新驛記。賈耽鎮滑州。見陽冰書。觀其精絕。因命冰陽姪騰集說文目錄五百餘字。刋于石。以為世法云。按其書已佚。

㊂鼂公武讀書後志曰。字原偏傍小說三卷。唐林罕譔。凡五百四十一字。以說文部居隨字出文。以定偏旁。其說頗與許愼不同。而互有得失。有石刻在成都。公武嘗從數友觀之。其解字殊可駭笑者。按其書尚存。

㊃書史會要云。釋夢瑛。號臥雲叟。南岳人。與郭忠恕同時。習篆。皆宗李陽冰。有所書偏傍字原。勒石于長安文廟。鼂公武讀書後志曰。夢瑛通篆籀之學。書偏傍五百三十九字。按其書今尚存。乾隆十七年

刻本吳照手辑之字原考略內夢瑛偏旁缺一玄字爲五百三十九但此字疑非夢瑛之原缺。

㊄元史周伯琦傳曰伯琦字伯温饒州人幼從父應游官京師入國學爲上舍生蔭授將仕郎南海縣主簿擢翰林修撰日被顧問眷遇益隆歷官浙西肅政廉訪使江南行臺監察御史尋假參知政事招諭張士誠士誠降拜資政大夫江浙行省左丞後歸鄱陽卒伯琦博學工文章而尤以篆隸真草擅名當時嘗著六書正譌說文字原二書按其書今尚存。

㊅見趙宧光說文長箋。

字彙與正字通

明朝文字書最蕪雜而數淺者莫過於五侯鯖字海㊀既無學術上之價值又無應用上之便利可無論已其他最通行一時者則爲字彙與正字通二書朱彝尊曰「小學之不講俗書繁興三家村夫子挾梅膺祚之字彙張自烈之正字通以爲兔園册問奇字者歸焉可爲冷齒目張也」㊁據朱氏言可見字彙與正字通

二書在文字學上之無價值然亦可見當時奉字彙與正字通二書為兔園册者之多在文字學史上則此二書不能置之不紀梅膺祚字彙十二卷又首末二卷

㈢其書以筆畫之多少為分部之次第自一畫至十七畫列二百十有四部統三萬三千一百七十九字每部中又以筆畫之多少為列字之次第卷首以一畫至三十三畫之字分筆畫之多少總列于前以便檢字者之查清康熙字典之分部雖云依照正字通而字彙則在正字通之前則正字通亦出于字彙字彙以筆畫之多少分部列字可謂為檢字者開一方便之法門自說文解字以據形聯系分部以來言文字學者多遵守之實則改篆為隸已不得據形聯系之迹至改隸為真則形變彌甚玉篇畧以字義之同類者分部然檢字頗覺不便自是以後每以韻部隸字名為韻書實則字書用韻分部者以便查檢而已字彙以筆畫之多少為分部之次序每部又以筆畫之多少為列字之次序雖非檢字至善之法視前

則進步多矣。直至今日。為檢字計。較善于此者。除王雲五之四角號碼外。大多數尚緣用數筆畫之舊。此字彙在文字學史上極可紀之一事也。其卷首列有五門。一運筆。如「川」字先中丨次丿。「止」字先⺊次⊥一之類。教學僮運筆先後之次序也。二从古。如「匋」俗作匋。「灰」俗作灰之類。教學僮明字例之條也。三遵時。如「申」古作申。「幸」古作幸之類。教學僮雖有不合于字例之條。但為今時所通行者。亦可用也。四古今通用。如「从」古「從」今。「由」古「塊」今之類。教學僮古今字隨所在而通用也。五檢字。如凡从「亻」者屬人部。凡从「刂」者屬刀部之類。教學僮檢字。凡隸變者知所歸部也。在文字學上雖無甚深之意義。然確為學僮認識文字與檢查文字之需要。所以三家村夫子無不奉為兔園冊也。張自烈正字通十二卷。㊃其書承字彙之舊。而考據稍博。其舛駁之處時時有之。有兩部疊見者。如「西」部既有「垔」字。而「土」部又有「垔」

字．「网」部既有「羆」字．而「火」部又有「羆」字．「虍」部既有「⿸虍包」「虒」字．而「日」部又有「⿸虍包」字．「斤」部又有「虒」字．「舌」部既有「甛」「憇」字．而「甘」部又有「甛」字．「心」部又有「憇」字有一部疊見者．「酉」部之「⿰酉令」．「邑」部之「鄰」．其他援引諸書．不載篇名．考之古本．譌舛甚多．其價值亦與字彙等．只因人人奉為兔園册．不覺通行一時．至清朝吳任臣有字彙補之作．㊄徐文靖有正字通略記之作．㊅胡宗緒有正字通芟誤之作．㊆亦可見其通行之久遠矣．

㈠四庫全書提要曰．五侯鯖字海二十卷．不著撰人名氏．題曰湯海若訂正．考湯顯祖號曰若士．亦曰海若．明史有傳．則當為顯祖所作矣．前有陳繼儒序云．取海篇原本．遵依洪武正韻參合成書．其注釋極為簡略．體例亦頗蕪雜．每字皆用直音．尤多譌謬．至卷首以四書五經難字別為一篇．則弇陋彌甚．顯祖猶當日勝流．何至於此．蓋明末坊本所依託也．

㊁見朱彝尊汗簡跋。

㊂著錄于千頃堂書目。按梅膺祚字誕生。宣城人。梅鼎祚之弟。前有鼎祚序。

㊃四庫全書提要曰。舊本或題明張自烈撰。或題廖文英撰。或題自烈文英同撰。考鈕琇觚賸粵觚下篇。載此書本自烈作。文英以金購得之。因掩為己有。敘其始末甚詳。然其前列國書十二字母。則自烈之時所未有。殆文英續加也。裘君宏妙貫堂餘談。又稱文英歿。其子售版于連帥劉炳。有海幢寺僧阿字。知本為自烈書。為炳言之。炳乃改刻自烈之名。諸本互異。蓋以此也。其書視梅膺祚字彙。考據稍博。然徵引繁蕪。頗多舛駁。尤喜排斥許慎說文。不免穿鑿附會。非善本也。自烈字爾公。南昌人。文英字百子。連州人。康熙中官南康府知府。故得躐自烈之書云。

㊄一統志曰。吳任臣字志伊。仁和諸生。康熙中試博學宏詞。授檢討。按其書六卷。其義例曰補字。曰補音義。曰較訛。專以補正梅氏之失。康熙間范廷瑚合二書序而刊之。

㊅徐文靖管城碩記曰。廖昆湖正字通凡例曰。處四方沈湎字彙日久。故部畫次第如舊。缺者

補之誤者正之。余按舊本缺者。正字通仍缺。舊本誤者。正字通仍誤。今于經史中習見聞者畧記之。

㈦胡虔曰余從祖父龍袞參先生諱宗緒康熙丁酉舉人著正字通芟誤七卷。

其他

宋元明之文字學在文字學史上有可紀之價值者。當推二徐之校定說文解字。而金石文字之搜集聲讀之發明。皆為文字學開一先路。已分別記之于前矣。其他著書者頗多。而皆無甚重要。如戴侗之六書故。㈠既非說文中之篆文。又非金文中之古文。非今非古。殊無根據。㈡楊桓之六書統。㈢其意在于糾正戴侗之失。而其剌謬則更甚於戴侗。㈣趙撝謙之六書本義。㈤其分部不照許氏之舊。任意出入。多所乖舛。㈥魏校之六書精蘊。㈦改易篆文。師心偽造。㈧王應電之同文備考。㈨偽造古文。以正小篆。本魏校之緒論。而荒謬尤有過之。㈩楊慎之六書索隱與奇字韻。⑪索隱專究古文。而所收不備。且不注所出。⑫奇字韻則以說文引經之異文及假借字爲奇字。殊爲不倫。而所載不及十之二三。⑬吳元滿之六書正義與六書總要。⑭兩書或采及梵書。或造作僞體。甚至自相矛盾。殊無足觀。⑮以上諸書。皆以臆造不可知之古文。妄爲說文解字之攻擊。以戴侗開其先。繼之者變而加厲。至王應電吳元滿極矣。楊慎純正。但博而不精。其所成就。尚不如焦竑之俗書刊誤。⑯俗書刊誤十二卷。第一卷至四卷。類分四聲。刊正譌字。若「半」不从丰。「容」不从谷。是第五卷字義。若「赤」之通「尺」。「鼬」之同「猶」是第六卷考駢字。若「句婁」之不當作「岣嶁」。「辟歷」之不當作「霹靂」是第七卷考字始。若「對」之改口从士。本于漢文。「疊」之改晶从畾。本於新莽。是第八第九卷考音同字異。若「庖犧」之爲「炮羲」。「神農」之爲「神由」。是第十卷考字同音異。若「敦」有九音。「苴」凡兩讀。是第十一卷考俗用字若山岐曰「岔」，水岐曰「汊」，是第十二卷考字形疑似，若「禾」之與「禾」，「支」之與「攴」，是雖無深義，尚足為學僮之參攷。明人文字學之巨著，當推趙宧光之說文長箋。㊆其書分本部、述部、作部、體部、用部、末部。本部以韻分部，始東終甲，而每一韻文以形繫，如東部中工字，凡从工孳乳之字，如「巨」「矩」「巧」「式」等字，以次隸之，形音並箋，頗多費辭，筆畫好異，方以智通雅已譏之。㊅述部多述古之意，或取古今通論，或取一家言論其得失。作部前論六書之例，作部後論聲韻之理。體部、用部論書法。末部不可類求者入之，大概多師心自用之說，此明人著書之通病也。特以卷帙繁多，當時學者多驚其博，顧炎武日知錄已深斥之。其云萬歷末吳中趙凡夫宧光作說文長箋，將自古相傳之五經，肆意刊改，好行小慧，以求異于先儒，乃以青青子衿為淫奔之詩，而謂「衿」即「衾」字，如此類者非一。其實四書尚未能成誦，而引論語虎兕出于柙，誤作孟子虎豹出于𡴀。然其書于六書之指。不無管闚。而適當喜新尚異之時。此書乃盛行于世。及今不辯。恐他日習非勝是。為後學之害不淺矣。故舉其尤剌謬者十餘條正之。[元]

即其書觀之。謂瓜分之瓜當作爪。而不知瓜分字見于史記虞卿傳及漢書賈誼傳。謂竄突之突當作宊。而不知竄突字見漢書霍光傳。民愁則墊隘見左傳。鶺鴒醜其飛也㚇。騋馬白州也。並見爾雅。而以為未詳。顧野王陳人也。而以為晉之虎頭。陸龜蒙唐人也。而以為宋之象山。王筠梁人也。而以為晉。王禹偁宋人也。而以為南朝。漢宣帝諱詢。而以為諱恂。漢平帝諱衎。而以諱衍。夏州至唐始置。而以為中國稱華夏從此始。叩地在京兆藍田。而以地近京口。故从口。誠如顧炎武之所指摘者。此雖無關于文字學。而其書之蕪雜可以見矣。凡上所舉皆是其他無甚價值之文字學書。而說文長箋。其卷帙特巨。故詳論之。

㊀萬姓統譜曰，戴侗字仲達，仔弟，登淳祐第，由國子簿守台州，德祐秘書郎，名繼遷軍器少監，亦辭疾不起，年踰八十卒，有易書四書家說，六書故內外篇，撰戴侗，永嘉人。

㊁吾邱衍學古篇曰，侗以鍾鼎文編此書，不知者多以為好，以其字字皆有，不若說文與今不同者多也，古人字襍亂無法，鍾鼎偏傍不能全有，卻只以小篆足之，或一字兩法，人多不知，如「○」本音睘，加「宀」不過為「寰」字，乃音作官府之官，許氏解字引經，漢時有篆隸，乃得其宜，今侗亦引經而不能精究經典古字，反以近世差誤等字引作證據，「鎊」「鍾」「鍪」「鋯」「尿」「屎」等字，以世俗字作鍾鼎文，「卵」字解尤為不典，六書到此為一厄矣。

㊂元史楊桓傳曰，桓字武子，兗州人，中統四年，補濟州教授，召為太史院校書郎，遷秘書監，至元二十一年，拜監察御史，未幾，陞秘書少監，預修大一統志，桓為人寬厚，事親篤孝，博覽羣籍，尤精篆籀之學，六書統，六書溯源，書學正韻，大抵推明許氏之說，而意加深，皆行于世。

㊃四庫全書提要曰，許慎說文為六書之祖，如作分隸行草，必以篆法繩之，則字各有體，勢必

格閡而難行。如作篆書則九千字者為高曾之矩矱矣。桓必有偭而改錯。其支離破碎。不足怪也。以六書論之其書本不足取。惟是變亂古文始于戴侗而成于楊桓。侗則小有出入桓乃至于橫決而不顧。後來魏校諸人隨心造字。其弊實濫觴于此。置之不錄則桓穿鑿之失不彰。故于所著三書之中。錄此一篇。以著變法所自始。朱子所謂存之正以廢之者。茲其義矣。

㊄明史文苑傳曰。趙撝謙字古則。更名謙。餘姚人。隱居鳴山萬書閣。築考古臺。取諸家論著證其得失。作六書本義。

㊅四庫全書提要曰。大抵祖述鄭樵之說。定為三百六十部。不能生者附各類後。今以其說考之說文「畕」字為一部。以「畺」字為子。而撝謙則并入「田」部。說文「包」字為一部。以「胞」「匏」字為子。而撝謙則并入「勹」部。說文「𢆶」字為一部。以「幾」「幽」字為子。而撝謙則并入「幺」部。凡若此類。以母生子。雖不過一二而未嘗無所生之子。乃一概并之。似為未當。又若說文「儿」部「儿」讀若「人」「充」「允」諸字從之與

「人」字異體，而𢹂謬并入「人」部。說文「夲」字，「𠦍」字从夲从白，而𢹂謬誤以从白為从自，附入「自」部，則于字體尤舛。

⑦明史儒林傳曰：魏校字子才，其先本姓李，居蘇州葑門之莊渠，因自號莊渠。宏治十八年進士，歷南京刑部郎中，改兵部郎中，移疾歸。嘉靖初起為廣東提學副使，累遷國子祭酒，著有六書精蘊，卒謚恭簡。

⑧四庫全書提要曰：元以來好異之流，以篆入隸，已為駭俗，校更層累而高，求出其上，以籀改小篆之文，而所用籀書，都無依據，名曰復古，實則師心，其說恐不可訓也。

⑨明史儒林傳曰：王應電字昭明，崑山人，研精字學，著同文備考、六義切音、貫珠圖。

⑩四庫全書提要曰：是編考辨文字聲音，其學出于魏校，而乖僻尤過其師。前有自序，謂洪武正韻，間以小篆正楷書之譌，而未嘗以古文正小篆之謬，於是著為是書，取古文篆書而修正之，竝欲以正許慎說文之失（中略），名為復古，實則盡變六書，遂至杜撰字體，臆造偏傍，學于千百世後重出一製字之倉頡，不亦異乎。

㈡明史楊愼傳曰。愼字用修。新都人。少師廷和子也。年二十四。舉正德六年殿試第一。授翰林修撰。疏諫不得。命下詔獄。廷杖之。謫戍雲南永昌衛。卒。明世記誦之博。著作之富。推愼爲第一。詩文外。雜著至一百餘種。並行于世。隆慶初。贈光祿少卿。天啓中。追謚文憲。

㈢四庫全書提要曰。蓋專爲古文篆字之學者。然其所載古文籀書。實多略而未備。（中略）且古文罕見者。必注所自來。乃可傳信。而書不注所出者。十之四五。使考古將何所依據乎。

㈢四庫全書提要曰。此書以奇字標名。而若說文引經。豊其屋「豊」作「寷」。克岐克嶷「嶷」作「嶷」。靜女其姝「姝」作「娖」。庶草蕃蕪「蕪」作「無」。天地絪縕作「壹壹」。營營青蠅。止于樊「樊」作「棥」。故源源而來。源源作「謜謜」。泣血漣如作「連」之類。雖與今經文異。而皆有六書偏傍可求。則正體而非奇字。且此類多不勝載（中略）此書所載。殊不及十之二三。至于「崏」之作「汶」。「禱」之作「禂」。皆假借字。而亦概列爲奇字。尤屬不倫。

㈣焦竑筆乘曰。新安吳敬甫。博雅士也。精意字學。所著有六書正義十二卷。按敬甫。元滿字。歙縣人。所著又有六書總要四卷。六書溯原直音二卷。諧聲指南一卷。

㊄四庫全書提要曰。元滿萬歷中布衣。是書大抵指摘許慎。而推崇戴侗楊桓。(中略)以「帝」為「帝」。以「卍」為「萬」。「昴」字上加三圈「火」字直排四畫。或誤采梵書。或造作譌體。乃動輙云說文篆譌。尤可異矣。

又曰。(六書總要)其字皆以柳葉篆寫之。自謂有鳥跡遺意。足排小篆方整妍媚之態。然所為古文大抵出于杜譔。又往往自相矛盾。(中略)至所引經傳諸文。率以意改。

㊅明史文苑傳曰。焦竑字弱侯。江寧人。舉嘉靖四十三年鄉試。萬歷十七年始以殿試第一人官翰林修撰。二十五年主順天鄉試。被劾謫福寧州同知。歲餘大計復鐫秩。遂不出。萬歷四十八年卒。年八十。熹宗時復官。福王時追謚文端。

㊆江南通志隱逸傳曰。趙宧光字凡夫。吳縣人。讀書稽古。精于篆書。隱于寒山。子均字靈均。傳其父六書之法。日與賓客搜金石。論篆籀。問奇字。訪逸典。為世所稱。按說文長箋明志七卷。六書長箋明志七卷。今則說文長箋與六書長箋合刻。其標目分為本部一百卷。述部二十

四卷。作部前四十六卷。作部後十六卷。體部十八卷。用部四卷。末部四卷。共二百十二卷。多于明志之卷數甚巨。

⑱方以智通雅曰。趙宧光長箋。「也」必作「殹」。「注」必作「丶」。「好」作「野」。「像」作「襐」。「畢」作「縪」。「重」作「緟」。「方」作「匚」。「入」作「銍」。姑論其一二。也籀為𠃟。本匜器。因用為助詞。加匜別之。匚本是筐。古方作口大簡。故借方。今不借數千年所常用之也與方。而乃新借殹與匚乎。

⑲正其尤剌謬之十餘條。見顧炎武日知錄卷二十一。

民國滬上初版書·復制版

中國文字學史

下

胡朴安 著

上海三联书店

中國文字學史

下

胡樸安著

中華民國二十六年二月初版

第三編　文字學後期時代　清

漢學派文字學先導之顧炎武

此時期以前文字學家皆以善寫篆文為根柢自李陽冰徐鼎臣以至吾邱衍趙宧光等皆是故其所成就不能出文字之範圍其善者畧解六書是正筆畫其不善者甚至師心臆造不可知之古文以改許叔重之小篆殊無學術上之價值此時期以後文字學家立脚點于考據學上其範圍及于經史子凡兩漢以前之著作悉為參考之資料故其所成就文字學遂為治中國一切學術之工具建立所謂漢學之基礎開其先者當推顧炎武㈠顧氏之文字學在聲之一方面著有音學五書㈡言聲韻學者悉祖之茲不述在形之一方面未有著述且亦未見始一終亥之本㈢觀其日知錄內所論說文一節雖未免尚有錯誤之處確能以懷疑

而開研究學術之先路。其言曰：自隸書以來，其能發明六書之指，使三代之文尚存於今日，而得以識古人制作之本者，許叔重說文之功為大。後之學者莫不奉之為規矩。而愚以為亦有不盡然者。且以六經之文，左氏、公羊、穀梁之傳，毛萇、孔安國、鄭衆、馬融諸儒之訓，而未必盡合。況叔重生於東京之中世，所本者不過劉歆、賈逵、杜林、徐巡等十餘人之說㊃，而以為盡得古人之意，然與否與，一也。五經未遇蔡邕等正定之先，傳寫人人各異，今其書所收，率多異字，而以今經校之，則說文為短，又一書之中，有兩引而其文各異者㊄，後之讀者將何所從，二也。㊅流傳既久，豈無脫漏，即徐鉉亦謂篆書堙替日久，錯亂遺脫，不可悉究。今謂此書所闕者，必古人所無，別指一字以當之㊆，改經典而就說文，支離回互，三也。今舉其一二評之，如「秦」「宋」「薛」皆國名也，秦从禾，以地宜禾，亦已迂矣，宋从木為居，薛從辛為辠，此何理也？費誓之「費」改為棐，訓為惡米，武王載旆之「

斾」改為坺訓為臿土「威」為姑「也」為女陰「殹」為擊聲「困」為故廬「普」為日無色此何理也豁之為言惡也視犬之字如畫狗狗叩也豈孔子之言乎訓有則曰不宜有也春秋書曰有食之訓郭則曰齊之郭氏善善不能進惡惡不能退是以亡國不幾勦説而失其本指乎（八）「居」為法古「用」為卜中「童」為男有辠「襄」為解衣耕「弔」為人持弓會敺禽（九）「辱」為耕失時「叓」為束縛捽抴（十）「罰」為持刀罵詈「勞」為火燒門「宰」為辠人在屋下執事「冥」為十日月始虧「刑」為刀守井不幾于穿鑿而遠于理情乎武曌師之而制字荊公廣之而作書不可謂非濫觴于許氏者矣若夫訓「參」為商星此天文之不合者也（十一）訓「亳」為京兆杜陵亭此地理之不合者也（十二）書中所引樂浪事數十條而他經籍反多闕略此采摭之失其當者也今之學者能取其大棄其小擇其是而違其非乃可謂善學説文者與（十三）觀顧氏此論在

于善懷疑懷疑為研究學術之先路雖顧氏之懷疑見駁于孫星衍然無損其研究學術之精神為清朝以文字學建立漢學之基礎者悉由此種懷疑之精神而得其方法即孫星衍所疑之「鬥」「殺」「稀」「目」「人」「衣」「龜」「甲」「戊」「宣」「疒」等字㈣皆此懷疑之精神為之或由懷疑而得較確之證據如龜廣肩無雄據集韻引作廣肓肩為肓之誤字甲人頭宜為甲據集韻引作頭空宜為空之誤字或懷疑時未得較確之證據至今日而可證其為確鑿者如鬥兩士相對當是兩手相對之偽今日甲骨文發見確為兩手相對之形文字學後期所以高出于文字學前期者賴有此種精神而得其方法也由顧炎武開其先故首記之

㈠顧炎武原名絳字寧人崑山人學者稱為亭林先生繩明末士子空疎之弊創經學即理學之說遂為漢學之祖

㈡音論三卷詩本音十卷易音三卷唐韻正二十卷古音表二卷總名音學五書
㈢日知錄曰說文原本次第不可見今以四聲列者徐鉉等所定也是顧炎武未見始一終亥之本
㈣日知錄原注楊慎六書索隱序曰說文有孔子說楚莊王說等（按見第一編七篇以外之文字書注節錄）
㈤日知錄原注如氾下引詩江有氾洍下引詩江有洍逑下引書旁逑孱功僝下引書旁救僝功巹下引詩赤舄己己掔下引詩赤舄掔掔
㈥日知錄原注鄭玄常駁許慎五經異義顏氏家訓亦云說文中有援引經傳與今乖者未之敢從
㈦日知錄原注如說文無劉字後人以鎦字當之無由字以甹字當之無免字以絻字當之
㈧孫星衍與段若膺書云齊之郭氏善善不能用惡惡不能退是以亡國此出新序蓋郭氏國名因述其國之事用劉而說也

⑨孫星衍與段若膺書云人持弓會敺禽此出吳越春秋陳音之言非許叔重臆說顧氏未遠攷。

⑩孫星衍與段若膺書云叓字爲束縛捽抴則即漢書瘐死獄中本字無足異者。

⑪孫星衍與段若膺書云據說文參商爲句以注字連篆讀之下云星也蓋言參商俱星名說文此例甚多如偓佺仙人也之類按篆注連讀發明于錢大昕十駕齋養新錄曰說文本謂參商皆星名非訓參爲商注與本字連文古文往往如此。

⑫孫星衍與段若膺書云亳爲京兆杜陵亭出秦本紀寧公二年遣兵伐蕩社三年與亳戰皇甫謐云亳王號湯西域之國括地志按其國在三原始平之界說文指謂此亳非尚書亳殷之亳彼亳古作薄字在偃師惟杜陵之亳以亭名而字从高省此則許叔重說文字必用本義之苦心顧氏知亳殷之亳不省亳王之亳可謂不善讀書。

⑬日知錄原注後周書黎景熙其從祖廣太武時爲尚書郎善古學嘗從吏部尚書崔玄伯受字義又從司徒崔浩學楷篆自是永傳其法景熙亦傳習之頗與許氏有異可見魏晉以來

傳受亦各不同。

㈣孫星衍與段若膺書云。（上畧）說文又有不甚可解。僅以鄙意解之數字。如門兩士相對。當是兩手相對之譌。殺从杀聲。稀从希聲。杀當是古文[illegible]即殺字也。希當是蕭省文也。目。人眼。象形。重瞳子也。重言積二盡在中。象目童子。非舜重瞳之謂。人象臂脛之形。盖側立形。但見其一臂一脛。其正立形。則大字象之。猶之乙與燕。烏與於[illegible]與鼂。皆象一正一側形也。衣象覆二人之形。人字誤。當為乚。古文肱字。鼂。廣肩無雄。集韻引廣肩作廣脊。甲人頭宜為甲。集韻引作頭空。盖甲中畫象頭窩穴。戊。中宮也。象六甲五龍相拘絞也。尤不可解。中官或作中宮。六甲者。星名。五龍即黃龍。天官書稱軒轅黃龍體。五土數。黃亦土數。此豈指中宮星象乎。又六甲即六十甲子。五龍即五行。墨子稱北方黑龍。是五方之龍五色也。或即人六府五藏。三說不知有其一否。宣。天子宣室也。今疑其用漢宮。不知出淮南本注。訓武王殺紂于宣室。高誘注云。殷宮名。疒。徐鉉音女戹切。不知玉篇又音牀。然則將戕之屬皆从爿得聲。爿即疒字也。他時合諸書引說文之語。校正今本。彙錄奉覽。或足下深造有得。造車合轍當助足下張目也。

確立漢學派文字學之戴震

漢學者以東漢聲音訓詁之學治經。其名為漢學者。對於宋學之空談義理而言也。雖先導於顧炎武。而其學派之成立。名稱之確定。當推清乾隆時代之戴震㈠。戴氏治學之方法。以識字為讀經之始。以窮經為識義理之途。其言曰。經之至者道也。所以明道者詞也。所以成詞者字也。由字以通其詞。由詞以通其道。所謂字考諸篆書。得許氏說文解字。三年得其節目。漸睹聖人制作本始。又疑許氏於古訓未能盡。從友人假十三經注疏讀之。則知一字之義。當貫羣經。本六書。然後為定㈡。此戴氏治學之入手方法。求字於說文解字。求義理於十三經。以文字用之於經學。文字學之範圍遂廣。然僅拘守此二書。則所見未宏。所識未卓。猶不足盡考據之能事。必須詳徵而博引之。然後事有佐證。理無虛設。其言曰。搜考異文以為訂經之助廣攀漢儒箋注之存者以為綜考故訓之助又曰鑿空之弊有二其一緣詞生訓也其一守譌傳謬也緣詞生訓者所釋之義非其本義守譌傳謬者所據之經非其本經㊂此戴氏治學之進一步方法而使文字學之範圍愈廣且戴氏之文字學不僅以為考據之基礎嘗能合故訓理義而一之其言曰言者輒曰有漢儒經學有宋儒經學一主於故訓一主於理義此誠震之大不解也夫所理義苟可舍經而空憑胸臆將人人鑿空得之奚有經學之云哉惟空憑胸臆之卒無當於聖賢之理義然後求之古經求之古經而遺文垂絶古今懸隔也然後求之故訓故訓明則古經明古經明則聖賢之理明而我心之同然者乃因之而明聖賢之理義非他存乎典章制度者是也學者事於漢經師之故訓以博稽三古典章制度由是推求理義確有依據彼歧故訓理義二之是故訓非以明理義而故訓胡為理義不存乎典章制度勢必流入異學曲説而不知其遠乎先王之

教矣。㊃此戴氏治學之更進一步而抵于成之方法。由故訓以求典章制度。由典章制度以求理義。而文字學之範圍。愈以加廣。故其所成之原善。與孟子字義疏證。皆能根據文字學闡理義之精言。㊄以文字學闡明理義。除戴氏外。似未聞有人以文字學用之考據。為讀古書必不可缺少之工具。遂愈演愈精。段玉裁為戴氏弟子。為清朝極著名之文字學家。另有詳紀。茲特記其以文字學為治學之本之言。以見文字學後期之趨勢。段氏之言曰。治經莫重乎得義。得義莫切于得音。又曰。不孰於古形古音古義。則其說之存者。無由甄綜。其說之亡者。無由比例推測。又曰。小學有形有音有義。三者互相求。舉一可得其二。有古形有今形。有古音有今音。有古義有今義。六者互相求。舉一可得其五。㊅段氏治學。全以文字學為基本。故能以形音義互相推求。得文字之原。以明古書之理。且極能分別文字之本義與六藝之借義。互相為用。兩不相妨。其言曰。訓詁必就其原文而後不以字妨經必就其字之聲類而後不以經妨字不以字妨經不以經妨字而後經明經明而後聖人之道明點畫謂之文文滋謂之字音讀謂之名名之分別部居謂之聲類（七）古書寄之於文字文字託之於聲音訓詁而文字聲音訓詁有古今之變遷于是古書始難讀矣不知古今變遷之跡者泥說文者以字妨經泥經者以經妨字段氏能三者互相求舉一得二六者互相求舉一得五而形音義古今變遷之迹闡明無餘古書之不可讀者皆能由聲音訓詁而得之此文字學在清朝所以成為一重要之學也戴氏之文字學在聲之方面著有聲韻考聲類表轉語（八）在義之方面有方言疏證爾雅文字考（九）茲不述在形之方面有六書論三卷其書未見據其自序（十）蓋論六書之條例其論轉注則詳答江先生論小學書中皆記之于後茲第記其確立漢學派的文字學之趨勢而已

（一）戴震字東原休寧人生於清雍正元年卒於乾隆四十二年五十有五歲清代漢學家有吳

皖兩派吳派以惠定宇為大師皖派以戴東原為大師東原治學以文字為入手皖派漢學家皆以文字學為治一切學術之工具

㊁見戴東原集第九卷與是仲明書（按此是段玉裁所刻十二卷本下同）

㊂見戴東原集第十卷古經解鉤沈序

㊃見戴東原集第十一卷題惠定宇授經圖

㊄原善三卷孟子字義疏證三卷微波榭戴氏遺書本近蜀中刻有單行本

㊅見經韻樓第八卷王懷祖廣雅疏證序

㊆見經韻樓第二卷周禮漢讀考序

㊇聲韻考四卷聲類表十卷微波榭戴氏遺書本近蜀中刻有單行本轉語二十章段玉裁戴氏年譜云按此以聲音求訓詁之書也訓詁必出于聲音情此書未成孔廣森序戴氏遺書云未見文集內有轉語序一篇

㊈方言疏證十三卷微波榭戴氏遺書本又武英殿聚珍本板此雖戴氏手校之書然其逐條

援引諸書一一疏證不僅校正偽誤羨奪而已爾雅文字攷十卷段玉裁戴氏年譜云書稿藏曲阜孔戶部家蘇州吳方伯蠡濤後者先生壬午同年也戶部既歿方伯之子慈鶴就其家取諸戶部長子博士廣根云將付梨棗今書稿尚在吳處未刊

㊉六書論三卷段玉裁年譜云未見文集內有六書論序一篇

集漢學派文字學大成之段玉裁

清儒漢學家其為學也嘗審諦十事通訓詁一也定句度二也徵故實三也校異同四也訂羨奪五也辨聲假六也正錯誤七也援旁證八也輯逸文九也稽篇目十也此十事可約之為三一為考據之學一為校勘之學一為句章之學此三者清儒皆用之以治文字學段玉裁用考據學校勘學之方法以治文字學其成功尤巨即說文解字注是也㊀段氏之注稱之者謂為博大精深議之者謂為過于武斷段氏之徵引審訂誠不愧博大精深之目其果於改訂增刪亦不免有武斷之

弊然莫友芝所得唐寫本說文木部與今本頗有異同以與段注相校凡段氏所改訂增刪者或多與之相合足徵段氏之改訂增刪亦必幾經審慎故能冥合古初非輕心出之也㈡平心而論自成一家之學皆不免稍有武斷要其武斷之處仍不害其博大精深斯為佳作耳段氏之注於許書條例多所發明讀段書者玩索求之其例自見至有益於文字學惟其散見于全書內讀者每忽略有馬壽齡者舉段注九例然未全也㈢茲略本馬氏之說舉例于下

一辨別誤字例如示部祡燒柴尞祭天也各本作祡作燎段氏據爾雅音義改燒祡之祡為柴改燎為尞是

二辨別譌音例如一部丕敷悲切讀去聲誤段氏謂古音在第一部鋪怡切丕與不音同

三辨別通用字例如示部𥜒祝𥜒也段氏據玉篇𥜒古文作袖祝由即祝𥜒是

四辨別説文所無字例如玉部璠璠與各本作璠璵段氏謂鉉本有篆文璵字云説文闕載依注所有增為十九文之一鍇本則張次立補之考左傳釋文曰璵本又作與音餘此可證古本左傳説文皆不从玉後人輒加篆文之璵可勿補也是

五辨別俗字例如謂徬徨彷徨當作旁皇瑠璃當作流離芙蕖當作扶渠以及璞當作樸耟當作枱杯當作桮是

六辨別假借字例如艸部荅小尗也假借為酬荅字蒐茅蒐假借為春獵字若擇菜也毛傳若順也雙聲假借又假借為如也然也乃也汝也是

七辨別引經異字例如璱彼玉瓚詩大雅作瑟有荷臾論語作蕢犕牛乘馬易繫辭作服假于上下尚書作格是

八辨別引經異句例如予維音之嘵嘵今詩無之字威儀秩秩此詩假樂威儀

抑抑德音秩秩誤合二句為一是

九辨別異解字例如玉部瓊亦玉也各本作赤段氏謂唐人陸德明張守節皆引作赤玉則其誤已久瓊亦當為玉名倘是赤玉當廁于璊瑕二篆間矣艸部葷臭菜也段氏謂有氣之菜古作薰或作焄今人謂凡肉為葷讀如昏義與音皆非也是

以上九例散見于段注中者極多馬氏摘錄亦頗豐富惟段注有發明許氏之例有闡明文字之例馬氏九例斷不足以盡之茲于馬氏九例之外本段注更求得三十二例記之于下為讀段注之助

一分部例　分部者謂分五百四十部統攝九千三百五十三字也

一部凡一之屬皆從一

注凡云某之屬皆从某者自序所謂分別部居不相雜廁也

以字形為書俾學者因形以考音與義實始于許功莫大焉

二部二高也此古文丄

注凡說文一書以小篆為質必先舉小篆後言古文作某此獨先舉古文後言小篆作某變例也以其屬皆从古文二不从小篆丄故出變例而别白言之

玨部玨相玉相合為一玨

注因有班𤤴字故玨專列一部不則綴於玉部末矣凡說文通例如此

八部𠔁二余也讀與余同

注𠔁之義意同余非即余字也惟𠔁从二余則說文之例當别為余一部上篇蓐薅不入艸部是也容有省併矣

句部拘笱鉤

注按句之屬三字皆會意兼形聲不入手竹金部者會意合二字為一字必以所主為重三字皆重句故入句部

二列字次第例　謂每部列字之先後次第也或以類相次第或以義聯屬相次第

一部文五　重一

注此蓋許所記也每部記之以得其凡若干字也凡部之先後以形之相近為次凡每部中字之先後以義之相引為次顏氏家訓所謂檃括有條例也說文每部自首至尾次第井井如一篇文字如一而元元始也始而後有天天莫大焉故次以丕而吏之从一終焉是也

牛部文四十五

注此部列字次第大致井井可玩

肉部肉下
注人曰肌鳥獸曰肉此其分別也說文之例先人後物
食部飯下
注自饍篆以上皆自物言之自饔篆以下皆自人言之
三說解例
說解者謂說解文字之形聲義也
一部元始也從一兀聲
注凡篆一字先訓其義若始也顚也是次釋其形若從某某聲是次釋其音若某聲及讀若某是合三者以完一篆故曰形書也
四象形例
象形者許氏所謂畫成其物隨體詰詘日月是也段氏詳細注于許叙二曰象形下更于全書中隨字舉例言之
气雲气也象形

注。象雲气之皃。三之者。列多不過三之意也。

番。獸足謂之番。从釆田。象其掌。

注。下象掌。上象指爪。是為象形。許意先有釆字。乃後從釆而象其形。則非獨體之象形。而為合體之象形也。

五。指事例。　指事者。許氏所謂視而可識。察而見意。上下是也。段氏詳細注于許叙。一曰指事下。更于全書中隨字舉例言之。

一部。一。

注。一之形。于六書為指事。

二部。二。高也。此古文丄。指事也。

注。凡指事之文絶少。故顯白言之。不於一下言之者。一之為指。不待言也。象形者。實有其物。日月是也。指事不泥其物。而言事。丄丅是也。

六會意例　會意者許氏所謂比類合誼㠯見指撝武信是也段氏詳細注于許叙四曰會意下更于全書中隨字舉例言之

天顛也至高無上從一大

注至高無上是其大無有二也故从一大於六書為會意凡會意合二字以成語如一大人言止戈皆是

祭祭祀也从示㠯手持肉

注此合三字會意也

七形聲　形聲者許氏所謂㠯事為名取譬相成江河是也段氏詳細注于許叙三曰形聲下更于全書中隨字舉例言之

元始也從一兀聲

注凡言從某某聲者謂于六書為形聲也

吏治人者也从一从史史亦聲

注凡言亦聲者會意兼形聲也凡字有用六書之一者有兼用六書之二者

禛以真受福也从示真聲

注此亦當云从示从真真亦聲不言者省也聲與義同原故龤聲之偏旁多與字義相近此會意形聲兩兼之字致多也說文或稱其會意略其形聲或稱其形聲略其會意雖則省文實欲互見不知此則聲與義隔又或如宋人字說衹有會意別無形聲其失均誣矣

八轉注　轉注者許氏所謂建類一首同意相受考老是也段氏詳細注于許叙五曰轉注下更于全書中隨字舉例言之段氏轉注本其師戴氏之說每以轉注校訂說文之誤字故其注中關于轉注之說尤多茲亦只舉二條

天顛也

注凡言元始也天顛也丕大也吏治人者也皆于六書為轉注

二底也

注轉注者互訓也底云下也故下云底也此之謂轉注全書皆當以此求之

九假借　假借者許氏所謂本無其字依聲託事令長是也段氏詳細注于許敘六曰假借下更于全書中隨字舉例言之

丕大也從一不聲

注丕與不同音故古多用不為丕如不顯即丕顯之類於六書為假借凡假借必同部同音

徥　徥徥行皃也從彳是聲爾雅曰徥則也

注今本釋言作是則也蓋古爾雅假徥為是也此偁爾雅説假借

十象古文之形例　象古文之形者言篆文象古文之形也於篆文而言不能

定其象形或形聲惟其依仿古文之形而來如革象古文革之形古文作革為形聲字也

革象古文革之形

注凡字有依仿古文製為小篆非許言之猝不得于六書居何等者故革曰象古文革之形第曰从古文之象民曰从古文之象酉曰象古文酉之形是也

十一古音例　古音者三代秦漢之音也段注既用切韻以明今音矣復言古音以明三代秦漢之音

一部一篆下

注凡注言一部二部以至十七者謂古韻也玉裁作六書音均表識古韻凡十七部自倉頡造字時至唐虞三代秦漢以及許叔重造說文曰某聲曰讀

若某者皆條例合一不紊故既用徐鉉切韻矣而又某字志之曰古韻第幾部又恐學者未見六書音韻之書不知其所謂乃于說文十五篇之後附六書音均表五篇俾形聲相表裏因耑推究於古形古音古義可互求焉

元始也從一兀聲

注徐氏鍇云不當有聲字以髡從兀聲軏从元聲例之徐說非古音元兀相為平入也

𥜯古文祟

注隋聲古韻在十七部此聲古韻在十六部音最近也𥜯之為祟猶玼瑳姕傞皆同字

十二疊韵為訓例　疊韻者未有韻書以前每字收音之韻同者謂之疊韻凡韻同者義即同

天顛也。

注此以同部疊韻為訓也。凡門聞也。户護也。尾微也。髮拔也。皆此例。

祇地祇提出萬物者也。

注地祇提三字同在古音第十六部。地本在十七部。而多轉入十六部用。

十三雙聲為訓例。

雙聲者未發見聲母以前。每字發音之聲同者。謂之雙聲。

凡聲同者義即同。

旁溥也。

注旁讀如滂與溥雙聲。後人訓側。其義偏矣。

禍害也。

注禍害雙聲。

十四辨古籀例

古籀者古文籀文而非篆文也。說文解字以篆文為主。何以復

出古籀其後出者蓋以篆文之不同于古籀也

弌　古文一

注凡言古文者謂倉頡所作古文也此書法後王尊漢制以小篆為質而兼錄古文籀文所謂今敘篆文合以古籀也小篆之于古籀或仍之或省改之存者十之八九省改者十之一二而已存則小篆皆古籀也故不更出古籀省則古籀非小篆也故更出之一二三之本古文明矣何以更出弌弍弎也蓋所謂古文而異者當謂之古文奇字

二　高也此古文丄

注古文丄作二故帝下旁下示下皆云从古文丄可以證古文本作二篆文作丄各本誤以丄為古文則不得不改篆文之丄為上而以為部首使古

从二之字皆無所統示次于二之恉亦晦矣今正丄為二𠄞為丄觀者勿疑怪可也

𥛱古文祡从隋省

注此蓋壁中尚書作𥛱也既偁古文尚書作祡矣何以云壁中作𥛱也凡漢人云古文尚書者猶言古本尚書以別于夏侯歐陽尚書非其字皆倉頡古文也儀禮有古文今文亦猶言古本今本非一皆倉頡古文一皆隸書也如此字壁中簡作𥛱孔安國以今文讀之知𥛱即小篆祡字故从小篆作祡是孔氏古文尚書出于壁中云爾不必皆仍壁中字形也綴𥛱于祡者猶周禮既從杜子春易字乃綴之云故書作某也

𥜌籀文禱从𩑶省

注凡籀文必多繁重

十五辨或體例　或體者許叔重時通行之又一體也其字體亦不違於六書之例與俗體異

祀祭無已也从示已聲禩或从異

注周禮大宗伯小祝注皆云故書祀作禩按禩字見于故書是古文也篆隸有祀無禩是漢儒杜子春鄭司農不識但云當為祀讀為祀而不敢直言古文祀蓋其慎也至許乃定為一字至魏時乃入三體石經古文已聲異聲同在一部故異形而同字也

十六引經證形例　凡字所从之形未能以說明者則引注證之或字之形不常見者亦引注證之

祝從示從儿口一曰從兑省易曰兑為口為巫

注引易者說卦文兑為口舌為巫故祝从兑省凡引經傳有證義者有證形

者有證聲者此引易證形也

祡燒柴尞祭天也虞書曰至于岱宗祡

注許自叙偁書孔氏知古文尚書作祡不从木作祡也

十七引經證義例　凡字之義未能以說明者則引經證之或引經證假借之義

祠春祭曰祠品物少多文辭也仲春之月祠不用犧牲用圭璧及皮幣

注此引月令證品物少多文辭也

微隱行也从彳敚聲春秋傳曰白公其徒微之

注左傳哀公十六年文杜曰微匿也與釋詁匿微也互訓皆言隱不言行敚之假借字也此稱傳說假借

十八讀若例　讀若未有反切以前譬況其音也其最易明者如屮讀若徹唉讀

若塵埃其音不易譬況者或讀若俗語之某或讀若經之某讀若經之某者即段氏所謂引經證聲也

𥜋數祭也从示毳聲讀若舂麥為毳之毳

注凡言讀若者皆擬其音也凡傳注言讀為者皆易其字也注經必兼茲二者故有讀為有讀若讀為亦言讀曰讀若亦言讀如字書但言其本字本音故有讀若無讀為也讀為讀若之分唐人作正義已不能知為與若兩字注中時有偽亂廣雅毳舂也楚芮反說文無毳字即臼部舂去麥皮曰臿也江氏聲云說文解說內或用方言俗字篆文則仍不載毳

㐁古文𠧪讀若三年導服之導

注不云讀若導而云三年導服之導者三年導服之導古語盖讀若潭故今文變為禫字是其音不與凡導同也

十九一曰例　一曰者言形聲義之外又有一形聲義之說不同也但義為多

禋　絜祀也一曰精意㠯享為禋

注凡義有兩岐者出一曰之例按此義之別說也

祏宗廟主也一曰大夫㠯石為主

注祏以宗廟為本義以大夫主為或義是也按此亦義之別說也

祝从示从儿口一曰從兑省

注此字形之別說也凡一曰有言義者有形者有言聲者

貞一曰鼎省聲

注一說是鼎省聲非貝字也按此亦形之別說也

二十闕例　闕者篆文之形或義或聲許所不知闕而不言也

旁溥也从二闕方聲

注闕謂从𠘧之説未聞也李陽冰曰𠘧象旁達之形也按自序云其所不知蓋闕如也凡言闕者或為形或為音或為義分別讀之

爪亦丮也从反爪闕

謂闕其音也其義其形皆可知而讀不傳故曰闕

𣗥二東曹从此闕

謂義與音皆闕也

二十一同意例　同意者言此字所从之形與彼字所从之形其意同因其所从之形意不正明故舉另一字以明之

𦏧吉也从誩羊此與義美同意

注我部曰義與𦏧同意羊部曰美與𦏧同意按羊祥也故此三字從羊

工巧飾也象人有規榘與巫同意𢀚古文工從彡

注巨有規榘而彡象其善飾亟事無形亦有規榘而彡象其兩褭故曰同意凡言某與某同意者皆謂字形之意有相似者

二十二古文以為或以為例　古文以為者古文之假借字也或以為者與依聲之假借稍別

屮古文以為艸字

注漢人所用尚爾或之言有也不盡爾也凡云古文以為某字者此明六書之叚借以用也本非某字古文用之為某字也如古文以「洒」為灑掃字以「疋」為詩大疋雅字以「丂」為巧字以「臤」為賢字以「旅」為魯衛之魯以「哥」為歌字以「詖」為頗字以「㗊」為醜字籀文以「爰」為車轅字皆因古時字少依聲託事至于古文以屮為艸字　以「疋」為足字以「丂」為亏字以「侯」為訓字以「臭」為澤字此則非

屬依聲形近相借無容後人效尤者也

二十三方言例　方言者此字之義係某處之方言而非通語也

莒齊謂之莒

注所謂別國方言也

虈楚謂之蘺晉謂之虈齊謂之茝

注此一物而方俗異名也

二十四辨音義同例　音義同者隸于兩部之字其形不同而音義皆相同特標而出之

收部𪚺慤也

注心部慤謹也此與心部恭音義同

共部龔給也

注此與人部供音義同

二十五音變例　音變者言周時之音至漢時已變也

⿰牜叏牛徐行也從牛叏聲讀若滔

注按「舀」聲字周時在尤幽部漢時已入蕭豪部故許云「⿰牜叏」讀若滔

二十六經傳以為例　此言經傳之假借字段於注中發明之其言經傳以為者固經傳之假借其不明言者亦經傳之假借也

讓相責讓

注經傳多以為謙讓字

頒大頭也

注孟子頒白不負戴於道路此假頒為辬也周禮匪頒之式鄭司農云匪分也頒讀為班布之班謂班賜也此假頒為班也

二十七漢人用字例　言許叔重之說解多有漢人用字之例既不同于本義又遠違於今義故特標出之

二十八古今字例　古今字者言古人所用之字與今人所用之字不同其字甚多段于注中隨字記之

介畫也

注畫部曰畫畍也按畍也當是本作介也介與畫互訓田部畍字盖後人增之耳介畍古今字

誼人所宜也周時作誼漢時作義皆今之仁義字也其威儀字則周時作儀漢時作儀周為古則漢為今漢為古則晉宋為今隨時異用者謂之古今字非如今人所言古文籀文為古字小篆隸書為今字也

二十九廢字例　廢字者經典廢為不用之字也其廢也因于假借段于注中

隨字記之

徯行平易也

注按凡平訓皆當作徯今則夷行而徯廢矣

夂長行也

注今作引是引弓字行而夂廢也

三十俗語之原例　今日之俗語原于古者甚多段于注中隨字記之然未盡也

八別也

注今江浙俗語以物與人謂之八與人則分別矣

髆肩也

注今俗云肩甲古語也

三十一統言析言例　中國文字之義極其籠統然此統言也若析言則分之

頗嚴謹段注于此等處記之綦詳

祥福也

注凡統言則災異亦謂之祥析言則善者謂之祥

齋戒絜也

注齋戒或析言如七日戒三日齋是此以戒訓齋者統言則不別也

三十二單呼絫呼例　凡物之名偁在文字上大概單在言語上大概絫皆與聲韵有關係段氏亦標而出之

莎鎬矦也

注夏小正正月緹縞縞也者莎隨也緹也者其實也先言緹而後言縞者何也緹者先見者也釋艸薃矦莎其實媞按縞薃鎬同字許讀爾雅鎬矦為句鎬矦雙聲莎隨疊韻皆絫呼也單呼則曰縞曰莎

以上三十二例。自第一例至二十三例。段氏發明許書之例。自二十四例至三十二例。段氏讀許書自創之例。合馬氏之例共四十一例。可見段氏之於文字學能以考據校勘之方法。而成一有統系有條例之文學也。

㈠清史列傳云。段玉裁字若膺。金壇人。清乾隆二十五年舉人。至京師。見休寧戴震。好其學。遂師之。玉裁於周秦兩漢書無所不讀。諸家小學。皆別其是非。於是積數十年精力著說文解字三十卷。始為長編。名說文解字讀。凡五百四十卷。既乃隱括之成此注。書未成。海內想望者幾三十年。嘉慶十七年始付梓。高郵王念孫序之。曰。千七百年無此作矣。

㈡張文虎唐寫本說文解字木部跋云。唐寫本說文木部殘袟。於全書不及百分之二。而善處往往出於今本外。其傳在鉉鍇前無疑。金壇段氏注許書。補苴糾正。多與闇合。益知段學精審。按互相校勘。段氏之改訂增刪不同於寫本者亦有之。其闇合者。如柵。編豎木也。段注云。豎各本作樹。今依篇韵正。寫本正作豎。櫜。行夜所擊木。段注云。各本譌夜行。木作者。寫本雖作夜行。而者正作木此等處甚多。

㊂說文段注撰要九卷。清馬壽齡著。壽齡字鶴船。當塗人。是書成於清同治時。將段注摘要分九類錄之。家刻本。又許學叢書本。

段氏說文解字注之檢討

段氏之書。為研究文字學之人所公認為博且精者。惟吾人以客觀的眼光述文字學史。斷不容稍有成見。為一家之說所囿。吾人尊崇段氏之書而反對段氏之論。尤宜平心靜讀。以見學問之真。所以自段氏以後之著作。無論其「匡段」「訂段」「補段」「申段」「箋段」。皆文字學史上所當記述。俾學者愈以見段氏之書在文字學上之重要。且因此對於段氏文字學之認識。愈加深刻。匡段最力者。無過于徐承慶之說文解字注匡謬。㊀其匡段之謬有一十五目。畧記于下。

一曰便辭巧説破壞形體之謬

蒐改作苐从艸弟聲段注云鍇本作荑夷聲鉉本作苐今鉉本篆體尚未全誤改廣韵玉篇類篇皆本説文云苐艸也知集韻合苐蒐為一字之誤矣苐見詩茅之始生也

徐匡之云玉篇蒐始生茅也又蒐桑也苐引説文艸也廣韻蒐云蒐秀苐云艸也類篇苐艸木初生皃其文不同今改蒐為苐以就艸也之訓與玉篇合但蒐見詩自牧歸蒐手如柔蒐不應艸部無此字既以集韻蒐苐合一為誤而去蒐存苐亦未允

德段改作徳

徐匡之云此因悳聲而从直作篆攷金石文字俱作悳不作𢛳所改非也

改籀文梧作段注云鉉本作

徐匡之云按鍇本與鉉本同

本末改作本末木下曰本从木从下木上曰末从木從上段注云依六書所引唐本正

徐匡之云按戴侗六書故根據說文者皆是其與說文違異者皆非此本末字戴氏從說文不以唐本為可據也其言曰唐本說文本从木从丅末从木从上郭忠恕同以朱例之此說似是而實不然是戴氏述之而以為非段氏所依實汗簡也

二曰肊決專輒詭更正文之謬

⿱𠂹示讀若春麥為⿱𠂹示之⿱𠂹示二⿱𠂹示字改作⿱𠂹木段注云為⿱𠂹木之⿱𠂹木字从木各本譌从示不可解說文無⿱𠂹示字解說內或用方言俗字

徐匡之云按⿱𠂹示非譌字古人言讀若者往往即用本字以方俗語曉之高誘注

淮南書屈讀秋雞無尾屈之屈易讀河間易縣之易是其證也舂麥為桼當是漢人方言說文本無桼字未可肊測

茸改从艸耳聲段注云今本作聽省聲淺人所肊改此形聲之取雙聲不取疊韵者

徐匡之云原文聽省聲取疊韵是也以偏旁為聲較省聲直捷淺人容改聽省聲為耳聲未必改耳聲為聽省聲

三曰依他書改本書之謬

璠改璠與段注云依太平御覽所引

徐匡之云按璵璠後人倆璠璵據御覽改說文段氏之信今疑古多此類

牙改壯齒也段注云各本譌作牡今本篇韻皆譌惟石刻九經字樣不誤

徐匡之云按徐鍇據許書作牡故釋之曰比於齒為牡也各書作牡俱本說文

唐元度單詞未可據改當存其異

四曰以他書亂本書之謬

瑑改从王彖聲段注云依韻會所引鍇本今鍇本亦作篆省聲又淺人改之也

徐匡之云按徐鍇曰瑑謂起為瓏若篆文之形則鍇作篆省聲非淺人所改古

之訓詁音與義多相應

㹌作畜㹌畜牲也段注云依廣韻手鑑訂

徐匡之云按廣韻不引說文龍龕手鑑不足據

五曰以意說為得理之謬

叀改小謹也段注云各本上有專字此複舉字未刪又誤加寸

徐匡之云按原文連篆文讀云叀叀小謹也轉寫譌專而以為複舉未刪之字

誤加寸

⿰亻癸⿰亻癸左右兩視段注云⿰亻癸複舉字之僅在者

徐匡之云按此亦連上篆讀與叀叀一例

六曰擅改古書以成曲說之謬

玟火齊玟瑰也改玟瑰火齊珠段注云依韻會所引正

徐匡之云按韻會倒其文而增珠字非原書

覰拘覰未致密也改覞覰也一曰拘覰未致密也段注云覞覰也三字依全書通例補淺人刪之耳一曰二字今補

徐匡之云按說文兩字相連為義而字各有本義者多矣乃因覞云覞覰而必改覰解又增一曰二字加于本文之上何其妄也

七曰創為異說誣罔視聽之謬

壯大也段注云尋說文之例當云大士也故下云從士此蓋淺人刪士字

徐匡之云按壯大也釋詁文凡士之屬皆云從士何以故為曲說下壻字曰士舞以周禮大胥以學士合舞小胥巡學士舞列故云士舞此壻字本義不可泥以為例

八曰敢為高論輕侮道術之謬

玠周書曰稱奉介圭段注云顧命曰大保承介圭又曰賓稱奉圭兼幣蓋許君偶合二為一如或簸或舀竷竷舞我之類

徐匡之云按許引有舉全文者其撮舉其詞者如東方昌矣犬夷呬矣皆是非誤合為一

哭段注云許書言省聲多有可疑者取一偏旁不載全字指為某字之省若家為豭省哭之為獄省皆不可信獄固犾而取犾之半然則何不取「殼」「獨」「倏」「狢」之省乎竊謂从犬之字如「狡」「獪」「狂」「默」「猝」

「猥」「猵」「狠」「獷」「狀」「獳」「狎」「狃」「犯」「猜」「猛」「犺」「狧」「狟」「戾」「獨」「狩」「臭」「獘」「獻」「類」「猶」三十字皆從犬而移以言人安見非哭本謂犬嘷而移以言人也凡造字之本意有不可得者如禿之從禾用字之本義亦有不可知者如家之從豭哭之從犬愚以爲家入豕部从豕宀哭入犬部从犬吅皆會意而移以言人庶可正省聲之勉強皮傅乎哭部當厠犬部之後

徐匡之云按說文乃解字之書非許叔重所造之字也前人所以垂後而後人說之不當以造字之意不可得用字之義不可知而疑許并咎許也字不外乎六書哭字於指事象形會意無可言固當以形聲言之矣吅部之後繼以哭部吅驚呼也哭哀聲也字以類從於犬無所取義故不入犬部亦不在犬部之後所謂分别部居不相雜厠也如果當入犬部許必舍从吅犬之直捷易見而紆

曲其說必欲附會從犬之義則穿鑿而不可通矣凡省聲之字或專取其聲或取其聲而義亦相近哭云哀聲「殼」「獨」「倏」「谿」毫不相涉取獄省聲者繫於圜土情主乎哀義各有別而意有相因豈容肆口訾毀以為勉强皮附至云從犬之「狡」「獪」三十字皆移以言人安見哭非本謂犬嘷而移以言人則荒唐尤甚字之用廣矣非止一義如「狡」「獪」等字或言人或言物或言事視所用以見義非以施之于犬者移以言之也犬嘷而移為人哭悖孰甚焉段注告字曰牛與人口非一體而於家字哭字皆欲移畜以言人許叔重何動輒得咎若此忽云當入犬部從犬吅忽云哭部當廁犬部後意不主一語無倫次徒為有識者所嗤耳剛愎不遜自許太過吾為段氏惜之

九曰似是而非之謬

瑑周禮曰瑑圭璧段注云典理曰瑑圭璋璧琮此有脫誤

徐匡之云按上文言圭璧上起兆瑑又證以周禮言圭璧則瑑與琮統之矣許書多不舉全文非脫誤

審篆文宷从番段注云然則宷古文籀文也不先篆文者从部首也

徐匡之云按許書正字下有重文曰古文曰籀文曰篆文説者謂重文是篆籀則本字古文本字爲古籀則重文是篆似得之矣然細審全書義例則所見尚淺亦甚滯也許叙篆籀古文之例已于上字下詳之

十曰不知闕疑之謬

噧春秋傳曰噧言段注云未見所出惟公羊十四年經鄭公孫噧二傳作蠆疑噧言二字有誤當云鄭公孫噧

徐匡之云按噧言無攷不必强作解事

鎮博壓也段注云博當作簙局戲也壓當作厭笮也謂局戲以此鎮壓如今賭錢

者之有椿也未知許意然否

徐匡之云按許意必不如此不得其旨而強欲解之盡易其文以就已説庸有當乎漢儒注書之易字無此武斷矣睹錢有椿其言不雅馴學士大夫所不道

十一曰信所不當信之謬

嫥改拔為披段注云衆經音義作除田艸經典釋文玉篇五經文字作拔田艸惟繫傳舊本作披不誤

徐匡之云按此段氏以異文為可喜也諸書皆作拔舊刻繫傳乃轉寫誤耳

返改祖伊返段注云各本作祖甲今依集韵訂

徐匡之云按商書無祖甲返之文惠棟曰疑逸書孫星衍曰祖甲應是祖已皆疑而未敢定集韻改從西伯戡黎文未必即是闕疑載疑不容鹵莽也

十二曰疑所不必疑之謬

若一曰杜若香艸段注云此六字依韵會恐是鉉用鍇語增

徐匡之云按九歌采芳洲兮杜若王逸云芳洲香艸叢生之處此六字必是許書原文徐楚金繫傳引本艸説杜若非鉉用鍇語增也

明也

諾譍也段注云譍者應之俗字説解中有此字或偶爾從俗或後人妄改疑不能

徐匡之云按譍字乃徐鉉所增十九文之一以為注義有之而説文闕載非也許書明經載道豈云偶爾從俗其為傳寫者誤用俗書無疑

十三曰自相矛盾之謬

瓊赤玉也改赤為亦段注云説文時有言亦者如李賢所引診亦視也鳥部鸞亦神靈之精也之類

徐匡之云按瓊字解改赤為亦引鸞下亦神靈之亦字證説文有言亦者而鸞

下注又以亦為誤是以改去之誤字作證也前後乖異而不自知誃下亦並未

依李賢增亦字

挏攡引也改推引也段注云推各本作攡今依廣韻韻會本推讀如或推或挽之

推謂推之使前也

徐匡之云按以挏篆解攡字為譌依廣韻韻會改而推下又注以攡引同部之

字具說前後相違旋改而旋忘之矣

十四日檢閱麤之謬

璂弁飾下增也字段注云依詩音義補

徐匡之云按詩曹風音義引並無也字

蒢段注云鍇本無蒢

徐匡之云按繫傳有之

十五曰乖於體例之謬。

民。段注云。說詳漢讀攷。

徐匡之云。按此段氏自言其周禮漢讀攷。豈讀許書者必先講求段氏書與。

匫。古器也。段注云。畢尚書沅得曶鼎。豈其器即匫與。

徐匡之云。按誤仞曶字。固不待言。作說文注。而以畢尚書得鼎為說。無此體例。

豐下注引阮氏豐字說咸陽土中新得之豐宮瓦。亦不當入注。

徐承慶之匡段。十三目之自相矛盾。誠然是段氏之誤。惟段氏成書時年已七十。失者不能改正。校讎之事。屬之門下。吾人不能不為段氏諒。其他十四目。是否悉中段氏之弊。著者不必遽下斷語。讀者當以研究之結果而自得之。惟有一語可先聲明者。徐氏之說。斷不能盡是。亦不能盡非。例如段氏改籀文梧作匶。云鉉本作匶。徐氏匡之云。鍇本與鉉本同。今按景印北宋鉉本。孫校鉉本。淮南書局翻刊汲古閣第四次鉉本。汲古閣第五次剜刊鉉本。藤花榭鉉本。皆作匡。不知徐氏何所據而云然。所謂不能盡是者也。又如段改本從木從丁。改末從木從上。徐氏匡之云。繫傳本篆下與末同義。指事也。一在木下者本。一在木上者末。識而可識察而見意。鍇說是也。徐氏此說甚是。所謂不至盡非者也。姑舉二例。以發其凡。

其次。鈕樹玉之段氏說文注訂。㈡其訂段之處。亦甚嚴重。其訂段之弊有六。

一曰許書解字。大都本諸經籍之最先者。段氏自立條例。以為必用本字。

二曰。古無韻書。段氏創十七部。以繩九千餘文。

三曰。六書轉注。本在同部。故云建類一首。段氏以為諸字音情畧同。義可互受。

四曰。凡引證之文。當同本文。段氏或別易一字。以為引經會意。

五曰。字者孳乳浸多。段氏以音義相同。及諸書失引者。輒疑為淺人所增。

六曰。陸氏釋文。孔氏正義。所引說文多誤。韻會雖本繫傳。而自有增改。段氏則一一篤信。

鈕氏之訂段是否悉中段氏之失仍照前例舉二條以發其凡例如瓊赤玉也段氏改赤作亦鈕氏訂之云玉篇引作赤毛傳木瓜云瓊玉之美者當非亦玉按段氏謂唐人皆作赤玉其誤已久玉篇雖在唐前然大廣益會本已非顧野王之舊即是顧氏原本亦不能確訂赤玉之是因一字之形每易致誤也至所引毛傳固不能作亦玉之證亦不能作赤玉之證謝惠連雪賦庭列瑤階林挺瓊樹皓鶴奪鮮白鷴失素「瓊」「瑤」「皓」「白」連舉瓊必非赤玉可知此鈕說之不可從者也又如牀从木爿聲段云六書故曰唐本說文有爿部蓋本鼂氏說參記許氏文字一書非肊說鈕氏訂之云說文五百四十部不容更增一部其謬可知爿即疒字其體小異者蓋後人改李少溫城隍廟碑[illegible]瘕二文從疒者尚連下不作兩筆玉篇疒又音牀廣韻疒亦收陽隸書牆作𤖯牀作床又从疒省亦

其證後人不察以別有爿篆非也五經文字輒立為部後人以為唐本耳按鈕氏疒爿一字其說極是此鈕說之可從者也

其次王氏紹蘭之說文段注訂補㊂王氏之訂補其例有二訂者訂段之譌補者補段之畧視徐氏鈕氏之書更為豐富而暢達而持論之平實過于鈕氏其證據精確者如據公羊傳知例字不始于當陽據劉向賦知佋字非造于典午據韓子觧老篇知體分十二屬之定名據春秋繁露知霸為水音之正字泰山之臨樂是山而非縣不應執漢志之衍文馮翊之洛是雍而非冀不應創許例之曲說知漢書表志侯國各異之例則邛成非泲陰之縣可闢舊說或有改屬之謬知崇賢選注援引之疎則元服之袗不應作袀可釋近人校議之惑汳水義主反入不應改至蒙為雝水之雝為獲則持邵氏爾雅正義之平泗水本過臨淮不應改卞下過郡三之三為二兼可正錢氏新斠注地理志之誤以及芸艸死可以復生據御覽

引淮南及羅願爾雅翼謂艸可以復生非謂食芸之人荷芙渠葉據初學記引爾雅謂唐本有其葉荷句與說文合荷作蕸者為魏晉閒俗體字薙除艸也據玉篇廣韻以駁段氏薙俗字之悞據「⿱折示」「哲」「晢」「⿰犭斤」諸字以駁段氏从手為唐以後人增之誤㈣為讀段注者所不可不讀之書

阮氏元云金壇段懋堂太令通古今之訓詁明聲讀之是非先成十七部音均表又著說文解字注十四篇可謂文字之指歸肄經之津筏矣然智者千慮必有一失況成書之時年已七十精力就衰不能改正而校讎之事又屬之門下往往不能參檢本書未免有誤據阮氏言段書誤處不能為段氏諱而參校之事當是後人之責而馮桂芬之段注說文考正㈤即負此種責任者也馮氏之書皆所以補正段書之漏畧其例如下

一曰段氏用許本文大率以鉉本為主閒用鍇本及他書所引其未註明者今皆

攷補。
二曰。段氏引書。率不著卷數篇名。及三傳某年。今皆攷補。
三曰段氏引書。輙仍前人引用之文。間與今本不同。或古本有而今本無。或為古
有今佚之書。多不著何書所引。今皆探其所本。一以今有之書為主。加以訂正。
四曰。引書可删節。不可改竄。凡段氏所引有改竄者。有節删而致不明瞭者。今
皆訂正。
五曰。段氏引書。或據一說。某應改作某。即將所書徑改作某。殊駭人目。今皆訂
正。
馮氏之攷正。固非匡段訂段。亦非補段申段。直可為段氏書之校勘者。馮氏之校
勘。大有功于段氏。阮氏所謂精力就衰。不能改正者。馮氏悉為之改正矣。阮氏所
謂門下校讎。不能參檢本書者。馮氏悉為之檢矣。如有人將馮氏之所訂正者。

一一附段氏原書之下則尤便讀者也

其就段注而為箋者則有徐灝之說文解字注箋㈥其書就注為箋然亦有駁段之處如瓊下段改赤玉為亦玉徐云爾雅䔲蘷茅郭璞云䔲華有赤者為蘷瓊與蘷並从敻聲然則瓊為赤玉固無可疑者蓋白玉之有赤者名為瓊最可寶貴今猶重之非謂紅玉亦非謂玉之瑕也其駁段之甚者如琚下段云琚乃佩玉之一物不得云佩玉名許君以琚厠于石次之類然則名為石之誤無疑佩玉石者謂佩玉納間之石也木瓜毛傳云琚佩玉石也許君用之今毛傳石譌為名莫能是正徐云琚為佩玉之一物題曰佩玉名無不可者陸氏釋文兩引皆作佩玉名段以名為石之誤已無據至竝改毛傳而謂許君用其語斯尤謬矣其書之卷帙增段氏原書一倍至為繁重亦可為讀段注之輔其性質畧與王紹蘭之說文段注訂補同但不及王書之精耳

其他訂段或申段之書有六但隨筆便記未成卷帙一龔自珍之說文段注札記㈦二徐松之說文段注札記㈧三桂馥之說文段注鈔及補鈔㈨四鄒伯奇之讀段注說文札記㈩五王念孫之說文段注簽記(十一)六朱駿聲之說文段注拈誤(十二)是六書雖未成卷帙然頗有精粹之論龔氏之學出于段氏龔書中有記段口授與成書異者有申明段所未詳者亦有正段失者桂氏說文之學甚深其所記有糾正段注之處亦有引申段注之注皆有獨得鄒氏云段氏注說文數十年隨時修改未經點勘其說遂多不能畫一茲隨記數條以見一班鄒氏以段校段確能指出段氏不能畫一之弊讀段注者不可以其未成書而忽之

以上皆關于段注之檢討學者合而觀之純以客觀之眼光為學術之研究對于段氏之文字學其認識當更深刻也

㈠說文解字注匡謬八卷清徐承慶著承慶元和人是書咫進齋刊本

㊁說文段注訂八卷。清鈕樹玉著。樹玉字匪石。吳縣人。為錢竹汀弟子。是書成于道光癸未。樹玉嘗以玉篇校說文。玆書訂段。亦多本玉篇。其論之態度頗為平靜。與徐氏之昌言排擊者不同。是書碧螺山館刊本。通行者湖北崇文書局本。

㊂說文段注訂補十四卷。清王紹蘭著。紹蘭字南陔。蕭山人。官至福建巡撫。是書著于嘉慶時。世不之知。光緒十四年胡燏棻始求得刻之。前有李鴻章潘祖蔭序。後有燏棻跋。今胡刻本不易覓。吳縣劉翰怡近有刻本。劉跋云。此稿海甯許子頌所藏。擬編入許學叢刻者。今贈承翰刻之。然視胡刻本畧少二分之一。劉氏所刊之說文段注訂補。非完本也。

㊃見李鴻章潘祖蔭說文段注訂補序。

㊄說文解字段注考正十四卷。清馮桂芬著。桂芬吳縣人。其書未刊行。張之洞書目答問以未見為憾。民國十七年。金山高燮得其稿於桂芬曾孫澤涵處。即以原稿影印。

㊅說文解字注箋十四卷。卷分上下。附檢字。清徐灝著。灝番禺人。其書初刻桂林。再刻于北京。近有影印本。

（七）龔氏說文段注札記。

（八）徐氏說文段注札記。按是二札記皆未成書。湘潭劉肇隅編校。刊入觀古堂彙刊中。

（九）桂氏說文段注鈔及補鈔。按是書亦劉肇隅校錄。葉德輝云為桂未谷先生手抄真蹟。各條下間加按語。刊入觀古堂彙刊中。

（十）鄒氏讀段注說文札記。鄒伯奇字特夫。南海人。是札記亦未成書。刊入鄒徵君存稿中。

（十一）王氏說文段注簽記。王念孫字石臞。高郵人。稿本一卷。刊入稷香館叢書中。

（十二）朱氏說文段注拈誤。朱駿聲履畧見前。稿本一卷。刊入稷香館叢書中。

桂氏馥之文字學

清乾嘉之際。為文字學極盛時代。最顯著者。為段氏玉裁。已記之於上矣。與段氏並稱者。有桂氏馥。㈠桂氏博涉羣書。尤潛心文字學。精通聲義。嘗謂士不通經。不足致用。而訓詁不明。不足以通經。桂氏蓋亦立足經學而為文字學者也。著有說文義證一書㊁其著說文義證也臚列古籍不下己意博引旁證展轉孳乳使人讀之觸類自通桂氏自道其著書之旨云「梁書孔子袪傳髙祖撰五經講疏及孔子正言專使子袪檢羣書以為義證顏為說文之學亦取證於羣書故題曰義證」又批評一般人之文字學云「近日學者風尚六書動成習氣偶涉名物自負倉雅略講點畫妄議斯冰叩以經典文字茫乎未之聞也」又批評唐宋以來之文字學云「唐宋以來小學分為二派遵守點畫者五經文字九經字樣干祿書字佩觿復古篇字鑑是也私逞臆說者王氏字說周氏六書正譌楊氏六書統戴氏六書故趙氏長箋是也」又亦人讀說文之要云「讀說文者不習舊文則古訓難通逞其私智則妄加改易良由小學荒廢已久久則無能尋其隊緒矣」又云「司馬溫公曰凡觀書者當先正其文辨其音然後可以求其義閻若璩曰學須博書須善本又須參前後之所見以歸於一定」㊂觀以上四說可以知其著說

文解字之恉趣矣。其書每字鉤玄探賾，徵引羣書，或數義或十數義，同條共貫。王筠友云：「桂氏徵引雖富，脈絡貫通，前說未盡，則以後說補苴之；前說有誤，則以後說辯正之。凡所稱引，皆有次弟，取是達許說而止，故專臚古籍，不下己意也。」㈣此種例條，端賴學者之自求，自能貫穿全書而得其指歸。是書除義證外，凡二徐本譌舛，亦加釐訂。其以廣韻訂其譌舛者，如一東艐引說文船著沙不行也，知本書挩沙字。五支趍引說文趍趙夂也，知本書夂譌久。十六蒸引說文蒸析麻中幹也，知本書析譌折。二十五添溓引說文薄水也，知本書水譌氷。十姥羖引說文夏羊牡曰羖，知本書牡譌牝。二十六獮膻引說文視而不正，知本書脫不字。四十一漾醬引說文醢也，知本書醢譌盬。四覺葯引說文艸大也，知本書葯譌菽。二十六緝咠引說文詞之集也，知本書譌作詞之咠矣。㈤此釐訂譌舛之一班也。其次為蒐補遺文。遺文者，謂說文原本所應有而今本遺之也。張之洞序謂補一百二十二字。但以崇文本核之。補一百一十五字。重文四。共一百一十九字。蓋張之計字偶誤也。其補之之例。雖未自言。畧分如下。

其據本書篆文所從而補者。如據䜁从謗聲。言部補謗字。據蔽从敝聲。又部補敝字。據瀏劉从劉聲。刀部補劉字。據萃从綷省聲。糸部補綷字。據穊从稊聲。禾部補稊字。據「壘」「櫑」「勳」「藟」「儡」從畾聲。畾部補畾字。

其據本書解說所有而補者。如據鍙瓄玉也。玉部補瓄字。據梀赤梀也。木部補梀字。據㲋獸也。似狌狌。犬部補狌字。

其據本書解說所有而誤。更據他書所引而補者。如謯謯娽也。據類篇引作謯諑。言部補諑字。棆毋杫也。據集韻引作毋枇也。木部補枇字。㊅疥搔也。據李善注登徒子好色賦引作瘙也。疒部補瘙字。頵面色頵頵。據玉篇顛下引面急顛顛。也頁部補顛字。髤髻結也。據王念孫云廣雅髤髻也。髤與髻同字。或作結。髟部補髻字。闤市外門也。據太平御覽引闤闠市門也。補闠字。

其據本書解説所有而誤更以他書證之而補者。膭觜也。據玉篇膭膏觜觜膏膭。觜為角之誤。肉部補觜字。笘頴川人名小兒所書寫為笘。據玉篇篤笘篤寫為篤之誤。竹部補篤字。瘑口咼也。據玉篇瘑疽瘡也。咼為瘑之誤。疒部補瘑字。恙謹也。據玉篇慬憂也。謹為慬之誤。心部補慬字。螻一曰螜天螻。據廣韻螜胡谷切螻蛄。螜為螜之誤。虫部補螜字。蛶商何也。據爾雅作螪。釋文螪失羊切。字林之亦反。依字林當作螪。商為螪之誤。虫部補螪字。

其據本書讀若而補者。如據䫔讀若禊。示部補禊字。據誃讀若論語跢予之足。足部補跢字。據趌讀若跬步。本書補跬字。據蹩讀春秋傳蹩而乘他車。足部補蹩字。據橇讀若春麥為橇之橇。木部補橇字。據瓬讀若⿰扌瓦瓦之⿰扌瓦。手部補⿰扌瓦字。據黚讀若染繒中束緅紺。糸部補緅字。

其據本書當有此篆而亡證以他書而補者如瞠瞭二字目部無目部眙直視兒據廣韻瞪直視兒或作眙晉書郭文傳瞪目不轉又作瞠莊子瞠或作瞭是直視乃瞠字訓編者脱瞠闌入眙下而亡眙之本訓字林眙驚兒目部補瞠瞭二字如顏眉目之間也本顛字訓脱顛篆誤屬顏下又失顏字訓集韻顛眉目間也引詩猗嗟顛兮頁部補顛字如削分解也據廣韻列與㦰同注列殺字从歺與从 肖之削異今刀部有削無列當因形似後人誤為一字刀部補列字如豬豕而三毛叢居者當是豝字訓錯入豬下而脱豝篆據定公十四年左傳盍歸吾艾豭釋文引字林云艾字作豝三毛聚居者正是今本豬字之訓豕部補豝字如⿱𦥯馬馬行徐而疾也據集韻⿱與馬說文馬行徐而疾引詩四牡⿱與馬⿱與馬玉篇⿱與馬馬行徐而疾⿱𦥯馬馬腹下聲廣韻⿱與馬馬行兒⿱𦥯馬馬腹下鳴本書有⿱與馬⿱𦥯馬二篆寫脱⿱與馬今以⿱𦥯馬之注闌入⿱與馬下而闕⿱與馬字注也馬部補⿱與馬字

其據他書所有而補者。如據北户錄有許氏長節謂之笭語。竹部補笭字。據匡謬正俗副貳之字本為福。從衣畐聲。小顔雖未明言引說文。而云從衣畐聲。則本書之文也。衣部補福字。

其據本書解說推測為應有而補者。如繼續也。一曰反𢇍為繼。从糸𢇍聲。應有古文作𢇍。訓云古文反𢇍為𢇍。糸部補𢇍字。

其他根據徐鉉新附補禰字。根據徐鍇本及鍇說補「襢」「蹬」「頎」「睩」「陻」「捂」字。根據汗簡補「[illegible]」「[illegible]」「[illegible]」「[illegible]」字。根據玉篇補「詄」「訞」「燮」「劆」「[illegible]」字。根據戴侗六書故補「[illegible]」「斡」「亮」「黛」字。根據史漢注所引補「[illegible]」「歈」「[illegible]」「黌」「轓」字。根據釋文及正義補「譝」「朘」「辡」「穚」「窳」「瘨」「瘰」「痠」「[illegible]」「豥」「焉」「怢」「冽」「捍」「摻」「彆」「[illegible]」字。

根據李善文選注補「嗤」「咬」「蹝」「痟」「痼」「揵」字根據一切經音義補「謠」「睺」「胛」「刿」「椟」「瘷」「魑」「磔」「揩」「嬉」字根據藝文類聚補「衶」「䄙」「驟」字根據太平御覽補「嘲」「櫝」「臍」「儈」「磧」「駣」「壂」字根據類篇補「譻」「佁」字根據廣韻補「磾」「艌」「蛤」字根據集韻補「妝」根據韻會補「柑」「傯」「眕」「押」字其未注所根據者補三字「禒」「禰」「眂」計補示部六文重文一玉部一文口部三文足部五文言部五文重文一誩部一文又部二文目部二文重文一奴部一文肉部三文刀部三文重文一竹部三文木部七文甡部一文倝部一文多部一文禾部二文凶部一文疒部十一文人部二文匕部一文衣部一文尸部一文舟部一文尺部一文欠部一文頁部三文彡部一文豕部二文馬部四文犬部一文黑部一文心部二文仌部一文門部一文耳部

三文。手部八文。瓦部一文。弓部一文。糸部三文。虫部三文。䖵部一文。二部一文。土部二文。畕部一部。黃部一文。車部一文。合重文共計補一百一十九文。比張之洞所計之數少三文。惟據陳慶鏞說文解字義證序所引㊆所補尚有「脡」「眸」「巂」「𤚣」「韞」等字。而皆為崇文本所無。蓋陳氏所見者與崇文本異也。㊇惟其所補者。頗有可議之處。犬部已有獮之重文禰。示部又補禰字。木部已有梄之重文丣。二部又補丣字。又部據篆文所从之聲。已補叔字。奴部又補叔字。木部據史記索隱已補欄字。而手部又據史記索隱補攔。同據一書。皆訓為大木柵也。蓋木旁俗或從才。欄攔一字而誤為二字也。此蒐補遺文之大概也。又其次關于許書亦頗有精確之見解。世之指斥許書者。一若九千三百五十三文與九千三百五十三文之解說。皆出于許君自造。桂氏則認為非許君剏作。蓋總集蒼頡訓纂班固十三章三書而成㊈。說文既非許君自造。其或有解說牽強者。如鬥字云。兩士相鬥兵戈在後之形。衣字云象覆二人之形。誠不得其解。當是相傳如是。而又無他本可據。許君據而錄之。而亦無可如何也。得桂氏說文非許君𠬢作之說。自不能過于責許君矣。又其次闕於形聲中亦聲之例。言之亦極明確。桂氏云「諸聲有亦聲者。其例有二。从部首得聲曰亦聲。如八部㒸下云从重八。八別也。亦聲。半部胖下云从半从肉。半亦聲。句部拘笱下皆云亦聲。吅部單下云从吅甲。吅亦聲。疋部「𤴔」「𤕟」下皆云疋亦聲。丩部茻云从丩。丩亦聲。皕部奭下云从皕。皕亦聲。丌部𨑻下云从丌。丌亦聲。井部刑下云从刀。井法也。井亦聲。后部㖃下云从口后。后亦聲。此一例也。或解說所从偏旁之義而曰亦聲。如示部禬下云會福祭也。从會。會亦聲。玉部瑁下云諸侯執圭朝天子。天子執玉以冒之。从玉冒。冒亦聲。菐部[illegible]下云。从八。八分之也。八亦聲。晨下云从辰。辰時也。辰亦聲。蚩下。屮財見也。屮亦聲。虫部蟘下云。吏乞貣則生蟘。从貣。貣亦聲。此又例也。非此二例。而曰亦聲者。或後人加之。」又其次辨別古文籀文篆文之語亦晰。桂氏云古文簡籀文繁。故小篆于籀文則多減。於古文則多增。如云字古文也。小篆加雨為雲。𠕁字古文也。小篆加水為淵。𤓽字古文也。小篆加人為保。此類是也。𦣞部云篆文𦣞从頁。徐鍇曰籀文𦣞从𦣻。然則𦣞為古文。𩠐為籀文。頤為小篆。三者較然明白。」桂氏文字學之可見者如是。桂氏與段氏同時。同治說文。而二人兩不相見。其書兩不相知。言文字學者。多以段桂並稱。其書並重于一時。其著書之旨則各不相同。論者謂段氏之書聲義兼明。而尤邃于聲。桂氏之書聲亦並及。而尤博于義。段氏鉤索比附。自以為能冥合許君之指。勇于自信。欲以自成一家之言。故破字刱義為多。桂氏敷佐許說。發揮旁通。令學者引申貫注。自得其義之所歸。故段書約而猝難通闢。桂書繁而尋省易了。夫語其得于心。則段勝矣。語其便于人。則段或未之先也。⑩此等批評亦頗平允。易以今語。段書勇于論斷。近于主觀。桂書一意臚列。近于客觀。惟是桂書亦有可議之處。引據之典。時代失于限斷。且泛及藻之詞。如艸部芡下引蘇轍詩云。芡葉初生縐如縠。南風吹開輪轉轂。紫苞青刺攢蝟毛。水面放花波裏熟。森然赤手初莫近。誰料明珠藏滿腹。又引寰宇記云。漢陽軍出芡仁。此等處眞為費詞。此則其不甚謹嚴之過也。讀桂書者不可不分別觀之。

㈠清史列傳云。桂馥字東卉。山東曲阜人。乾隆五十五年進士。選雲南永平縣知縣。居官多善政。嘉慶十年卒于任。年七十。自諸生以至通籍。四十年間。日取許氏說文與諸經之義相疏證。為說文義證五十卷。馥尚有說文諧聲譜考證。本證與義證並行。歿後遇亂散失數卷。馥又繪許祭酒以下及魏濟陽江式。唐趙郡李陽冰。南唐廣陵徐鉉徐鍇兄弟。宋吳興張有。錢塘吾衍之屬。為說文統圖。大興朱筠嘗為之記。所著尚有札樸十卷。晚學集十二卷。繆篆分韻五卷。續三十五舉一卷。

㈡說文義證五十卷。靈石楊氏連雲簃校刻。刻後未大印行。其家書板。皆入質庫。清同治九年。張之洞刻于湖北崇文書局。

㈢以上四說。見說文解字第五十卷下。說文解字附說。

㈣見王筠說文釋例自序。丁艮善說文解字義證跋亦引此語。

㈤見陳慶鏞籀經類藁卷十一。說文義證序。此序湖北崇文書局本說文解字義證不載。

㈥廣韻梐。無梐木一名。棆。爾雅。棆無疵。說文闕梐字。後改毋梐為毋杫。

㈦陳慶鏞說文解字義證序云。（上畧）其以玉篇補其闕者。如本書無脡字。據玉篇脡脯朐也。補脡。本書無膂字。據玉篇膭膏膂。膂膏膭。補膂。本書無諑字。據玉篇諑譖也。補諑。本書無謣字。據玉篇謣言也。補謣。本書無蹔字。據玉篇蹔一足行也。補蹔。本書無䏶字。據玉篇䏶脊䏶也。補䏶。本書無䜍字。據玉篇引倉頡䜍䜍也。補䜍。本書無䅴字。據玉篇䅴長沙云禾把也。補䅴。本書無磉字。據玉篇磉柱下石。補磉。本書無犑字。據玉篇犑特牛也。補犑。本書無綷字。據玉篇綷周也。補綷。本書無韞字。據玉篇韞縕韞裹也。補韞。（下畧）按陳氏所舉不僅「脡」「䏶」等字。為崇文本所無。即其所據以補者。不盡根據玉篇一書。如譓據說解所有補。綷據篆所从之聲補。㲜據讀若補。穛據釋文補。陳氏統云據玉篇。或桂氏原書如此。抑陳氏之誤耶。

㈧丁艮善說文解字義證跋云。說文解字義證五十卷。乃曲阜桂未谷先生脫藁未校之書也。原藁第三十七臺下。引高唐賦有杳高唐賦原文六字。先許印林師曰。據此知此書真桂氏未成本也。由此例推。凡書中約畧大意。撮引數句數字。與原文不符合。或大反者。皆桂氏欲查原書而未及者也。是在善讀者為之補正耳。（下畧）按楊氏刻本。為許印林所校。分任其事者薛壽、汪士鐸、田普實。崇文刻本。又從楊刻轉刻也。陳慶鏞序中有「為寓書印林。將先生原書重加讎校」一語。知陳氏之所見者。確是原稿也。

㈨附說云。說文非許氏叔作。蓋總集倉頡訓纂班氏十三章三書而成。倉頡篇五十五章。訓纂篇八十九章。班固十三章。凡一百五十七章。以每章六十字計之。凡九千四百二十字。說文叙云。九千三百五十三文。然則說文集三書之大成。兩漢訓詁萃于一書。顧不重哉。又云。說文凡字義未明者。注云闕。謂所承之本闕也。若使許氏叔作。何言闕乎。氏部⿱臼氏下云。家本無注。謂其家所藏之蒼頡篇等書無注也。徐鍇疑許沖語。按沖進書時。慎猶在。沖豈得有羼入乎。

㊉見張之洞說文解字義證序。

王氏筠之文字學

段桂王朱。為清朝文字學四大家。此言未必甚確。但四家之書。為研究文字者必讀之書。或為先讀之書。段精桂博。已記于上。茲記王㊀王氏之書。其精者為說文句讀。與說文釋例。茲先記句讀。王氏治說文。頗尊崇段氏桂氏。並尊崇嚴氏㊁極思於段桂之外。獨樹一幟。因箸說文釋例一書。與段桂分道揚鑣。嗣因說文一書傳寫已非一次。而傳寫者又多非其人。脫譌錯亂。所在而是。而羣書所引。往往可為說文之補苴者。於是取段氏桂氏嚴氏之書。擇要輯錄。更從羣書中輯錄段氏桂氏嚴氏之所未及。在王氏之初旨。不過用以便初學誦習計耳。迨後積稿日多。所輯錄者。頗能補諸家之缺。又見段氏之書。其武斷處。未免稍涉疵瑕。乃博覽約取。

會萃衆說，參以己意，著說文句讀一書㊂。其書可自成一軍，非專為訂段補段而作。然亦隱有訂補之意，故其自序云「余輯是書，別有注意之端，與段氏不盡同者凡五事」，是訂段補段亦王氏微旨之所在。茲記五事於下：

一曰刪篆。每部各署文數重數，自序又有十四篇之都數，誠以表識別而杜羼雜也。而核今本之實，則正文重文皆已溢額。嚴氏議刪重文，未議正文。不知說文中續添中字，字林中字也。無據者固未可專輙，有據者可聽其竄。據非分乎？至于一字兩見者，當審其形義以定所屬之部。吁為于所孳育，否為不所孳育，此審其形也。㝵與得各有所施，此審其義也。不可如大徐以在後者為重出也。

二曰一貫。許君於字，必先說其義，繼說其形，末說其音，而非分離乖隔也。即如說蒐曰人血所生，以字从鬼，故云然。引者譌為地血，校者即欲據改，則从鬼之說。何所附麗哉。

三曰。反經說文所引經典。字多不同。句限亦異。固有譌誤增加。而其為古本者甚多。豈可習非勝是。以屢經竄易之今本。訾漢儒授受之舊文乎。

四曰。正雅。爾雅者小學專書。以此為最古。所收之字。亦視羣經為最多。彼以義為主而形从之。說文以形為主而義从之。正相為錯綜。而互為旁攝者也。乃陸孔在中原時代雖後。而猶見善本。景純居東晉。傳注薈萃。而適据譌文。加以學者傳習。多求便俗。羽族安鳥。水蟲著魚。故徐鼎臣曰。爾雅所載草木魚鳥之名。肆意增益。不足復觀。以羣經之鈐鍵。而譌誤顛倒。重出比比。皆是。不有說文。何以據此正之乎。

五曰。特識。「后」「身」「倜」「恒」等字。許君之說。前無古人。是乃歷考經文。並非偏執己見。不可不以經正傳。破從來之誤者也。

以上五事。皆王氏自認為不與段氏同者。㊃則讀王氏書者。當注意此五事。然後能得王氏之真。讀一書當知一書之特點。始能得一書之實用。王氏之書。本取段桂二氏之書。刪繁舉要而成者。兩家說同。則多用桂說。兩不同者。乃自考以說之。桂書毫無論斷。段書多所主張。王書之特點。即在于與段不同之處。至于段桂兩家所引。檢視原書或不符。非改舊文以成己說。即未檢本書而致譌誤。王氏偶有所正。讀者當合而觀之。而注意及之也。王氏之說文句讀。又有六事。雖少發其端。未竟其緒。而頗屬望于後人者。其六事如下。

一曰。許君說五行五色四靈四夷。或相鉤連。或相匹配。是知鎔冶于心。藉書於手。非泛泛雜湊之字書。故雖至小之字。而亦有異部相映帶者。如木部柢株。直用轉注可矣。而說曰木根者。所以別於艸部茇茇之為艸根也。禾部說移曰禾相倚移者。所以別于㫃部旗之旖施也。

二曰，有當轉注而不然者。如昏下云日冥也，則冥下當云月昏矣，而別為說者，為从六地也。

三曰，有不欲駁難古人，但加一字見意者。說夔云即魖也，說鼨云即豹文鼠也是也。其不加字者想尚多有之。

四曰，許君說字，多主通義，而言其專主一經者，如「避」「偕」等字是也。

五曰，羣經所有之字而許君不收者，「璲」「獵」「姒」「犒」之類。既有明徵，其他想亦必有說也。

六曰，九千文中，於今為無用，於古亦無徵者，至於數百。夫何經典所有沙汰之，以矜別裁。經典所無，網羅之以炫淹博。五經無雙之人，豈宜出此。然鄭司農引上林賦，紛容削手參倚移從風，以較文選八字而易其五。計漢武至梁武才六百餘年，而漢賦之改易已如是之甚，況三代先秦之書乎。苟有博通古籍者。能使無徵者有徵。即無用者有用矣。

以上六事。是王氏讀說文而偶有所得。而昭示之以告來人者也。在本書中雖未一一敘出。後人本此六事。細心求之。必續有所獲。至于全書於句讀極為注意。如天字注云。顛也。至高無上。从一大也。王氏申之云。顛者頂也。與一大不相中。故加至高無上。以引之。若義與形相值者。則無此句矣。後仿此。又如禔字注云安福也。段氏刪福字。王氏于安字絕句。申之云。玉篇禔福也。安也。以為兩義。許君云禔也者安也。安也者福也。以為一義。難蜀父老文中外禔福。按禔福連言。是複語。而許君加安字。以便其福之所自出。又如禘字注云。諦祭也。段氏讀諦祭。王氏于諦字絕句。申之云。白虎通禘之為言諦也。盧植曰。事尊明諦。皇侃曰。審諦昭穆也。崔靈恩曰。第也。賈逵曰。遞也。均以聲解義。知諦字當絕句。者祭也。字作名字解。如魚部中魚也。大徐本多作魚名。雖後人妄改。義固不誤。此不可云諦祭名也。後皆仿此。

又如禂禱牲馬祭也。王氏于禱絶句。申之云。春官甸祝注。杜子春曰。禂禱也。廣韻禂字下。但云牲馬祭也。亦足徵本文禱字絶句。以上皆是王氏注意于句讀之處。姑舉四事以例其餘。讀書當先明句讀。句讀不明。解說不誤。錢氏大昕說文連上篆字為句之發明。學者稱之。另記于下。王氏極意注意此点。所以以句讀名書也。」

次記釋例。㊄清朝文字學諸家。能自成一書。解釋說文全部之例。足為後學之指導者。當推王筠之說文釋例。其自序說文句讀有云「余平生孤行一意。不喜奪人之席。剿人之說。此說文釋例之所為作也。自永元以至今日。凡千七百餘年。顏黃門一家數世。皆精此業。而未有傳書。徐書雖傳。多涉草畧。加以李燾亂其次弟。致分別部居之脈絡不可推尋。故博極羣書之顧亭林。祇見五音韻譜。以其亂雜無章也。時時訾謷之。苟非段茂堂力闢榛蕪。與許君一心相印。天下亦安知有說文哉。惟既創為通例。而體裁所拘。未能詳備。余故輯為專書。與之分道揚鑣。冀少明許君之奧旨補茂堂所未備」又其自序說文釋例云「少喜篆籀不辯正俗年近三十讀說文而樂之每見一本必讀一過即俗刻五音韻譜亦必讀也積二十年然後於古人制作之意許君著書之體千餘傳寫變亂之故鼎臣以私意竄改之語犂然辯晳具於胸中爰條分縷析為之疏通其意體例所拘無由沿襲前人為吾一家之言而已」觀王氏自序可以知其用力之勤及作此書之旨趣王氏此書解釋六書之條例遠出宋元明諸家之上且能確本許書證之金文以求文字之原而明文字之用並推及引經引諺讀若之例匡正脫文衍文誤字之處章太炎雖謂「說文釋例未及音韻不得稱為小學其解形體及本義可稱為說文之學」然則吾人研究說文者當以此書為指導其例如下

一 六書總論其論六書之次第遵班固其論部首以有从之者為部首部首不得謂之字原

二指事正例一獨體指事如「丄」「丅」是變例八一會意定指事如「示」「牟」是二會意定指事而小別如「𠙵」「欠」是三指事兼形意聲如「牽」是四增體指事如「朩」「夭」是五省體指事如「山」是六形不可象轉為指事如「本」「末」「朱」是七借象形為指事如「不」「至」是八借形以指事而兼會意如「高」是

三象形正例一獨體象形如「日」「月」是變例十一一字象兩形如「𢎘」「口」是二省體象形如「虍」「丫」是三避他字而變形如「匚」是四象形兼其用以象之如「臼」是五象形兼意如「石」「果」是六象形兼意小異如「爲」是七以會意定象形別加一形如「眉」「蟲」是八象形兼意與聲如「齒」「龍」是九直是會意仍是象形如「衣」是全無形而反成形如「身」是

四形聲正例聲不取義如「江」「河」是變例一聲兼意如「瀨」「禳」是二聲兼形與意如「櫜」是三一字兩聲如「竊」「盡」是

五亦聲言亦聲凡三種會意字而兼聲者一也形聲字而兼意者二也分別文之在本部者三也

六省聲其例有四一聲兼意二所省之字即與本篆通借三有古籀之文不省者四所省之字即以所从之字貿處其所

七一全一省兩字同从一字一从其全一从其省梟从鳥頭在木上蔦之或體樢从木鳥聲萌从朙聲莔从朙省聲此亦形聲之類而無雜不足為變例

八兩借齋从示齊省聲二字上屬則為齊下屬則為示也與他省聲字不同

九以雙聲字為聲如元从元聲裸从果聲曾从囪聲呶从奴聲哀从衣聲曼从冒聲敏从每聲是

十一字數音如丨引而上行讀若囟引而下行讀若退又如㐁下云古文𠀚讀若三年導服之導一曰讀若沾一曰讀若誓㿻下云讀若𦙍又讀若掩

十一形聲之失如告从牛而牿又加一牛嚴从吅而嚴又加一口益从水而溢又加水蕪雜不足為變例

十二會意正例三合兩字為意順遞言之者如止戈為武人言為信是二竝峙為義者凡兩字从者皆是三以字形發明字義者如䛏从二臣相違夅从夂中相承逆其部位即不足見意變例十二一从其字而變其形如啇从口歫辛而辛變為𢆉斷从斤斷州而州變為𡿬是二會意兼形如重朿為棗竝朿為棘是三會意兼事如ナ又相向為𠬝ナ又相違為𠂢是四意在無字之處如兩邑相向為𨛜兩𠂤相向為𨸏是五所从之字不成意轉所从與从之者得其意如䇂下云辠人从辛辛辠也辛不訓辠辛所之辛訓辠也是六意不

勝會而所會之意不實不盡者，如匚中斤會成匠意，是七增文會意，如彳引長為廴，亦曳長為延，是八省文會意，如夕从月半見，川象長流，減之為巜，再減之為く，谷从水半見出于口，支从手持半竹，是九省文會意，實不省者，如「再」「爯」二字从冓省，再以一从中舉冓，爯以爪从中舉冓，只見冓之一半為冉，是十反文會意，如反止為𣥂，反正為乏，是十一到文會意，如到人為匕，到屮為帀，是十二有會意字所从之字各自為意不可會者，許君亦兩分說之，如聯，連也，从耳，耳連于頰，从絲，絲連不絕也，是十三。轉注一同聲相轉注，如當，葍也，葍，當也，是二同義轉注，如蔆，芰也，芰，蔆也，是三性同形不同轉注，如楊，木也，檉，河柳也，柳，小楊也，以其皆可為桮棬也，是四異名轉注，如「桷」「榱」「椽」一物而周秦齊魯各異名，「園」「圃」一物，樹果種菜各異名，是五隔字轉注，如論下云議也，議下云語也，語下云論也。六互見為轉注。如譀下云誕也。誇下云譀也。誕下云詞誕也。譪下云譀也。是七轉注再加注以申之者。如早下云晨也。晨下云早昧爽也。早絶句。加昧爽二字。晨之義與旦之義別。八轉注而其字即可通用者。如荐下云薦蓆也。荐薦通用。叕下云綴聯也。叕綴通用是九轉注即是一字者。如㚗下云跨步也。㚗跨一字是十一轉注發明假借者。如置下云赦也。奠下云置祭也。以見置之又訓為奠。

十四。假借。假借一門。觸目皆是。王氏録孫惕齋假借一文以見其概。（見後六書中之假借章）王氏更推論造字時假借。以補孫氏之所未及。如雨之一在上為天。氐之一在下為地。夫之一象簪形。血之一象血形。帀之一則止之。涇之一則覆之。再之一則所以舉之。于以一平之是。

十五。彣飾。取其悦目。或欲整齊。或欲茂美。如悉之古文作[illegible]。及之古文作𢍏是。

十六籀文好重疊。如敗之籀文作贁。牆之籀文作𤖨。作𤗃。囿之籀文作𡈚。箬之籀文作𥴧。次之籀文作𣢕。𦬇之籀文作𠔏是。

十七或體或體一字之殊形。非俗體也。雧之或集。从之者有「𠿺」「雜」「𦇂」「鏶」四字。鵻之或體隼。从之者有「𥟇」「脽」「準」三字。𠂢之或體脈。从之者有「霢」字。処之或體處。从之者有「𪐀」字。秫之或體朮。从之者有「苿」「述」「術」「訹」「疢」「怵」「沭」「䬍」「鉥」九字。足徵或體非俗體也。

十八俗體記俗十六字。而引許印林之說。俗體猶之或體。世俗所行。猶玉篇言今作某耳。非對雅正言之而斥其陋也。凡言俗者皆漢篆也。

十九同部重文其類聚者有三種。一為無部可入之字。如「云」「𠃑」「二字不入雲部，即無復可隸之部矣。二為偏旁相同之字。如祺之籀文禥。祀之或體禩。仍从示義。不得入他部也。三為聲意不合之字。如泉之古文⿱囧尗。雖从囧从尗兩體明白。而不可入此兩部。故附之泉下也。非是三者而類聚焉。蓋出于後人妄併矣。

二十。異部重文。同部重文。人所知也。異部重文為部首許君自言者。如𣶒下云古文⿱一⿵冂羊字。𠙴下云此亦自字也。蒔。亦人所知也。其非部首而異部者。惟勺部與下云。此與予同。亥部古文𠀅下云。與豕同。其他不言者頗多。不知皆重文也。如艸部⿱艹曲。蠶簿也。曲部或說曲蠶部也。「⿱⺮曲」「曲」重文。趚下云側行也。蹐下云小步也。「趚」「蹐」重文。牛部⿴衛牛與足部⿴衛足同。走部⿺走楙與心部懋同。辵部連與車部輦同。口部嗂與人部傜同。是。

二十一。分别字。其加偏旁而義遂異者為分别文。其種有二。一則正義為借義所奪。因加偏旁以別之。如益本為水益。用為損益字。因加水作溢以別之。二則本字義多。既加偏旁。則衹分為一義。如公字義包含極多。加人作伀專為伀侯字是。

二十二。累增字。其加偏旁而義仍不異者為累增字。其種有三。一則古義深曲。加偏旁以表之者。如哥加欠作歌。二則既加偏旁即置古文不用者。如复加彳為復。今用復不用复。三則既加偏旁而仍用未加者。如因加手為捆。今用因不用捆是。

二十三。疊文同異。其類有二。一音義異者。如多从重夕。棘从竝朿。皀皀从二皀。聑从二耳是。二音義同者。如𠎝从二余。𩺰从二魚。屾从二山。沝从二水是。其他有三疊者。如「芔」「羴」是。有四疊者。如「㗊」「㠭」是。

二十四。體同音義異。一其均為指事者。「本」「末」「朱」。皆从木。一二其一為會意。一兼形者。「天」「立」「夫」皆从一大。「尹」「丑」皆从又丨。三其兼會意象形者。「棗」「棘」皆从二朿。四其一為意兼形。一為意兼聲者。「朮」「朮」皆从屮八。五其一為象形。一為形聲者。「易」「昒」皆从日勿。六其並為會意者。「出」「乇」皆从屮一。「古」「叶」皆从十口。「伐」「戍」皆从人戈。「仄」「厃」皆从厂人。七其一為會意。一為形聲者。「十」「什」皆从人十。「言」「咅」皆从口辛。「新」「芹」皆从艸斤。「善」「詳」皆从言羊。八其並為形聲者。「批」「毕」「𧥢」「唁」「吟」「含」「召」「叨」。

二十五。亙从如豈从溦省。而溦又从豈省。卜部貞下云。一曰鼎省聲。小徐本鼎部云从貞省聲。

二十六。㞋轉相從。如厶即肱也。加又為厷。再加肉為肱。音義不異。是一字也。又如𢍮拱手也。加廾為共同也。再加手為拱也。間隔一字仍歸本字也。又如舁共舉也。加車為輿。再加手為轝。許君所不言。可推測得之者也。

二十七。毋從子。如蓐從人部之辱。犛從攴部之𠩺。哭從犾部之獄。冏從入部之內。「蓐」「犛」「哭」「冏」為首部。「辱」「𠩺」「獄」「內」皆部中字也。

二十八。說文與經典互易字。如職下云記微也。是經典識字義也。論語默而識之。多見而識之是也。識下云常也。是經典職字義也。釋詁職常也是也。辛部童下云男有辠曰奴。奴曰童。人部僮下云未冠也。經典僮童互用。

二十九。列文次弟。與部首反對者。必在部末。夊部之𠂋是也。若無从𠂋之字。則亦必在又部末矣。疊部首為字者。必在部末。耳部之聑聶是也。且可知示部終以祘。不得贅禁禫二字。十部終以廿。不得復贅卙字也。至于部中字之先後。則先實後虛。先近後遠。諸大部無不然者。其或無虛實遠近之可言。則以訓義美者列於前。惡者列于後。如言心䓁部是也。

三十列文變例。凡部中字義不與部首字義比附。而列入此部者。謂之列文變例如谷从口。訓為山間陷泥地。是以口為山間也。器从㗊。而曰象器之口。是以㗊為衆器也。

三十一。說解正例。許君說解。必先字義。而後字形。其說形也。先舉本部首而後及別部之字。

三十二。說解變例。變例頗多。如競字上半則誩。下半則从。說云從二人。不云從从競彊語也。若云從从。則是順从。故不與常例同。凡不能以正例說解者。皆為變例。

三十三。一曰。此二字為許君本文者蓋寡。其為後人附益者一種也。合字林于說文。而以一曰區別之者。又一種也。其或兩本不同。校者彙集為一。則所謂一曰者。猶今人校書。云一本作某也。又一種也。

三十四。非字者不出於說解。許君於意。必出其字而後解之。於其形與事。則不出而直解之。如谷下云。象水敗皃。喦下云。从品相連。不出八與山者。不成文也。八非八別之八。山非山水之山。番下云。田象其掌。田不成文。蓋後人所增。果字下不云田象果形可證。

三十五。同意。有謂指事者。羋下云。與牟同意。謂𠃍 乚 皆象其口气之出也。有謂象形者。疐下云。與牽同意。謂冂象引牛之縻。疐亦然也。有謂會意者。筍下云。與俎同意。謂其皆从殘肉也。

三十六。闕。一字形失傳者。如芇下云。相當也。闕。讀若宀。此其義其音皆傳。而形不可解。特以羊角兩兩相當。與義尚近。故附之𦫳部。冂則不可強解也。二則字形較著而不可解者。𠱠下云。窊也。闕。吅自是字。而不可以得窊也之義。故云闕。三則叠文與本文無異者。如弜之與弓。畕之與田。不可謂為一字。而云闕也。

三十七。讀若直指注家之例。云讀若者明音也。云讀為者改其字也。說文無讀為者。逐字為音。與說經不同。如瑂下云眉聲。讀若眉。玫下云攵聲。讀同攵。⿱夂冉下云州聲。讀若祝。莠下云秀聲。讀若酉。以及言讀若沓。辛讀若愆是。

三十八。讀若本義字音。隨義而分。故有一字而數音數義者。第言讀若某。尚未定為何義之音。故本其義以别之。如趉讀若無尾之屈。尾部屈。無尾也。蓋屈伸蒲屈其音各異。此如本音。故以本義定之。又瞿讀若章句之句。謂此句不音鉤也。

三十九。讀同。凡言讀與某同者。言其音同也。如⿱苜火讀與蔑同是。凡言讀若某同者。當是讀若某絶句。同字自為一句。即是一字分隸兩部也。如丌讀若箕同。「丌」「箕」一字也。但傳寫既久。與若二字有互譌者。如改撫也。讀與撫同。與當作若。

四十。讀若引經。引經以證其音。亦以義為別之類。如眡讀若詩曰施罛濊濊是。

四十一。讀若引諺。與讀若引注同。如詯讀若反目相睞是。

四十二。聲讀同字。如蒪下云傅聲。讀若傅。噍下云集聲。讀若集。哤下云尨聲讀若尨。𨑹下云匠聲。讀若匠是。

四十三。雙聲疊韻。雙聲之為名詞者。如「螮蝀」「火齊」等。其為動詞者。如「蹢躅」「峙𡾰」等。其為形容詞者。如「磊珂」「麗廔」等。疊韻之為名詞者。如「鷦鷚」「蜉蝣」等。其為動詞者。如「榹橋」「瞴婁」等。其為形容詞者。如「顑頷」「枎疏」等是。

四十四。挩文傳寫既久。當有挩文臆為增益。如社下云从示土。按當作从土土亦聲。蓋與祏同意。後人以六朝音讀之。遂刪之耳。又如糾下云。从糸丩。小徐有聲字。然當依𣶒下之从丩丩亦聲。如句部三字皆云从句句亦聲也是。

四十五。衍文。如劙下云劚古鋭字。此校者箋記語。傳寫者誤入正文。凡類此者並當刪。

四十六。誤字。段氏改字。是者極多。王氏所改。或與段氏不同。如瓊赤玉也。段氏改赤為亦。王氏改赤為美。鶩一曰若儁。段氏曰儁同俊。人部有俊無儁。王氏云儁蓋雋之譌。是。

四十七。補篆。凡見于說文偏旁。而本篆下無此文者。概補之。

四十八。刪篆。說文兩見之字。大徐概以序分在後者為重出。何其不審也。許君于會意字。必列於主義所在之部。後人檢之不得。輙增于从義所在之部。此其所以重出也。如吁見口于二部。當刪在口部者。羑見厶羊二部。當刪在厶部者。吹見口欠二部。當刪在欠部者。「歗」「歍」二字。皆見于口欠二部。

當刪在口部者是。

四十九。遂篆如吠字當入犬部。鳴字當入鳥部。昜字當入日部。醯字當入酉部。孫字當入子部。蒷字當入火部是。

五十。改篆如蕢之古文作臾。而字从之則作臾。凡从貴者皆同。五音韻譜作臾是也。當作。說文云气上出則)(不當在旁。小徐說解中皆作。玉篇亦然。

五十一。觀文封起看者。「屮」「木」「竹」「虎」「鳥」之類是。平看者。「牛」「羊」「瓜」「米」之類是。放倒看者。龜與「舟」「車」之類是。上為背。下為足。左為首。右為尾也。上象艗。下象底。左象舟首。右象容舵之處。方者為輿。橫貫者為軸。植者為輪。自車後觀之。則見兩輪如綫直也。

五十二．糾徐．段氏糾徐已盡矣．王氏偶有所見．聊以附之段氏．

五十三．鈔存．王氏有說文鈔十五卷．茲刺取若干條存之．

五十四．存疑．就說文解字十四篇．其有可疑者．載筆記之．駁段氏附．偶有所見亦附．

以上五十四例．對於說文解字一書．可謂分析而得其條理矣．段氏雖見及于此．然不能條分理析．無如是之明顯也．王氏以前．無此釋例之書．王氏以後踵而為之有七．皆不能周密如王氏也．次第記之．

一江氏沅之說文釋例．㊅其目二．一釋字例．一釋音例．

二王氏煦之說文五翼．㊆其目五．一證音．二詁義．三拾遺．四去復．五檢字．證音詁義．頗有精意．

三董氏詔之說文測議．㊇其目十七．一參經考異．二據經審誤．三繹經存疑．四檢經補遺。五古逸。六古通。七古䌛。八古省。九篆同義異。十篆分義通。十一篆異義同。十二例入重文。十三逸字。十四逸注。十五疑字。十六疑注。十七二徐同異。

四張氏行孚之說文發疑（九）其目十八。一六書次第。二指事。三轉注。四假借。五說文讀若例。六說文或體不可廢。七小篆多古籀。八古文一字數用。九同部異部重文中有古今文。十說文與經典不同字。十一說文與經典相同之義見于解說中。十二說解說不可過深求。十三說文解說中字通用假借。十四字音每象物音。十五說文逸字。十六說文逸字識誤。十七唐人引說文例。十八釋字。按書頗多精意。可以補王氏貫三釋例之缺。小篆多古籀。今日已經證明。字音每象物音。可以求聲音之始。張氏不過初發其端耳。唐人引說文例亦精。此書不可不一讀也。

五葉氏德輝之六書古微（一〇）其目十。一指事。二象形。三形聲。四會意。五轉注。六假借。七説文各部重見字及有部無屬從字例。八説文解字闕義釋例。九釋字。十假借即本字説。按有部首無屬從自來鮮有解説者。葉氏以「才」「丏」「𣏟」「易」「燕」「率」「幵」「六」「七」「丙」「丁」「庚」「壬」「木」「戌」等部。有部首而無屬從者。其文必多芟夷。其字必皆二从。而改其一爲聲。分隸各部。如句部。拘止也。从句从手。句亦聲。笱曲竹捕魚笱也。从竹从句。句亦聲。鉤曲也。从金从句。句亦聲。以例推之。拘字以手爲本義。宜在手部。笱字以竹爲本義。宜在竹部。鉤字以金爲本義。宜在金部。手部竹部金部必重見其字無疑。而今僅存于句部。按此可備一部。許每部末每記文若干。不應此有部首無屬从之部。所記之數。一律是後人改也。又後人删重復之字。宜删其在屬从字多之部。不應删之而僅存部首也。按葉氏之言。未可盡信。

六陳瑑之説文舉例。㊁ 其目十二。一説文有舉一反三之例。二有連上篆句讀之例。三以形為聲之例。四讀若之例。五取轉聲之例。六稱經不顯著名之例。七稱取經師說之例。八異文皆經典正文之例。九分部皆形聲會意之例。十分部非某之屬而分歸諸部之例。十一分部不以省文之例。十二兩部並收。文異義同之例。十三用緯書之例。按一二例本錢氏大昕之說略記數字。餘不甚可觀。七王宗誠之說文義例。㊂此書無甚發明。不過諸家之說略為貫穿之。以上七種之書皆釋說文解字之例者。而詳略不同。但悉不如王氏貫山之說文釋例。可以指示研究文字學者之門徑。比而觀之。有補王氏之所不及者。亦有益也。

㊀清史列傳云。王筠字貫山。山東安邱人。道光元年舉人。官知縣。少喜篆籀。及長博涉經史。尤長於說文。著有說文釋例二十卷。說文句讀三十卷。說文繫傳校錄三十卷。文字蒙求四卷。毛詩重言一卷。附毛詩雙聲疊韻說一卷。正字略二卷。

㊁嚴可均。是清朝有數之校勘學者。著有說文校議三十卷。

㊂說文句讀三十卷。是書成於道光庚戌。其第三十卷。附錄蔣和說文部首表。嚴可均許君事蹟考。及說文校義通論。並節錄毛氏扆、桂氏馥之說。及小徐系述。大徐校定說文序。與進說文表等。其題名句讀者。王氏自云「漢人說經。率名章句。而張蒿菴儀禮鄭注句讀。獨立此名者。謙也。然儀禮有章句。注但有句讀而已。則其名亦所以紀實也。余纂此書。則疏解許說。無章可言。是以竊比蒿菴。」按是書有山東原刊本。今通行者。四川尊經書局本。

㊃王氏自序云。顧余輯此書。別有注意之端。與段氏不盡同者凡五事。（中錄在正文）五者以外。小有違意。亦必稱心而出。明白洞達。不肯首鼠兩端。使人不得其命意之所在。以為藏身之固。此則與段氏同者也。按此可見王氏尊崇段氏。而不肯苟同也。

㊄說文釋例二十卷。按是書有山東四川兩刊本。滬上有石印本。

㊅說文釋例二卷。清江沅著。沅字子蘭。艮庭之子。而又師茂堂者也。其書似非完本。咸豐間李氏刊。

㈦說文五翼八卷。清王煦著。煦字空洞。上虞人。光緒觀海樓重刊本。

㈧說文測議七卷。清董詔著。詔字樸園。許學四書本。

㈨說文發疑八卷。清張行孚著。行孚字乳伯。安吉人。光緒十年刊本。

㈩六書古微十卷。清葉德輝著。德輝字煥彬。長沙人。觀古堂刊本。

㈡說文舉例一卷。清陳瑑著。瑑嘉定人。許學叢書本。

㈢說文義例一卷。清王宗誠著。宗誠字蓮府。青陽人。昭代叢書本。

朱氏駿聲之字學

朱氏駿聲㈠與段桂王並稱。其所著說文通訓定聲一書。解散五百四十之部首。以聲為母。以所从得聲之字隸之。專明轉注假借之旨㈡。其書以「豐」「升」「臨」「謙」「頤」「孚」「小」「需」「豫」「隨」「解」「履」「泰」「乾」「屯」「坤」「鼎」「壯」十八卦名分為十八韻部㈢。以一千一百三十七聲母比之以收許書九千三百五十三字實核其書聲母無从得聲者二百五十四實得聲母八百八十三字其字不見正篆見于說解及自叙中者有偏旁者見于小徐本者見于他書注所引說文者悉為補之通部正篆九千五七字大徐「補」「附」「俗」三類及見于經史凡魏晋以前注有音讀者旁注於篆文之下五千八百八十九字見于方言廣雅及子史傳記而無可附麗者於每部後別葉存之一千八百四十四字共計全部一萬七千二百四十字蓋已軼出許書之範圍矣其說解轉注假借亦不與許君同凡依聲託事者謂之轉注如革獸皮以為更革朋古鳳字以為朋攩來瑞麥以為來往西即棲字以為東西照依聲託事之例當為假借朱氏悉以為轉注即許君自叙所舉以為例之「令」「長」二字朱氏亦以轉注說之其依聲而不託事者如璪之借藻芼之借為覝猄之借為獠逑之借為仇敀之為伯莫之借為笢只有聲可依而無義可託朱

氏悉以假借依朱之例當是本無其字依聲託事為轉注本有其字依聲不必託事為假借朱全書中所舉之假借悉有本字以當之朱氏此種說解是否的確吾人不必遽下評語但此說即不的確亦不損其全書之價值吾人讀朱氏書即不承認其說悉以為假借讀亦可朱氏以為轉注者吾人以為本無其字之假借即造字之假借朱氏以為假借者吾人以為本有其字之假借即用字之假借其徵引之博皆足為吾人左右獲取之資並可由朱書得聲義相通之用茲約朱書舉四條於下以證之

一凡字从侖得聲者皆有條理分析之義

侖說文思也从亼冊會意冊猶典也亼思于冊即思想之有條理分析者

論說文議也从言侖聲論語序集解理也次也此言語之有條理分析者

棆說文母杶也从木聲依桂氏當作毋枇爾雅釋木棆無疵無疵則木之條理

順而能分析此木之有條理分析者

倫說文輩也从人侖聲礼記曲礼儗人必於其倫注猶類也孟子察於人倫注序也此人事之有條理分析者

淪說文小波為淪从水侖聲詩伐檀河水清且淪猗傳小風水成文如轉輪也此水之有條理分析者

掄說文擇也从手侖聲周礼入山林而掄材不禁注猶擇也晉語君掄賢人之後注擇也廣雅釋言掄貫也按言貫者有條理之意言擇者有分析之意此亦人事之有條理分析者

綸說文青絲綬也从糸侖聲合青絲辮糾之礼記緇衣其出如綸言之出如綸之有倫也此絲之有條理分析者

輪說文有輻曰輪無輻曰輇从車侖聲輪者謂輻之排列有次序也此車之有

條理分析者。

按从侖得聲之字尚有「蜦」「陯」「睔」三字蜦說文蛇屬按蛇有文采稍有條理分析意「陯」說文山阜陷雖無條理意亦畧有分析意惟睔說文目大也不可以條理分析說之。

二凡字从堯得聲者皆有崇高長大之義。

堯說文高也从垚在兀上會意高遠也按垚土高兀高而上平也垚在兀上高遠之象堯从垚得聲餘字皆从堯得聲

蕘說文薪也从艸堯聲左昭十三年傳疏蕘者供然火之草火炎上有高意此物性之崇高者。

嘵說文懼也从口堯聲詩鴟鴞予維音嘵嘵傳懼也此恐懼聲之高者

趬說文行輕皃一曰舉足也从走堯聲行輕舉足皆有高義

譊說文恚呼也从言堯聲廣雅釋沽譊鳴也漢書儒林傳注譊譊喧也譊爲呼聲之高者

墽說文磽田也从攴堯聲朱氏當訓墽與敲畧同廣韻引倉頡篇云墽擊也一切經音義引倉頡篇敲作墽下擊也是墽有從高而下之意

翹說文尾長毛也从羽堯聲淮南脩務翹尾而走注翹擧也翹尾者言擧擧而言是翹有長高二義

饒說文飽也从食堯聲小爾雅廣詁饒多也廣雅釋詁饒益也益多皆與高義近

曉說文明也从日堯聲按日初出爲曉旦即日初出之曉旦从日从一一地也旦出于地上有高義

皢說文日之白也从白堯聲按日之白正日之高也日初出與日將入皆不白

顤說文高長頭从頁堯聲廣雅釋詁顤高也字亦作䫜此頭之高長者

嶢說文焦嶢山高皃从山堯聲此山之高者

磽說文磬石也从石堯聲字亦作墝孟子則地有肥磽按地高則土多堅硬通

俗文物堅硬謂之磽确是磽有高意

驍說文良馬也从馬堯聲按良馬是馬之高大者

獟說文狾犬也从犬堯聲按當是犬之高大者

燒說文爇也从火堯聲管子注獵而行火曰燒按獵火光上炎而高大此火之

高大者

撓說文擾也从手堯聲莊子天地手撓顧指釋文動也按有舉手而高之意

繞說文纏也从糸堯聲西京賦繞黄山而款牛首注裹也纏裹有長意

嬈說文苛也从女堯聲篆文嬈煩也亦惱也漢書鼂錯傳除苛解嬈注煩繞也

是煩惱之繞者為嬈繞有長意

橈說文曲木从木堯聲易大過棟橈凡橈者必長是橈為木之長而曲者

魒說文剽捷之鬼也从鬼堯聲此鬼之長大者

按从堯得聲之字尚有「僥」「蟯」「鐃」「膮」「澆」「鐃」六字說文僥南方有焦僥人長三尺短之極蟯腹中短蟲鐃小鉦也按鳥之極大與極小者皆曰焦鷯一字可以有相反之義「僥」「蟯」「鐃」三字同此惟膮說文豕肉羹也澆說文沃也鐃說文銕文也此三字不可以崇高長大之義說之

三凡字从小得聲者皆有微杪纖小之義

小說文物之微也从八丨見而八分之會意

肖說文骨肉相似也从肉小聲不似其先故曰不肖也言小人似大人曰肖小

人不似大人曰不肖故方言云肖小也。

杪說文梱木也从木小聲朱云與杪畧同杪木杪此木之纖小者。

莦說文惡艸皃从艸肖聲淮南脩務野彘有艽莦槎櫛窟虛連比以象宮室注

獸蓐按艸似蓐是艸之纖小者。

哨說文不容也从口肖聲韻會引說文口不容也當是口小不能容哨有小義

後漢書馬融傳注哨小也。

趙說文趨趙也从走肖聲字亦作踃舞賦簡惰跳踃般紛挐兮埤蒼踃跳也當

是跳之小者趙有小義方言趙小也。

削說文鞞也从刀肖聲一曰析也凡物分而析之則小也。

梢說文梢木也从木肖聲爾雅注謂木無枝柯梢擢長而殺者是梢木即木之

杪故淮南兵畧注梢小柴也廣雅釋木梢柴也此木之纖小者。

䣂說文國甸大夫稍稍所食邑从邑肖聲以聲為訓䣂與稍同此封邑之小者

稍說文出物有漸也从禾肖聲朱云此字當訓禾末有小義故廣雅釋訓云稍稍小也

宵說文宵夜也从宀宀下冥也肖聲按晝為發揚夜為收斂收斂有小義礼記樂記宵雅肄三注宵之言小也

消說文盡也从水肖聲西京賦消雰埃於中宸注散也七發消息陽陰注滅也盡散滅皆漸小義

捎說文自關已西凡取物之上為撟捎从手肖聲按物之上必纖小撟捎者謂取其物之上段也是捎為物上段之小者

娋說文小小侵也从女肖聲朱云稍稍者出物有漸娋娋者侵物以漸此侵之小者

綃說文生絲也从糸肖聲洛神賦曳霧綃之輕裾注輕縠也此縠之纖細者

蛸說文蟲蛸堂蜋子从虫肖聲詩東山蠨蛸在户注長脚蜘蛛也言此脚長而纖細也

銷說文鑠金也从金肖聲金鑠則小莊子則陽注銷小也

陗說文陖也从阜肖聲斗直曰陗此山之高陖而小者

箾說文以竿擊人也从竹削聲此竹竿之小者

揱說文人臂皃从手削聲考工記輪人望其輻欲其揱爾纖也注揱纖殺小皃也

𥳓說文飯筥也从竹稍聲論語斗𥳓之人何足算也言人之器小如飯筥此器之小者

䈾說文陳留謂飯帚曰䈾从竹捎聲此亦器之小者

少。說文。不多也。朱云从丿从小。會意。小亦聲。按不多與不大義近。則少與小義亦近。禮記少儀釋文。少猶小也。

紗。說文。急戾也。从弦省少聲。文賦弦幺徽急。以幺爲之。幺小也。字亦作妙。老子。常無欲以觀其妙。注妙者微之極也。

鈔。說文。叉取也。从金少聲。以叉取物所得必少。少小義相同。管子版法。教行于鈔。注末也。末即小。

眇。說文。一目少也。从目从少。會意。少亦聲。少小義相同。釋名釋疾病目眶陷急曰眇。眇小也。莊子德充符。眇乎小哉。

杪。說文。木標末也。从木少聲。朱云與秒略同。方言。木細枝謂之杪。此木之小者。

秒。說文。禾芒也。从禾少聲。禾苗之芒。其形纖小。

鷅。說文。鸍鷅也。从鳥眇聲。此鳥之小者。

篎說文小管謂之篎从竹眇聲此管之小者

按二十九字直接从小得聲肖朴少三字餘二十六字皆間接从小得聲而皆有小意其他尚有「痟」「悄」「霄」「訬」「𨚲」五字痟說文酸痟頭痛悄說文憂也凡有病與憂者其形狀必收斂畧有小意惟霄說文雨霓爲霄𨚲說文地名此二字不可以微秒纖小之義說之

四凡字从音得聲者皆有深闇幽邃之義

音說文聲也生於心有節于外謂之音从言含一按音者聲之有節不似無節之聲寬宏廣大也

喑說文宋齊謂兒泣不止曰喑从口音聲泣不止則必力竭聲嘶方言啼極無聲齊宋之間謂之喑兒泣不止即啼極無聲詞不同而義一此聲之深闇者

諳說文悉也廣雅釋言諳諷也周禮瞽矇注諷誦詩謂闇讀之不依詠也諳訓

諷。此亦聲之深闇者。

窨。說文地室也。从穴音聲。朱云。今蘇俗猶云地窨子。此地窨必深闇幽邃。

瘖。說文不能言也。从疒音聲。史記索隱。失音也。此聲之極深闇者。

暗。說文日無光也。从日音聲。日無光。有深闇幽邃之義。故漢書注云。幽隱也。廣雅釋詁。深也。

罯。說文覆也。从网音聲。字亦作揞。作⿰𧾷音。方言。揞。藏也。荆楚曰揞。廣雅釋器。⿱日复謂之⿰𧾷音即豆豉也。造者覆之幽暗處。故曰⿰𧾷音。此事之深闇幽邃者。

歆。說文神食气也。从欠音聲。按神食气闇不可見。

𤞤。說文竇中犬聲。从犬从音。音亦聲。按竇中犬聲不如竇外犬聲之宏大。此犬聲之深闇者。

闇。說文閉門也。从門音聲。按閉門則深闇幽邃矣。

黯。說文。深黑也。从黑音聲。按深黑即深闇幽邃義。
湆。說文。幽溼也。从水音聲。此地之深闇幽邃者。

按从音間接得聲之字。尚有「⿰氵闇」「䧹」「膺」「應」四字。說文。⿰氵闇。水大至也。水大至畧有深闇義。說文。䧹。䧹鳥也。从隹瘖省聲。膺。胸也。从肉䧹聲。應。當也。从心䧹聲。背為陽。胷為陰。膺訓胷。亦畧有深闇義。惟「䧹」「應」二字不可以深闇幽邃之義說之。

聲讀之發明。萌芽于宋代。至朱氏駿聲。始本聲讀而成一偉大之著作。吾人讀朱氏書。聲義相通之故。隨處皆可以得之。以上四條。不過畧舉以為例耳。茲更錄朱書一條于下。以見聲讀之系統。

聲母東。从東得聲者。「棟」「涷」「凍」「蝀」「重」。重篆作⿱壬東。从壬東聲。

从重得聲者。「歱」「偅」「踵」「腫」「種」「⿰忄重」「湩」「緟」「動」「鍾」「童」。童篆作[illegible]。从辛重省聲。

从童得聲者。「蕫」「衝」「橦」「穜」「⿸疒童」「罿」「僮」「憧」「潼」「撞」「曈」「鐘」「⿰車童」「龍」。龍篆作[illegible]。从肉。[illegible]象飛之形。童省聲。

从龍得聲者。「瓏」「蘢」「嚨」「龏」「龔」「籠」「龒」「礲」「寵」「櫳」「龐」「⿱龍言」「瀧」「⿰缶龍」「聾」「蠪」「壠」「朧」。

以上四十九字。皆由東聲遞演而出。此之謂聲讀。即宋時之所謂右文。形聲義三者。為文字之要素。得文字之用者在于義。得文字之義者在于形與聲。由形以得文字之義。有許君說文解字五百四十部首在。由聲以得文字之義。有朱氏說文通訓定聲一千一百三十七聲母在。此朱氏之書。在文字學史上之可貴者也。

經典用字，每每假借，不明假借，讀經典極易誤會。王念孫云：「學者以聲求義，破其假借之字，而讀以本字，則渙然冰釋；如其假借之字而強為之解，則詰鞫為病矣。」後之學者，於經典之借字，欲得其本字，讀書之徧檢羣書，苦不能得，朱書每字博收假借之義，每一假借義，必指其本字以當之。以龍字之假借言之，如考工玉人：上公用龍，龍為尨之借字，雜色玉也。易說卦：震為龍，鄭注讀為尨。詩何天之龍，龍為寵之借字，廣雅釋言：龍，寵也。詩為龍為光，龍為雝之借字，廣雅釋詁：龍，和也。孟子必求龍斷而登之，龍為壟之借字，壟，邱壟也，田中之高處。史記弟子傳：公孫龍字子石，龍為礱之借字，礱，䃺也，以石砥礪謂之礱。此等假借，朱氏悉指出其本字，讀經者展書即得，便利多矣。讀龍為尨，知其用雜色玉也；讀龍為寵，知其為何天之寵也；讀龍為雝，知其為和為光也；讀龍為壟，知其為據高處而圖利也；讀龍為礱，則名與字，其義相應。真如王念孫所云渙然冰釋者也。全書之中，雖未免有千慮一失之處。要極足為學者讀經典之助。此朱氏之書。在文字學史上之可貴者也。

其統計指事一百二十五。象形三百六十四。會意一千一百六十七。形聲七千六百九十七。除形聲外。其指事象形會意皆一一列其字。此雖無關宏旨。而亦文字學書中所未有也。

以聲為經。以統九千三百五十三字。戚學標已先朱氏為之。㊃戚氏之漢學諧聲。㊄以六百四十六母。統說文全部之字。其不為母亦不為子之字。一百六十八。列為雜字。其書雖以聲為統系。而不如朱書遠甚。除以聲相次之外。畧錄文字之本訓。如朱書之通訓。數字同一訓。一字有數訓者。渺不可得。如朱書之定聲。本許書以雅正俗。本經韻以古正今者。亦渺不可得。其聲母雖較朱書為少。然有非聲而以為聲者。則未免多所牽強也。茲更錄戚書一條于下。以與朱書對照。

聲母一.

聿一聲.从聿得聲者.「律」「筆」「葎」三字.

寽一聲.从寽得聲者.「捋」「桴」「蛶」「埒」「將」「脟」「鋝」「虢」「㶁」「酹」十字.

血一聲.从血得聲者.「恤」「洫」「䘏」三字.

七一聲.从七得聲者.「叱」「切」「砌」三字.

立一聲.从立得聲者.「笠」「岦」「柆」「拉」「䳔」「泣」「颯」「昱」「翊」「位」「粒」「煜」十二字.

戌一聲.从戌得聲者.「歲」「烕」「蔑」「薉」「鱥」「䜚」「噦」「劌」「翽」「濊」「奯」「𤁐」「滅」「搣」「懱」「薎」「蠛」「𡾰」「䄷」「䊳」「瀎」「幭」「幭」「韤」「𠐿」二十四字.

日一聲。从日得聲者。「衵」「馹」「䵒」「涅」「凬」「是」「諟」「媞」「睼」「提」「禔」「踶」「徥」「寔」「褆」「𦱤」「翨」「湜」「䈕」「匙」「題」「趧」「鞮」「騠」「緹」「𣗲」「隄」「堤」「醍」「題」三十字。

末一聲。从末得聲者。「眜」「沫」「昩」「韎」「䬴」五字。

兀一聲。从兀得聲者。「扤」「阢」「虺」「髡」「元」「沅」「黿」「蚖」「芫」「邧」「刓」「頑」「忨」「翫」「玩」「阮」「軏」「冠」「完」「莞」「筦」「鯇」「浣」「睆」「脘」「俒」「梡」「院」「垸」「䓻」三十字

不一聲。从不得聲者。「丕」「否」「坏」「衃」「肧」「𩑡」「芣」「紑」「邳」「駓」「魾」「秠」「痞」「嚭」「娝」「否」「顊」

「罟」「桰」「杏」「筈」「佸」「陪」「培」「酩」「栝」「括」「刮」「甛」「銛」「䏦」「髺」「萿」「郜」「絬」「活」「跍」「趏」「䈑」三十九字

音一聲。从音得聲者「喑」「瘖」「窨」「𤞤」「諳」「黯」「闇」「暗」「罯」「湆」「意」「戠」「痽」「應」「譍」「膺」「瀶」「澺」「噫」「檍」「億」「臆」「識」「熾」「職」「織」「樴」「膱」「幟」二十九字。

从一得聲之字。朱書中無有。戚書一百九十九。蓋朱書之形聲字。一準許書。而戚書則否。「聿」「孚」「血」「七」「立」「戌」「日」「末」「兀」「不」「音」十一字。皆非从一聲。則以下十一字所領之字。當然非由一聲而演。血之一為象血形。末之為指事之記號。戚氏悉以形聲讀之。已屬乖戾。日為獨體象形之文不可分析。戚氏亦以日字中之一為聲。其謬更甚。戚氏之書雖在朱書之前。㊅朱書決非受戚書之景響而作。茲因其以聲為經。以統說文全部之字。故附記于朱書之後。

㊀清史列傳云。朱駿聲字豐芑。江蘇吳縣人。十三受許氏說文。一讀即通曉。十五為諸生。從錢大昕遊。錢一見奇之曰。衣鉢之傳。將在子矣。嘉慶二十三年舉官黟縣訓導。咸豐六年卒。年七十一。

㊁說文通訓定聲十八部。為十八卷。附說雅十九篇為一卷。韻準一卷。柬韻一卷。十八部補遺一卷。臨嘯閣刻本。石印本有數種。

㊂以卦名標部。不脫以前經生之習。不如每部以第一聲母標之。如豐為東。升為丞。臨為侵。謙為兼。頤為之。孚為幽。小為爻。需為侯。豫為吳。隨為戈。解為支。履為敳。泰為大。乾為寒。屯為文。坤為真。鼎為青。壯為昜。

㊃清史列傳云。戚學標字鶴泉。浙江太平人。齊召南弟子。乾隆四十五年進士。河南涉縣知縣。

性强項。與上官翽齬。致寧波府教授。著漢學諧聲一書。

㈤漢學諧聲二十四卷。附說文補考說文又考。卷一至卷二十二。六百四十六母所統之字。卷二十三不爲母之一百六十八字。統名雜字。卷二十四總論。是書嘉慶八年原刻本。

㈥戚書成于嘉慶八年。朱書進呈于咸豐元年。相差四十六年。朱氏著書之時。是否見過戚書。不得而知。即見過戚書。而絕不受戚書之影響也。

三錢之文字學

段桂王朱之外。三錢之文字學在文字學史上。亦有甚大之價值。不過其所著之書。在今日不如段桂王朱書流行之普徧耳。三錢者。錢大昕㈠錢大昭㈡錢坫。㈢三錢皆在王朱之前。而與段桂同時。㈣錢大昕關於文字學雖未有偉大之著作。而其見之于養新錄中者。極多精深之見解。㈤茲節記之。

一。說文舉一反三之例。

木東方之行，金西方之行，火南方之行，水北方之行，則土為中央之行可知也。鹹北方味也，而「酸」「苦」「辛」「甘」皆不言方，霜水音也，而「宮」「商」「徵」「角」皆不言音，青東方色也，赤南方色也，白西方色也，而黑不言北方，黄地之色也，而玄不言天之色，鐘秋分之音，鼓春分之音，而不言二至，笙正月之音，管十二月之音，而不言餘月，龍鱗蟲之長，而毛羽介蟲之長不言，皆舉一二以見例。

二，說文連上篆字為句。

昧爽明也，肸響布也，湫隘下也，脙嘉善肉也，䢋燧候表也，詁訓故言也，顡癡不聰明也，參商星也，離黄倉庚也，巂周燕也，皆承篆文為句，諸山水名云山右某郡水出某郡者，皆當連上篆讀，艸部「藙」「蓲」「菌」「蘇」諸字，但云艸也，亦承上為句，謂藙即藙艸，蓲即蓲艸，非艸之通稱也。

三。說文讀若之字或取轉聲。

稰胥聲。而讀若芟刈之芟。⿰秊阝秊聲。而讀若寧。⿰革蚩蚩聲。而讀若騁。庳卑聲。而讀若逋。袢半聲。而讀若普。訬少聲。而讀若毚。昕斤聲。而讀若希。⿱雨鮮鮮聲。而讀若斯。⿱雨眞眞聲。而讀若資。⿰舟㚇㚇聲。而讀若辜。皆古音相轉之例。

四。二徐私改諧聲字。

說文九千三百五十三文。形聲相從者十有其九。或取同部之聲。今人所云疊韻也。或取相近之聲。今人所云雙聲也。二徐不審古音。而於相近之聲全然不曉。故於从某某之語。往往妄有刊落。元从一兀聲。小徐云。俗本有聲人。人妄加之也。晉从日臸聲。小徐以為會意字。謂聲字傳誤多之。大徐遂刪去聲字。

五。說文引經異文。

易以往吝。又作以往遴。為的顙。又作為馰顙。重門擊拆。又作重門擊㯥。書方鳩僝功。又作㫄逑孱功。濬く巜距川。又作睿畎澮距川。若顛木之有甹櫱。又作若顛木之有甹枿。詩桃之枖枖。又作桃之𡝔𡝔。江之永矣。又作江之羕矣。靜女其祩。又作靜女其㛗。春秋傳忨歲而濊日。又作翫歲而愒日。論語色字如也。又作色艴如也。

六、唐人引說文不皆可信。

詩螽斯羽詵詵兮。釋文詵說文作𦎧。今說文無𦎧字。左傳釋文引說文瘯瘰皮肥也。今說文無瘯瘰字。後漢書儒林傳注引說文黌學也。今說文無黌字。文選魏都賦引說文濤大波也。今說文無濤字。長笛賦注引說文篴倅字如此。今說文無篴字。

七、說文本字俗借為他用。

扮握也。讀若粉。今人讀若布患切。以為打扮字。拓拾也。或作摭。今人讀如橐。以為開拓字。賬富也。今人借為振給字。赶舉尾走也。今借為追逐義。

八、說文校譌字。

褫。奪衣也。讀若池。案說文無池字。當為拕。人部偶。桐人也。桐當作相。豆部豋讀若鐙同。鐙當作登。

以上八項雖所記不多。而頗多重要之處。如說文連上篆字為句。可以知顧亭林譏許氏訓參為商星昧于天象之誤。唐人引說文不皆可訓。可以知桂未谷補辥補鬻之非是。至讀若之取轉聲。二徐私改諧聲字。今日人人所共知者。在當日雖非錢氏一人之發見。而未有言之如之明晰也。大昕所著尚有聲類一書。㊅採綴雖富。然止輯以備用。未獨立成一書也。其說文答問。踵其例為之者。有陳壽祺之說文經字考。俞樾之說文經字。另彙記于後。

大昭為大昕之弟。少大昕二十年。大昕嘗與書云。六經皆以明道。未有不通訓詁而能知道者，乃致力于爾雅說文之學，著說文統釋六十卷，成一偉大之書，謝啟昆云，「說文解字之學，今日為盛，就所知者三人焉，一為金壇段玉裁若膺，著說文解字注三十卷，一為嘉定錢大昭晦之，著說文統釋六十卷，一為海寧陳鱣仲魚，著說文解字正義三十卷，說文解字聲系十五卷，皆積數十年之精力為之」，段書盛行於當時，大傳於後日，幾于人有其書矣，陳仲魚之正義未成書，㊆僅有王鳴盛一序，而語焉不詳，不能知其書之大概，聲系一書，約畧見于阮元為陳氏所譔論語古訓叙，其言曰，「以說文九千字，以聲為經，偏旁為緯，輯成一書，有功于學者益甚」，當是指聲系言也，而書亦不傳，錢晦之之說文統釋，未見其書，晦之有自叙一篇并自注，都三萬言，鄞縣郭傳璞得其手寫本刻之，據郭序云，說文統釋六十卷，未付削氏，訖今未知稿本尚存與否，是錢書亦在若存若沒之間，惟據其自序，可以知其著書之旨趣，與全書之內容，茲約其序，析之于下，隸楷日興。書體乖之失。三十有四。錢氏歷舉三十有四之失。

一、蜀為茍身。陳為東體。⑧此穿鑿之失。

二、魯三寫而為魚。虛三寫而為虎。⑨此轉寫之失。

三、馬頭人為長。人持十為斗。虫為屈中。苛為止句。⑩此委巷之失。

四、郘國為郡。鄉里為隣。⑪此隸變之失。

五、黃絹幼婦。外孫齏臼。⑫此隱謎之失。

六、以「霮」「霬」「𡔷」「寇」命名。以「閣」「霽」「盟」「癸」表字。⑬此造字之失。

七、次叙為序。从豕為遂。⑭此借用之失。

八、顏黃門謂从正則惟恐不識。張司業謂相承則不敢改為。⑮此隨俗之失。

九、紛紜為紛煙。梧桐為白鐵。⑯此避嫌之失。

十、始皇改辠為罪。王莽改疊為疊。⑰此妄改之失。

十一，以求莫爲求瘼，以寶刀爲寶力，(一八)此臆説之失。

十二，切韻之三百體，謙字之二十形，(一九)此貪多之失。

十三，謂終葵如葵艸，謂六駮是駮獸，(二〇)此淺率之失。

十四，鄭漁仲論武非止戈之非，反正顧寧人譏童非有罪，弔非持弓，(二一)此疑古之失。

十五，張舜民以方鼎爲夏時器，劉原父以簠銘爲張仲作，(二二)此泥古之失。

十六，姤卦本遘，梔木本梔，(二三)此新附之失。

十七，璠璵本與，顦顇本蕉，(二四)此新補之失。

十八，蛇虫之虫爲蟲豸，蟲豸之豸爲獬廌，獬廌之廌爲舉薦，(二五)此襲謬之失。

十九，禾部以穜爲種，以種爲穜，酉部以酢爲醋，以醋爲酢，(二六)此顛倒之失。

二十，以趙爲肖，以齊爲立，(二七)此壞字之失。

二十一、以几為机，以樵為藮。㉖此俗別之失。

二十二、字書華尾增魚，縣名咸驪从馬。㉙此增益之失。

二十三、以幹為干，以枝為支。㉚此減省之失。

二十四、楊鳥本鸉，見閒本覵。㉛此離析之失。

二十五、閏是門五，讋乃龍言。㉜此合并之失。

二十六、光武改洛為雒，隋文易隨為隋。㉝此立意之失。

二十七、颸異涼風，段非干木。㉞此語言之失。

二十八、於戲嗚呼誤分為兩，食其異基實當是一。㉟此歧異之失。

二十九、杕杜讀杖，弄璋書麞。㊱此不學之失。

三十、拾遺為十姨，河鼓為黃姑。㊲此音譌之失。

三十一、荆州曰梅，揚州曰柟。㊳此方音之失。

三十二．顏師古以忉爲切．韓退之以杜同度．㊴此音釋之失．

三十三．不敢言敢奈何言那．㊵此聲急之失．

三十四．舌職爲殖．包胥爲麃．㊶此聲緩之失．

以上三十四失．大昭歷舉事實．以爲之證．極爲豐富．茲不過畧舉二事以見大概．

可知大昭著説文統釋．在于明古形古義古音．以正歷來之三十四失也．其例有

十．

一曰．疏證以佐古義．

凡經典古義．以及「星象」「郡國」「山川」「訓詁」「歷律」「器用」

「輿服」「制度」「宮室」「飲食」「鳥獸」「艸木」「蟲魚」之類．

見於載籍．與許合者．所必收也．

二曰．音切以復古音．

徐鉉本音切，用唐孫愐韻，徐鍇本用朱翶所音，又有五音韻補十卷，鍇所加也。三家並不知古音，往往誤讀，又許君言讀若某者，即有某音，今並補正注中字有疑義及不經見者，悉加音切，仿經典釋文之例也。又說文本有舊音，隋書經籍志有說文音隱，顏氏家訓引之，唐以前傳注家，多稱說文音某，今亦採附本字之下。

三曰，考異以復古本。

凡唐本蜀本，引見於他書者，及繫傳本，清浦王司寇昶所藏宋槧本，暨古書所引有異同者，悉取以折中焉。

四曰，辨俗以正譌字。

凡經典相承俗字，及徐氏新補新附字，皆辨證詳明，務合於古，別為一卷，附于本書之後。

五曰。通義以明互借。

凡經典之同物同音于古本是通用者。皆引經證之。

六曰。從毋以明孳乳。

如「完」「刓」「髡」「輐」「忨」「沅」「阮」「芫」「黿」「玩」「貦」「頑」「邧」「翫」「冠」等字。皆于元下注云从此。若子之隨母。以明孳乳之本。許君亦有此例也。

七曰。別體以廣異義。

凡重文中之籀篆古文奇字。皆有所从。其有鄙見所及而許君未言者。亦畧釋之。經典兩用者。則引而證焉。

八曰。正譌以訂刋誤。

凡許君不收之字。注中不應有此。皆傳寫者妄改。又字畫刋刻脫誤者。竝校正之，仍云舊譌某，今據某書改正，不敢憑臆奮筆也。

九曰，崇古以知古字。如鳥部「鷐」「鵈」「鸂」「䳇」之類，經典亦有不从鳥者，此古今字爾。今于某字下注云古用某。

十曰，補字以免漏落。如「由」「希」「免」「畾」「稊」「𥝌」「甾」「畁」「斬」「𠭥」「弁」「佐」「差」「㡭」「稫」「𩫏」「𩫞」「𥫱」「謣」「劉」「洴」「丽」「埶」「杂」「綷」「爿」「杀」「皀」「恝」「牂」「曲」「沓」「丗」「爽」「筮」「睆」「𡰥」「綦」「串」三十九字，从此得聲者甚多，而書中脫落此字，有子無母，非許例也。今酌補之，亦別爲一卷附後。

據以上十例錢書之大概亦可畧窺一斑矣而錢氏關於六書之説序中亦曾及之附記于後

一曰指事一者數之始也加一為二加一為三加一為亖十者數之終也加一為廿加一為卅加一為卌指其木之下者為本指其木之上者為末增丨於一上為丄增丨於一下為丅是也

二曰象形日為太陽之形不虧加之為旦月為太陰之形有闕減之為夕水之形為巛加之為𡿦流之形為巜減之為乚𠂤為無石之形減之為𠂤山為有石之形加之為屾艸之形為屮加之為艸又加之為芔木之形為木加之為林又加之為森是也

三曰形聲江河岵屺則左形右聲鸕鷀鸚鴞則右形左聲薢茩蕳閤則上形下聲堂坒襞裂則下形上聲圃圓園囿則外形內聲衡銜問聞則內形外聲獄𣶒

讟[illegible]。則中聲左右形。[illegible]奭衋閟。則中形左右聲。㞷與[illegible][illegible]。則上聲左右下形。亳亭闊寤。則下聲左右上形。[illegible][illegible]。則中聲上下形。[illegible]哀。則中形上下聲。[illegible][illegible]。則中聲左右形。樂[illegible]。則中形左右上聲。[illegible][illegible]匡匧。則中聲上下左形。可勺句匀。則中形上下右聲。[illegible][illegible]。則中聲上下左右形。莽[illegible]。則中形上下左右聲是也。

四曰會意。兩人相比為从。兩人相背為北。倒子為𠫓。倒𥄉為県。倒上為下。倒㞢為帀。反止為𣥂。反欠為旡。反人為匕。反丨為亅。向左為右。向身為㐆。向后為司。向[illegible]為[illegible]。背己為[illegible]。背文為舛。背臣為𦣝。背止為𣥠。日在木為東。日处茻為莫。兩户相向為門。兩手齊下為拜。力田為男。女帚為婦。人言為信。人為為偽是也。

五曰轉注。轉則同條共貫。注如挹彼注茲。略舉四科。以俟三反。老為建類之首。老與「耆」「耋」同意。而「耆」「耋」相受焉。高為建類之首。高與「高」

「亭」同意而「高」「亭」相受焉。履為建類之首。履與「屨」「屩」同意而「屨」「屩」相受焉。寢為建類之首。寢與「寤」「寐」同意而「寤」「寐」相受焉是也。

六曰。假借。文字由聲而起。不能字各一聲。聲音由文字而明。不能聲皆制字。自假借之道出。而事物之用全。內外為收內。（音納）伯仲為王伯。（音霸）占卜為占（去聲）奪。女子為爾女。（音汝）美惡為愛惡。（去聲）長短為長（丁丈切）幼骨肉為肉（上聲）、好。房舍（去聲）為舍（上聲）取。蚚易為變易。貨財為財成。幬張為覆幬。邠岐為岐異。琅邪為語助之邪。於烏為語助之於。女之為女。（去聲）妻之為妻。（去聲）飲之為飲。（去聲）食之為食（去聲）是也。

錢氏之說六書。殊不足取。指事象形。專以增減為言。形聲專以上下左右為言。會意專以倒反為言。轉注雖舉四科。實則一例。假借僅舉字為證。而伯仲為王伯音霸。不知王伯之伯本作伯。而霸是借字。至以反上為下為會意。則更違于許君也。錢氏生乾嘉之時。而猶為此六書之說。則不可解者也。以上悉見錢氏說文統釋自序。(四一)

坫是大昕之族姪。沈博不及大昕。而精審與之相埒。著有說文斠詮一書。(四三)斠者斠其誤。詮者詮其義也。是書與嚴可均校議。鈕樹玉校錄。性質相同。而範圍加廣。非僅說文解字之校勘者。故不與嚴鈕之書彙記。而記於此。其例有八。

一、斠毛斧扆刊本之誤。

二、斠宋本徐鉉官本之誤。

三、斠徐鍇繫傳本之誤。

四、斠唐以前本之誤。

五詮許君之字只應作此解不應以旁解仍用而使正義反晦。

六詮許君之讀如此而後人誤讀遂使誤讀通行而本音反晦。

七詮經傳只一字而許君有數字。

八詮經傳則數字而許君只一字。

前四例係斠與嚴氏鈕氏之性質相同者後四例係詮視嚴氏鈕氏之書範圍加廣者其書頗有精到之處如其解旁云本書央下云从大大人也央旁同意據此則旁字中从人矣又云福為福祐字福備字當作畐神為神祇字鬼神字當作䰠且其書多引今語今物以為證驗如噲下云今人嗜食能厭饇之每稱爽噲（噲音快）又如蕣下云今朝生莫落者是也並明古今遞變之字如葻下云今嵐字即从此省不僅斠異同詮古義已也

㊀清史列傳云錢大昕字曉徵江蘇嘉定人乾隆十九年進士提督廣東學政四十年丁父艱服

關。又丁母艱病。不復出。主講鍾山婁東紫陽書院。嘉慶九年卒。年七十七。

㈡清史列傳云。錢大昭字晦之。太學生。大昕弟也。生平不嗜榮利。名其讀書之所曰可廬。嘉慶十八年卒。年七十。

㈢清史列傳云。錢坫字獻之。大昕族子。副貢生。嘉慶二年教匪擾陝西。坫時署華州。率衆乘城力遏其衝。賊取道華州者三。卒不能東。以積勞得末疾。引歸。嘉慶十一年卒。年六十六。

㈣段卒於嘉慶二十年。桂卒於嘉慶十年。王卒於咸豐四年。朱卒於咸豐六年。

㈤十駕齋養新録二十卷。第四卷論文字。第五卷論音韻。極多發明。而能道人之所未道。

㈥聲類四卷。其目爲釋詁。釋言。釋訓。釋語。釋天。釋地。釋器。釋艸。釋鳥。釋蟲。釋獸。讀之異者。文之異者。方言名號之異。姓之異者。古讀音譌。同音通用。音近通用。形聲俱遠。字形相涉之譌。清道光五年竹汀弟子汪恩印行。

㈦清史列傳云。陳鱣字仲魚。浙江江海人。嘗著許氏說文正義。未成而歿。

㈧吳志薛綜傳。蜀者何也。有犬爲獨。無犬爲蜀。橫目苟身。蟲入其腹。又漢魏伯陽參同契。以陳字為从東。

(九)抱朴子遐覽篇諺曰書三寫魯成魚虛成虎。

(一〇)見許叔重自叙。

(一一)郡字見漢韓勅造禮器碑武榮碑隣字見李翕郙閣頌。

(一二)後漢書曹娥傳注引晉虞豫會稽典録曹娥碑成蔡邕題八字曰黃絹幼婦外孫齏臼世說新語楊修見八字解曰黃絹色絲也於字為絕幼婦少女也於字為妙外孫女之子也於字為好齏臼受辛也於字為辤。

(一三)唐陸龜蒙小名録引吳録孫休詔曰禮名子欲令難犯易避孫今為四男作名字太子名𩅦音如湖水灣瀨之灣字⿵門莔音如迅令之迅次男名⿸广兄音如兕軦之兕字⿱雨幷音如僨首之僨次名⿰豆巨音如艸萃之萃字⿱冋皿音如舉物之舉次名⿱穴鬼音如褒寬大之褒字⿱癶大音如擁特有所之特鈔舊文合造此字庶易避也大昭案孫休傳注引吳録與此稍異⿵門莔作莔迅令作迅令⿸广兄作寘兕軦之兕作兕軦之軦⿱雨幷作幷僨首作元僨首⿰豆巨作柜艸萃作艸莽褒寬大作褒衣下寬大擁特有

所之特。作有所擁持之持。

（一四）叙次叙序東西牆。遂从意也。遂亾也。

（一五）家訓。吾昔初看説文。蚩薄世字。从正則懼人不識。隨俗則意嫌其非。略是不得下筆也。又五經文字。或云隸省。或云經典相承。

（一六）顔氏家訓。或有諱雲者。呼紛紜為紛煙。有諱同者。呼梧桐為白鐵。

（一七）秦以辠似皇字。改為罪。新以疊从三日太盛。改為三田。

（一八）匡謬正俗。詩皇矣篇。求民之莫。傳。莫定也。箋。求民之定。謂所歸就也。屬詞者改莫為瘼。從而釋之曰。求莫謂疾苦耳。又僖元年穀梁傳。孟勞者。魯之寶刀也。顔氏家訓。有姜仲岳者讀刀為力。謂公左右姓孟名勞。多力之人。為國所寶。

（一九）王存乂切韻首列三百六十體。部居襍廁。唐李陽冰書謙卦。謙字凡二十見。無一同者。

（二〇）顔氏家訓。韓晉明嘗問一士族曰。玉珽杼上終葵首。當作何形。答曰。珽頭曲圜。勢如葵葉耳。又詩秦風。騧有六駮。陸璣鳥獸艸木蟲魚疏。六駮木名。其皮青白駮犖。遠而望之。有似六駮之獸。

因以為名其木則梓榆也毛直以為獸之六駮則與苞櫟棣檖不相類故陸不从

㉑鄭說見通志六書畧顧說見日知録

㉒宋趙明誠金石録方鼎銘藏岐山馮氏張侍郎舜民云夏時器也字畫奇怪不可識又金石録原父於是正之學號稱精博惟以意推之故不能無失耳

㉓古姤卦皆作遘惟王弼本作姤木部梔木實可染者大昭案史記貨殖傳卮茜千即此徐鉉于梔字音過委切而新附梔字非也

㉔左傳釋文璵本一作與又顤頟左傳作蕉萃

㉕虫許鬼切蟲直中切豸丈爾切廌丈買切薦即見切見佩觿

㉖種埶也種先種後熟也大昭案經典相承以種稑之種為之用切以樹埶之種為直容切非也酢醶也倉故切醋客酌主人也大昭案經典相承以酢為在各切醋為倉故切非

㉗漢劉向戰國策序本或脫誤為半字以趙為肖以齊為立如此者多

㉘北史魏景穆十二王傳刀筆小人正堪為机案之吏南史中樵字每作䕭字

㉙玉篇魚部鮮魚尾長也廣韻十九臻鮮魚尾長也詩有莘其尾字書从魚又廣韻二十六咸鱤
鱤驪古縣名漢書只作咸

㉚張世南宦遊紀聞自甲至癸爲十榦自子至亥爲十二枝後人省文以榦爲干以枝爲支非也

㉛釋鳥鸉白鷢俗本誤分爲二字唐石經及釋文宋鄭樵注本竝作鸉而金石文字記據誤本
爾雅謂石經鸉字當分爲楊鳥二字非是又禮祭義見閒以俠甒注見閒當爲覸

㉜襄九年左傳晉人不得志于鄭以諸侯復伐之十二月癸亥門其三門閏月戊寅濟于陰阪鄭注
此年不得有閏月戊寅戊寅是十二月二十日疑閏月當爲門五日五字上與門合爲閏則後
學者自然轉日爲月又史記趙世家左師觸龍言願見太后戰國策作觸讋蓋誤合龍言爲一
字

㉝雒陽本作洛陽漢火行忌水光武以後改爲雒字廣韻五支隋國名本作隨左傳漢之國隨爲
大隋文帝去辵能改齋漫録隋文受禪以魏周齊不遑寧處遂去辵單書隋字

㉞梁世有一侯嘗對元帝飲謔自陳癡鈍乃成颸段元帝答之曰颸異涼風段非干木見顏氏家

訓。

(三五)匡謬正俗。嗚呼歎詞也。古文尚書悉為於戲。今文尚書悉為嗚呼。而詩皆云於乎。中古以來文籍皆為嗚呼。文有古今之變。義無美惡之別。末代若哀誄祭文即為嗚呼。其封拜册命即為於戲。於讀如字。戲讀為羲。分為兩義。又審食其及武帝時趙食其。皆與酈食其同音異碁。而近代學者酈則異碁。審則食其趙則食其非也。同是人名更無別義。荀悅漢紀三者並為異碁字。斷可知矣。

(三六)舊唐書李林甫傳。林甫典選部時。選人嚴迥判語。有用杕杜二字者。林甫不識杕字。謂吏部侍郎韋陟曰。此云杖杜何也。又事文類聚引宋楊侃職林。李林甫舅子姜度。度誕子。林甫手書賀之曰。聞有弄麞之慶。客視之。皆掩口而笑。

(三七)拾遺杜工部也。譌為十姨。見宋黃震日鈔。又通志天文畧。爾雅河鼓謂之牽牛。歌曰黃姑織女時相見。黃姑即河鼓。

(三八)並見詩秦風疏引孫炎爾雅注。

㊴匡謬正俗。詩甫田勞心忉忉。爾雅切切憂也。字當从刀七聲。傳寫誤為忉。大昕案顏說非也。忉忉正與驕驕為韻。猶鄶風羔裘勞心忉忉。與朝為韻也。今本爾雅。並不作切切。釋文亦音都勞切。顏氏所見爾雅本偶誤耳。又杜上聲度去聲。昌黎集辯諱。漢之時有杜度。此其子宜何如諱。則誤以為同音。

㊵莊二十二年左傳。敢辱高位。昭二年。敢辱大館。注並云。敢。不敢也。儀禮聘禮。辭曰非禮也敢。注敢言不敢。又奈何與那。本是一語。宣二年左傳棄甲則那。蓋急言之曰那。緩言之曰奈何也。

㊶成十八年左傳羊舌職。說苑作羊殖。又鶡冠子。楚用申麃。齊用管子。宋陸佃注。申包胥也。

㊷說文統釋序。清光緒八年鄞縣郭傳璞刻。

㊸說文斠詮十四卷。是書篆文錢氏自書上版。最為精慎。惟原刻本頗不易覓。通行者淮南書局刊本。

乾嘉以後諸儒之六書說

確立漢學派的文字學。當推戴震東原。戴氏有六書論三卷。其書不傳。㊀有自序一篇（上畧）「今考經史所載漢時之言六書也說岐而三一見周禮注引鄭司農解一見班孟堅藝文志其一則叔重說文解字頗能詳言之班鄭二家雖可以廣異聞而綱領之正宜从許氏後世遠學乖罕覩古人制作本始謂諧聲為最淺末者後唐徐鍇之疏也以指加物于象形之文者宋張有之謬也謂形不可象而指其事事不可指而會其意意不可會而諧其聲者諸家之紛也謂轉聲為轉注者起於最後於古無稽特蕭楚諸人之臆見也（中畧）故考自漢已來迄于近代各存其說駁別得失為六書論三卷」（下畧）㈡戴氏之轉注論在文字學上為有力之說另記于下其他五書雖不能據此序而推測其書之內容段玉裁為戴氏弟子段氏之六書說大體見於說文解字十五卷叙注其散見於全書中頗多大抵皆本戴氏之說也乾嘉以後說六書最詳者首推王氏筠前已記之其短篇著述專論六書者有三而「六書約言」「六書辨」等不與焉一江聲

之六書說。㊂二鄭知同之說文淺說。㊃三廖平之六書舊義。㊄

六書說中重要之言曰。象形會意諧聲三者是其正。指事轉注假借三者是其貳。指事統于形。轉注統于意。假借統于聲。蓋依而製字為象形。因字而生形為指事。如日象其匝。月象其缺。由此推之。凡山水魚鳥等實有其形而字象之者。胥視此矣。若上下本無定形。置一以為準。位于其上則為上。綴于其下則為下。由此推之。日在茻中為莫。王在門中為閏。凡視之可識。察之見意者皆是也。此指事統于形也。蓋合兩字以成一誼者為會意。取一意以概數字為轉注。止戈為武。人言為信。推十合一為士。黍可為酒。禾入水。言會合其意也。轉注則由是而轉焉。老屬會意。立老字為部首。所謂建類一首。「考」「耋」「壽」「耇」之類。凡與老同意者。皆从老省而屬是。取一字意以概數字。所謂同意相受。由此推之。則說文解字一書。凡分五百四十部。其分部即建類也。其始一終亥。五百四十部之首。即謂一首也下云凡某之屬皆从某即同意相受也此皆轉注之說也此轉注統於意也蓋諧聲者定厥所从而後配以聲聲在字後者也假借則取彼成文而即仍其聲聲在字先者也如江河皆水名故皆从水从水非聲也配以工可乃得聲故曰聲在字後由此推之凡說文解字所云某聲某省聲某亦聲等胥準此矣至若假借之令長令者縣令假諸號令長者官長假取修長是即仍所借字之聲故曰聲在字先如朋古文鳳象形朋飛羣鳥從以萬數故以為朋黨字來周所受瑞麥來麰一來二夆象芒束之形天所來也故為行來之來韋相背也从舛口聲獸皮之韋可以束枉戾相韋背故借以為皮韋㢴鳥在巢上象日在西方而鳥西故因以為東西之西此皆假借之說也此假于聲也以上畧見於六書說者也㊅

按江氏轉注假借之說此處不論而其說指事謂日在茻中為莫王在門中為閏則指事與會意不分矣且指事與象形同為文見于許君自叙甚明而

莫閏皆為合體之字。此江氏之失也。

鄭知同之六書淺說，視王筠之說，簡畧為多，而視江聲之說，則為分析矣。其分象形之類六，指事一，會意之類六，形聲之類二，轉注假借不分類。節畧其說如下。

獨體象形

如畫口作，畫齒作，此正象也。其畫牙作，則橫形而豎作之。畫車作車，則平形而側作之。爲之古文，象兩對。篆文，則猴之頭毛面目身手足尾，無一不備。芊字從尾看向前。黿之古文，從背上視。其篆文，腹背俱見。貝形作，從一頭視，而其背穹隆，而腹下岐之象。凡此皆象其正體。

合體象形

如足之篆，上象腓腸，下象止。眉之篆，下从目，中象眉，上象額理。半體象形，半體會意也。

象形兼聲

如齒篆以𦥑形排於口脣上下。本是口齒之形。又加止字為聲以定其讀。金篆以圡象金在土中。已得金形。又加今字為聲以定其讀。

象形加偏旁

象形加偏旁者。其初本止象形一體。久之猶恐其不明。別取一字配之。如戶本象形。其古文作床。別加木以為之形。厂本象形。其古文作厈。別加干以為之聲。网本象形。其別體為罔。既加糸為形。又加亡為聲。與上兩類不同。上兩類一時合而成文。此則已成字後加偏旁。

象形字有重形

重形者象形本止一形。久之以一形並作之。仍是本字。如山重作屾。水重作沝。頁重作䪱。卪重作卯。凡數十字。許君不言其象。止說其形。當明其兩書之并。初非別一字也。但證之余部絫。為此類字第一見。下注云二余也。與余同。特為發凡見例語。是可定矣。古人作書。常喜重形。如宜之古文作⿱宀⿰且且。某之古文作槑。了之古文作⿰了了。卣之籀文作⿱卣⿰卣卣。重作三形者。鐘鼎彝器銘文。似此者更多。

象形字有最初本形

造字之初。取象於物。如其形以畫之。不必盡能方正。下及篆文。意專結體規模整齊。即於原形。往往不似。如日字最初必本作⊙。全畫日輪。注點其中。以象陽精。月字最初必作 。畫月半明。注點其中。以象陰精。而說文則書作⊖ 。此篆文整齊之法也。

指事

象形直畫全物之形。指事則先畫一物。而一以指其處。如上丁字先畫一橫。以當物。以一之上丁着丨以指之。刃字先畫刀形。於左旁着一以指其處為刃。寸字先畫ㄋ為手形。於腕着一以指其處為寸。

會意正體

會意者。合象形指事之文。兩文三字以見意。亦有多至五六文者。祭从示从又从肉。祝从示从人从口。會合三字而得祭祝之意。社从土示。祫从合示。此會合兩字而得社祫之意。

會意重形

如艸从二屮。林从二木。兩口為吅。三口為品。四口為㗊。

會意中有象形

會意漢藝文志謂之象意。以會意字常含事物之象。其簡者如閏字。从王从門。而見王居門中之象。其繁者如爨字。上从臼。中有同。象人兩手持甑。中从冂。象竈口。下从収从林从火。象人兩手持柴木竈內。隨舉火納之。皆一望而知其意。即一望而知其形也。

會意字有反形

如反彳為亍。反止為𡳿。

會意字中有聲旁

如尋字注。繹理也。从工从口从又从寸。口亂也。又寸分理之。彡聲。爾字注。麗爾。猶靡麗也。从冂从㸚。其孔㸚。尒聲。

會意字中有省旁

奐下云取奐也。从収。夐省。省夐作⿱𠂊内。所以省者為所從偏旁。全書之太繁重。或不便結體也。

形聲正體

如山水土石艸蟲魚各類字。弟加之山水等旁。不煩更用多形。而取一同音字配之。即成字矣。

形聲字有省形省聲

如讋注云失气言也。从言龖省聲。凡从熒聲之字皆省作炏旁。㝱部字从㝱。例省去夢字。或但省夕字。

轉注

轉注以聲旁為主。一字分為若干用。但各以形旁注之。轉注與形聲相反而實相成。如齊字經典為齊戒。用為齊衰。用為齊盛。用為齊前。調齊。用為齊疾。用為腹齊。止是一齊字。厥後則例加偏旁。用是齊戒。即注之以示作齋。用是齊盛。注之以皿作齍。剪齊。調齊。注之以刀作劑。齊疾。注之以火作齌。腹齊。注之以肉作臍。此其義也。

假借

如足足也。古文以為詩大足字。或曰胥字。足之為雅為胥。於義絕不關。是為因聲假借。止下基也。象艸木出有趾。故以止為足。則以引伸之義為假借。屮艸木初生也。讀若徹。古文或以為艸字。則以字義字形並相近為假借。有此三類。而要以同聲相借為正。蓋象形指事會意形聲為造字之經。轉注假借為造字之緯。轉注主加偏旁。無論象形指事會意形聲四者之字。但有一義。俱可注成一文。假借主音。無論象形指事會意形聲四者之字。但令同聲。俱可援為此用。

按鄭氏之論合體象形。其名未安。當為象形兼意。蓋象形兼聲亦合體也。象形字有重形。此說甚新。舉桼字為例亦確。象形字有最初本形。證之臣金文作𦣝。目作罒。極是。但非象形之一例。指事之論未晰。轉注本其父子尹之說㊆以「齊」「類」「介」「冒」。考諸經典。止作齊戒。止作類於上帝。止作介圭。止作同冒。其加示加玉為之偏旁皆轉注也。古止以聲為用。後起加偏旁者皆為轉注。與自來說轉注者又不同矣。其會意形聲假借諸說。則與諸家之說不甚相差異者也。

廖氏平之六書舊義。與其他之說六書者大異。廖氏本班固四象之說。而注重形事意聲四字。其言曰。「造字之序。始形。次事。次意。次聲。四門而止。最初造字。只如作畫。象形在先。象形皆實字。有物即有事。故于象形外別出象事一門。象事在半虛半實之間。至象意則全為虛字。但有其意。並無形事之可言。故象意皆虛字。一實一虛。一半虛一半實。可造之字。盡此三門。至于象聲則後來續造。以濟形事意之窮者。初無深意。最滋繁衍。」至于轉注假借。廖氏亦以為用文字之法。一事之義以數字形容之為轉注。本無其字。以聲定名為假借。其言曰。「六書事與形對。聲與意對。轉注之對假借。不惟其名目也。假借因無為有。轉注化多為少。假借所以濟窮困。轉注所以馭繁難。假借異實而同名。轉注異名而同實。假借為象聲之古法。轉注爲象意之舊章。假借必單詞隻字。轉注爲駢語連文。假借事尚質朴。轉注意取文備」。其論轉注。似與戴氏震無異。實則不相同也。茲將其六書之說分記于下。㊇

一　象形

形事皆如作畫。但象形只是畫成其物而已。單物單形。更無別意。不如象事有功用也。象形除正例外。今分爲十例。

合象例　如「軍」「睂」「爲」之類是。

纏象例　如「玨」「騳」「棘」「炎」之類是。

加象例　如「牢」「牟」「婁」「彪」「閑」之類是。

虛形象例　如「眉」「气」之類是。

取意象例　如「相」「沙」「或」「苗」「天」之類是。

記識象例　如「朱」「本」「末」「刃」之類是。

反體例　如「乏」「𠂤」「ナ」「亍」「丂」「屮」之類是。

省象例　如「ㄋ」「ㄋ」「㔾」「片」之類是。

簡繁例　如「凵」「𠙹」「乚」「燕」「白」「自」「羊」「羊」之類是。

重字例　如「包」「台」「馬」「於」之類是。

二象事

象事與象形實同。特單象物者為象形。兼有功用者為象事。凡畫圖半為象形。半為象事。如畫山水艸木。此象形而不關事者也。有人物則為象事矣。如釣魚圖。魚與竿鉤為象形。持以釣魚則為象事矣。伏虎圖。人虎為象形。以人伏虎則為象事。單畫又ナ為象形。有所執持則為象事。此形事之分也。指事今分為八例。

純就人身耦體指事例　如「行」「北」「及」「步」「此」之類是。

就身見事變體例　如「走」「周」「看」「臥」「夏」「拜」「因」「比」之類是。

以人依物見事例　如「上」「下」「坐」「休」之類是。

身物並見以為事例　如「弔」「夾」「攸」「戒」「隻」「爨」之類。半身半物。以身舉物是。

以物制物合二物為字體繁不再从身取義例　如「解」「束」「牽」「則」「分」「制」之類是。

獨舉事形例　如「丩」「八」「勹」之類。但舉事形以為象是。

純物象事例　如「飛」「不」「至」「𠂢」「生」「出」「非」之類。為物之事。然終為象事之例。與形聲意均不同也。

就物生事例　如「吠」「鳴」「嗁」「牟」「臭」「集」「突」之類是。

三象意

象意一類。一言決之曰。皆虛字無形可肖。無事可作。無聲可託。乃爲象意。如「武」「信」二字。無形無事無聲是也。必如此類。乃爲象意。四象中意字最少。如「碧」「薄」「海」等字皆實有其物。象形非會意。「奉」「御」等。又爲指事字矣。

四象聲

象聲字。其初只是假借。取聲而已。無形屬偏旁也。故以象聲爲名。假借已久。後人於假字依類加形。遂成本字。故四象此門最繁雜。仁義忠恕本象意也。字則變爲象聲。忠恕二字。以例江河。不見其異。而仁義字則从人从我得聲。仁者人也。義者我也。人我之爲仁義。此假借之本例。象聲之舊法也。二字行用已久。義不敵聲。如以形聲通例論之。則仁字當以人爲形。義字當以我爲形。而別用聲字。因其義不敵聲。故即於聲加筆以為字。或二或羊。取別而已。此類為象聲變例。

五轉注

建類一首。即本無其字之對文。比類合誼之變字也。轉注本為象意。象意既有本字。轉注乃退為用字專門。與假借相對成義。轉注之字。今畧分為十例。

雙聲駢字例　如「左右」「股肱」「叢脞」「次且」「流離」「玄黃」「寤寐」「參差」之類是。

疊韻駢字例　如「崔巍」「虺隤」「窈窕」「蒙戎」之類是。

連語例　凡連語而非雙聲疊韻者入此例。

緟言足句例　如「輾轉」「反側」「袒裼」「裸裎」「君臣」「上下」之類是。

變文協韻例　如「家室」「室家」「家人」「干城」「好仇」「腹心」

之類是。

互文足意例　周禮互文最多。彼此相助。其意乃足是。

錯綜雜出例　如曲禮之「告」「面」。詩之「采」「有」「掇」「捋」「袺」「襭」。論語之「迅」「烈」是。

由此及彼例　如孟子言禹而及稷。禮記言車而及馬。言老而及幼是。

傳注例　以彼字注此字。二字同意。亦如駢字。即以數字釋一字。又或虛實不同。字雖異而義則同。仍為轉注也。

爾雅例　如「初」「哉」「首」「基」「肇」「祖」「元」「胎」「俶」「落」「權輿」十二字為轉注。

前三門為正例。後七門為變例。

六　假借

令長如今州縣之稱。此當時通行之語。擧官名稱號不能造字者。以起例假借。不過借以示例而已。官名既無形事之可言。又無實意之可會。所謂全虛不能造事者也。假借以真虛不能造之字為正例。因不能造。乃定此例以濟其窮。至承用既久。續造字多。經師寫經。猶好以同聲字相代。既有本字。又復相借。此假借變例也。

假借十六例。

官名例 如「令」「長」「士」「吏」「皇」「帝」「王」「伯」之類。

地名例 如「秦」「宋」「吳」「越」之類。

姓氏例 如「伊」「姞」「姜」「尹」之類。

記識例 如「支干」「數目」之類。

品藻例 如「大小」「長短」「高卑」「美惡」「好醜」「是非」「真僞」之類。

稱號例　如「君臣」「父孫」「昆弟」「朋友」「爾女」之類。
單詞形況例　如「率爾」「皤然」之類。
重言形況例　如「朱朱」「關關」之類。
語詞例　如「之」「乎」「也」「而」「已」「矣」「焉」「哉」之類。
雙聲連語例　如「次且」「叢脞」之類。
疊韻連語例　如「窈窕」「蒙戎」之類。
同聲通寫例　如利之爲賴。答之爲對之類。
疊韻例　如冰之爲掤。馮之爲淜之類。
合韻例　如芄蔚爲萑。蒺藜爲茨之類。
同韻例　如德之爲悳。服之爲艮之類。
按廖氏之説。頗新奇可喜。四象之説。本之班固。亦非毫無根據。往時劉申叔嘗為余言。廖季平之說六書極善。時尚未嘗讀其書。茲細核之。極為可疑。如其舉例。是詞書而非字書。且其象形加象例。已舉年字。而指事就物生事例。又舉年字。轉注雙聲駢字例疊韻駢字例。已舉叢脞次且窈窕蒙戎。假借雙聲連語例疊韻連語例。又舉叢脞次且窈窕蒙戎。人將何所從耶。假借中之官名地名姓氏。在文字學上之假借論。悉是一例。而分為三說。雖新奇。殊不足取。

其他著作中。關於六書之說。王鳴盛之字說。[九]黃以周之六書通故。[一〇]葉德輝之六書古微。[一一]王說不詳。黃葉之說頗冗。不詳述焉。

[一]段玉裁戴氏年譜云。乾隆十年乙丑二十三歲。是年孟冬成六書論三卷。今其稿未見。

[二]見戴東原集第三卷。

[三]清史列傳云。江聲字叔澐。江蘇元和人。病後世深求考老轉注之義。至以篆迹求之。因為六書

說。嘉慶四年卒。年七十九。

㈣鄭知同。字伯庚。貴州遵義人。鄭珍之子。

㈤廖平。字季平。四川井研人。清末今文學家。著有六譯館叢書。民國六年卒。

㈥六書說一卷。江氏手書勒於石。拓本傳世頗少。顧廣圻刻本亦不易覓。今收入小學類編及益雅堂叢書中。

㈦六書淺說轉注云。先徵君子尹公作轉注考。此書尚未刊行。手澤具存。願公同好。遍推諸字。無不可合。畧為舉之。

㈧六書舊義一卷。廖平著。六譯館叢書本。

㈨清史列傳云。王鳴盛。字鳳喈。江蘇嘉定人。乾隆十九年進士。嘉慶二年卒。年七十六。按字說二十卷。在蟻術編中。

㈩清史列傳云。黃以周。字元同。浙江定海人。黃式三子。同治九年舉人。按六書通故三卷。在禮書通故中。

(二)六書古微十卷。葉德輝著。郋園小學四種本。

轉注說

六書中之轉注異說茲多。乾隆時曹仁虎著轉注古義考(一)約舉晉衛恒以下之說至於清初。邵長蘅隨舉而隨批評之。且自為轉注之說為上卷。列各家之說為下卷。其轉注之說曰。「欲定轉注之義。仍當以說文建類一首同意相受二語求之。既曰建類一首。則必其字部之相同。而字部異者。非轉注也。既曰同意相受。則必其字義之相合。而字殊者。非轉注也。」是曹氏亦認轉注為造文字之法。又曰。「轉注近乎會意。而與會意不同。如以老合丂為考。而考字仍與老字同義。以老合句為耇。而耇字仍與老同義。如止戈為武。而武字已非止字之義。人言為信。而信字已非人字之義。此轉注與會意之分也。轉注近乎諧聲。而與諧聲不同。如丂字本有氣礙之象。老人之哽噎似之。故以老合丂為考。从丂得聲。而仍與老同義。

句字本有屈曲之象，老人之傴僂似之，故以老合句為耇，从句得聲，而仍與老同義，如以水合工為江，工字本無水義，而但取其聲，以水合可為河，可字本無水義，而但取其聲，此轉注與諧聲之分也，轉注又近於假借，而與假借不同，轉注者，一義有數文，故「耇」「考」皆有老義，而老亦可稱「耇」「老」，假借者，一文有數義，故令為號令之令，亦為令善之令，又為使令之令，長為長短之長，亦為久長之長，又為長幼之長，此轉注與假借之分也」。曹氏之說，以同部之聲兼義者為轉注，此其所以有近乎會意與會意不同，近乎諧聲與諧聲不同之說，據曹氏轉注之例，不必涉及假借，而曰近于假借與假借不同，專以破以轉注為轉音之惑，而非曹氏說轉注例之本意，而一義數文一文數義之說，而又與戴氏震之說相合也。

乾嘉以來，為轉注之說，在文字學上，頗有力量者有二家，一吳縣之江聲，一休寧之戴震茲分論于下。

江氏轉注之說曰：說文解字一書，凡分五百四十部，其分部即建類也。其始一終亥五百四十部之首，即所謂一首也。下云凡某之屬皆从某，即同意相受也。此皆轉注之說也。㈡

戴氏轉注之說曰：「考」「老」二字屬諧聲會意者，字之體；引之言轉注者，字之用。古人以其語言為名類，通以今人語言，猶曰互訓云爾。轉相為注，互相為訓，古今語也。說文於考字訓之曰老也，於老字訓之曰考也，是以序中論轉注舉之。爾雅釋詁有多至四十字共一義，其六書轉注之法與，別俗異言，古雅殊語，轉注而可知。數字共一用者，如「初」「或」「首」「基」之皆為始，「卬」「吾」「台」「予」之皆為我，其義轉相為注，曰轉注。一字其數用者，依于義以引伸，依于聲而傍寄，假此以施于彼，曰假借。所以用文字者，斯其兩大端也。㈢

其同於江氏之説者。許宗彥。㊃孔廣居。㊄張行孚（見前）陳澧。㊅廖登廷。㊆

許宗彥之説曰。後叙曰。其建首也。立一為耑。即建類一首之謂也。如示為部首。从示之偏旁。注為「神」「祇」等字。从「神」「祇」注為「祠」「祀」「祭」「祝」等字。從「祠」「祀」「祭」「祝」「復」注為「祓」「禧」「禠」等字。展轉相注。許君舉「考」「老」以見例是已。㊇

孔廣居之説曰。休寧戴震專主同義互訓之説。于是轉注之説愈多。而轉注之義反晦。愚謂轉注者。輾轉不窮也。注者。挹彼注茲也。合而言之。即以母生子。孳乳浸多之謂也。惟象形獨體之文。不从轉注而生。他如上下之从一。事之轉注也。式之从止从戈。信之从人从言。老之从人从毛从匕。意之轉注也。江河之从水。考之从老。省聲之轉注也。一部説文中凡曰从某者。莫非轉注也。吳門江氏聲曰。説文之五百四十部。皆建類一首也。凡某之屬从某。是同意相受也。此真轉注之的解也。

注兼挹注注釋二義。以老字之首注考上。是爲注釋。凡一首者多同意。故明乎轉注則字之本義。思過半矣。（九）

張行孚之説曰。轉注之説。莫堅塙于徐氏鍇。而後人之能申明者。則江氏聲許氏宗彥也。三者各不相謀而若合符節。其于建類一首同音相受之旨。可謂精究無遺而無絲毫背矣。蓋造字之初。苦難孳乳。每類立一首字。而其餘同類之字。依首字之意展轉增之。則生生而不窮矣。此轉注所以爲六書之大綱也。（十）

陳澧之説曰。江徵君六書説。惟轉注異於常解。而義正確。如江氏之説。則建一部之字。以一爲首。「元」「天」等字同有一意者。胥受一字之意而从一推之。五百四十部皆然。一首者。一部中自數字以至數十百字。惟以一字爲首也。且如江氏之説。尤可見製義之精義。何也。形聲者。説文所謂从某某聲也。如「江」「河」以水爲形。以「工」「可」爲聲也。然轉注之字。或不兼形聲。形聲之字。則必兼轉注。祇明其形聲。則祇知其从某之形。而不知其形即受其意也。有江氏之說。而後某聲之與从某。其意相屬。乃見製字之意。段懋堂謂會意形聲而兼之字致多。已見及此義。獨不知其為轉注形聲之兼。而誤認為會意。遂往往有不可通。如禮从豊聲。豊行禮之器也。从示轉注之則事神之意見。福从畐聲。畐滿也。从示轉注之則福備之意見。然不可言會意者。會意必如「人言」「止戈」兩字聯屬。而不可云示豊為禮。示畐為福也。然則江河即轉注。何必更舉考老曰轉注。以部首之文注部中之字。所謂孳乳而浸多。故謂之轉。若云水江是也。水河是也。則可矣。然則不詞矣。且考者老也。老者考也。尤同意之最切者也（三）

廖登廷之說曰。小徐讀注作染注之注。謂字相染注而生。竊謂論轉注者。惟此條明暢。與許書之旨合。足以證諸說之譌。其意以注書中以五百四十字為建類。从一至亥為建首。凡从某之字皆从某。為同意相受。如木部以木為建類之首。而凡

木屬皆依序林列。故謂之同意相受。如病流注。始只一處。後轉相傳染。流注周身。皆原一注。㊂

其同於戴氏之說者段玉裁（見前）王筠（見前）黃式三㊂張度㊃胡琨㊄

段玉裁之說曰。轉注猶言互訓也。注者灌也。數字展轉。互相爲訓。如諸水相爲灌注。交輸互受也。轉注者。所以用指事象形形聲會意四種文字者也。數字同義。則用此字可。用彼字亦可。建類一首。謂分立其義之類而一其首。如爾雅釋詁第一條說始是也。同意相受。謂無慮諸字意旨畧同。義可互相灌注。而歸于一首。如「初」「哉」「首」「基」「肇」「祖」「元」「胎」「俶」「落」「權」「輿」。其於義或近或遠。皆可互相釋訓。而同謂之始是也。獨言「考」「老」者。其顯明親切者也。但類見於同部者易知。分見於異部者易忽。如人部但裼也。衣部裼但也之類。學者宜通合觀之。異字同義不限於二字。如「裼」「嬴」「裎」皆

曰但也。則與但爲四字。「窒」「窴」皆曰𡫳也。則與𡫳爲三字是也。(一五)

王筠之轉注說見於王氏之文字學章。不復述。

黄式三之說曰。轉注之例。有取建類一首者。如瑑玉也。瓘玉也。以部首一類注之也。有取同意相受者。如弋橜也。橜弋也。以意之同者注之曰。若建類一首。復同意相受者。如老考也。考老也是也。說文本明。後儒自不思耳。近戴氏東原。段氏懋堂。以轉注爲訓詁之互注。其說不可以易。顧林亭從蕭楚張有諸說。以假借之令長。平仄音讀不一。遂以令長移之轉注。是以轉聲爲轉注。江慎修从顧說而變之。則曰就本義展轉引申爲他義。或變音。或不變音。皆爲轉注。其無義而但借其音。或相似之音。則爲假借。是以本義之展轉引申者爲轉注。朱豐芑從顧江二說而畧變之。則曰轉注者體不改造。引意相受。令長是也。假借者本無其意。依聲記事。朋來是也。就本字本訓。而展轉引申爲他訓者曰轉注。無展轉引申。而別有本字本

訓可指名者曰假借。朱氏分假借一類而兩之。不特紊轉注之例。亦紊假借之例也㊅

張度之說曰。六書之恉。各有本原。各有會通。本原者造字之初例也。會通者文字之運用也。執本原以覈乎會通。六書之誼。必窒塞而不達。徒事會通。即以為本原。六書之例。亦混合而不分。知其例以會其通。斯可矣。何謂知例。許君曰。建類一首。同意相受。此轉注本原之例也。何謂會通。如「萊莿」「莿萊」「䔰葍」「葍䔰」「蔆芰」「芰蔆」「裼但」「但裼」。或聲或意。皆不外本原之例也。如「論議」「議語」「語論」轉而遠之。遠而環之之為注也。如「晨」「早」昧爽也。「梡」「棞」木薪也。「棞」「梡」木未析也。以意相成之為轉注也。如齊人謂芋曰筥。秦人謂筥曰䈰。同時異地異字。「芋」「筥」「筥䈰」一誼之為轉注也。如齊謂梠為檐。又謂梠為厃。同時同地異字。「梠」「檐」「厃」一誼之為轉注也上古爲自後世爲鼻上古爲乙後世爲燕古今同物異字「自鼻」「乙燕」一誼之爲轉注也要而論之字者孳也孳生日多轉注日廣戴東原曰指事象形形聲會意四者字之體也轉注假借二者字之用也千古不刊之論又曰國朝經學大盛戴氏東原轉注之説究屬通論惟以爾雅全書爲轉注此其誤㈦

胡琨之説曰近世通人錢大昕戴震段玉裁先後稽考證以訓詁始得叔重之本義而段氏學尤邃其説以爲異義同字爲假借異字同義爲轉注轉注即訓詁一字反覆相訓爲轉注數字合爲一訓亦轉注也考訓老老訓考亦其顯者耳嘗推究其説而廣其所未備得轉注之例十有二焉一曰建首之字與所受之字可互相訓者如介畫也畫介也遼遠也遠遼也此即考老互訓之正例二曰建首之字與所受之字不可互訓者如天顛也顛不可曰天地底也底不可曰地此不必互訓但可同意相受亦爲轉注之正例三曰所受之字意雖異而可同者如爾雅第一

條意各不同引伸之凡物之始皆可為初為才為首為基而同歸于一首曰始也數字灌注而歸一意可得注字之義此爾雅之正例四曰建類一首之中意仍有兩用者如爾雅「孔」「魄」「哉」「虛」「無」「之」「言」間也「孔」「魄」「延」「虛」「無」五字當訓為間隙之間「哉」「之」「言」三字當訓為言詞之間間字兩用而不分此亦爾雅之正例五曰轉注有如後世之雙聲者丁當也「丁」「當」雙聲劑翦齊也三字互為雙聲六曰轉注有如後世之疊韻者流求也「流」「求」疊韻臚身親也三字疊韻七曰轉注有如後世之翻切者不律謂之筆不律相切得筆字髮鬒謂之被髮鬒相切得被字此三條皆轉注之通于形聲者八曰因字所从相為轉注仍从乃即訓乃神从申即訓申此轉注之通于象形指事會意者九曰非其本訓借字相注鳩本無聚義因左傳無鳩借作勼字用即以勼訓訓之曰聚也尋本無溫義因左傳尋盟借作埶字

用即以鼓訓訓之此轉注之通于假借者十曰因聲為轉注者如經典所云「亹亹」「勉勉」「沒沒」「忽忽」「密勿」「蠠沒」「黽勉」皆一聲之轉可相為轉注又如經典及漢書所云「茀離」「仳離」「配蓩」「披離」「彌離」「迷離」「靡麗」亦一聲之轉可相為轉注蓋由古今方言不同故有此例十一曰以相反之意為同意相轉注亂可訓治落可訓始此由古人措詞嫌質言之不文而以相反見義故有此例十二曰不可直訓需展轉申明之儺猶瀎也玨猶齊也則吕猶字明之夫之言扶婦之言服則以之言二字明之蓋義實相通因無明證擬之而後言故有此例凡十二條前八條轉注之正例可就六書本義求之後四條轉注之變例當于六經注義參之(二八)

其他與江戴之說不同者頗多畧舉之王鳴盛（見前）許瀚(二九)黃以周饒炯(三〇)葉德輝（見前）其鄭知同廖平之轉注說已見于前不復述

王鳴盛之說曰。形聲緊蒙象形會意。則舍形取意。轉注从意而轉加之以聲。凡說文中从某某聲。而所从之字為象形者。形聲也。所从之字為會意者。皆轉注也。㊂

許瀚之說曰。自來言六書者。於轉注尤多歧說。其失總由韋異許氏。今以建類一首同意相受八字為範圍。以考老二字為準則。則觸類引伸而得其例有七。由七例旁推之。又有變例。其不在此例者。則非轉注也。一曰凡部首以所屬之字為義而所用為義之字。又以部首為義者。二曰凡从某之字。即以所从之字為義。及同部中同以所从之字為義者。三曰凡从某之字。即與所从之字同義。及同部中同與所从之字同義者。四曰同部中其義相同者。五曰同部中其義相須者。六曰同部中其義遞轉相承者。七曰同部中其義展轉相釋者。凡此七例。有一部俱備者。有一部僅一二見者。有一部中絕無者。有一部全為轉注者。今就備于一部者發其凡。餘可類推矣。如走部走趨也。是部首以所屬之字為義。趨走也。是所用為義之字又以部首爲義也趨从走即訓走是以所从之字爲義趨訓走「⿺走戠」「趙」「⿺走幾」「⿺走虒」「趉」皆訓走是同以所从之字爲義也走趨也赴亦訓趨是與所从之字同義趆亦訓趨是同與所从之字同義也「趣」「趮」「⿺走睘」皆訓疾「⿺走樂」「趡」皆訓動「⿺走堅」「⿺走啇」「⿺走蜀」「⿺走匠」「⿺走支」「趞」皆訓行貌「⿺走敫」「⿱𡨄走」皆訓走貌「⿺走前」「⿺走囷」「⿺走坐」「⿺走憲」「⿺走䍃」「䞴」皆訓走意是謂其義相同「趌」趌趨怒走也「趍」趍趙久也「趙」趍趙也「⿺走雚」行⿺走雚趢也一曰行曲脊貌「趢」⿺走雚趢也是謂其義相須「走」趨也「赴」趨也「趆」趨也「趨」走也「⿺走契」超特也「超」跳也「趒」雀行也「⿺走龠」趠⿺走龠也「趠」遠也「趞」趬趞也一曰行貌「趬」行輕貌一曰趬舉足也是謂其義遞轉相承者「趁」䞴也「䞴」趁也是謂其展轉相釋此其正例也夫轉運也注灌也運以輪言灌以水言如輪之運轉水之灌注循環無端由此及彼無

窮盡也。求轉注必求諸說文本部。許氏所謂建類一首也。部不同非轉注。必求諸同部同義。許氏所謂同意相受也。義不同非轉注。同部同義則其字必可以相代。蓋轉注所以廣文字之用。與假借同功。凡以供臨文者之挹彼注茲。左宜右有。若夫不同部亦得為轉注者。必其部首一形相生。一意相成。異名同物。異體同名。一形相生。近如「玉」「玨」「屮」「艸」「茻」「口」「吅」「品」「㗊」遠如「目」「見」「人」「𧘇」「辛」「辛」一意相成如「口」「欠」「又」「手」「巾」「𧘇」。異名同物如「隹」「鳥」「燕」「乙」。異體同名如古文大。籀文作介。籀文人。古文奇字作几。此雖不同部。其部首同相通之道。猶是建類一首同意相受也。此其變例也㊂

黄以周之說曰。「考」「老」二字展轉相注。所謂同意相受也。同意者造字之意同也。同意不必同字。說文云。凡某之屬皆从某。即建類一首之義也。云與某同意。即同意相受之義也。但云凡某之屬皆从某者。未必同意相受。云與某同意者。未必建類一首。其建類一首而又同意相受者。惟衣部裘字下云。與褻同意。字皆从衣爲一首。裘之求與褻之埶爲同意。其他如「鬩」「鬭」「再」「爯」「受」「爭」「比」「从」諸字。說文雖未明言同意。亦皆是也。而論其造字之會意同。本義同。引申義亦無不同。莫如「考」「老」二字。故舉以爲轉注之例。㊂

饒炯之言曰。轉注本用字後之造字。一因篆體形晦。義不甚顯。而从本篆加形加聲以明之。是即王氏釋例之所謂累增字也。一因義有推廣。文無分別。而从本篆加形加聲以別之。一因方言轉變。音無由判。而从本篆加聲以別之。是即王氏釋例之所謂分別文也。一因有意晦而加形以明之者。如部首已。象火炷。而主又从加主。二有因意晦而加聲以明之者。如网象形。而或體罔。又从网加亡聲。三有別義而加形以明之者。如祔爲付祭。从付引借而加示。四有別義而加聲以明之者。

如鬥為兩士相對而鬭訓遇即對爭反借義也故从鬥加斲聲以別之五有別聲而加聲以明之者如匙為匕之變音而即以匕加是聲以寄之六有不因意晦義別但取篆形茂密而繁緟其文者如宜為諧聲而古文䆁从二宜㉔

葉德輝之說曰六書轉注人人言殊曹仁虎作轉注古義考臚載晉以下之說二十餘家辨別是非參稽同異而力闢以注釋為轉注者之誤其言有得有失不可盡從所謂以注釋為轉注者即戴東原震段懋堂玉裁兩家之說是也戴段說轉注誠為一偏之詞二家之誤以爾雅釋詁當六書轉注汜濫及于說文全部而無所限斷矣許君當時獨舉「考」「老」以為例者正以老部之字無不承老而言即部末孝字似于老字無可依附而卒申其義曰从子子承老也則同意相受豈不更顯然乎夫老之一字既建類矣又一首矣又同意矣于是字字有所承受字字可以遞轉蓋轉注之字未有明白易知如此者至散見他部諸字有不建類

不一首之轉注如上部下底也广部底山居也一曰下也此但轉注而各自為類各从其首更無同意之可言也又有一首而不建類之轉注如艸部茅菅也菅茅也蕪薉也薉蕪也凡若此者其所从字同而其部中字義例雜出各以類次此但有轉注而不得謂之同意相受也又有同意不能相受因而不能轉注者如誩部譱吉也从誩从羊此與義美同意晨部首云早昧爽也从臼从辰辰時也辰亦聲丮夕為𡖍臼辰為晨皆同意㸚部爾麗爾猶靡麗也从冂从㸚其孔㸚介聲此與爽同意「善」「美」「義」三字尚為一義若「晨」「𡖍」「爾」「爽」皆可同意而不可轉注此蓋可證老部之成立為建類一首同聲相受八字完全之一部非他部雜出諸類之可例也至增其文以相轉注如示部祭祀也祀祭無已也木部柯斧柄也柄柯也又有雜採方言以轉注者如艸部蔆芰也芰蔆也楚謂之芰秦謂之薢茩皆轉注之變例也更有不用本字而同聲字以轉注者如辵

部。逾。越也。越。踰也。足部。踰。越也。此蓋轉注而兼假借。又例之變而又變者也。要之老部所存十字。于建類一首同意相受八字之義。已包括無遺。故許君獨舉之。使人知轉注之原始。其例甚簡如此。斷非爾雅釋詁「初」「哉」「首」「基」等之訓始字者。所能混合為一事也。（二六）

觀以上所舉轉注諸說。江戴誠為最有力之兩派。戴氏之說。有段氏之注。王氏之釋例。其說之傳播尤為普遍。學者心理。多思出異說以爭勝。而普徧傳播之說。遂視為老生常談。戴氏之轉注說。轉為現在學者之所不道。轉注之說愈衍愈多。時有新奇可喜之論發見。茲更記章炳麟劉大白之說于後。其餘各說。則不及焉。

章炳麟之說曰。段玉裁之說轉注。于造字無與。不應為六書之準。許瀚之說轉注。轉注乃豫為說文而設。保氏教國子時。豈豫知千載後有五百四十部書邪。余以為轉注假借。悉為造字之則。汎稱同訓者。在後人亦得名轉注。非六書之轉注也。同聲通用者。在後人亦得名假借。非六書之假借也。夫字者孳乳而浸多。或同語而雙聲相轉。疊韻相迆。則為更制一字。此所謂轉注也。何謂建類一首。類謂聲類。首者今所謂語基。考老同在幽部。其誼互相容受。一誼而音有小別。按形體則成枝別。審語言則同本株。雖制為殊文。其實公族。推之雙聲者亦然。同音者亦然。舉「考」「老」以示例。得包彼二者矣。許君于同部字。聲近誼同者。聯舉其文而不說為一字。所以示轉注之微恉也。如芓。麻母也。萁。芓也。古音同在之部。蓓。苗也。苗。蓓也。古音同在幽部。若斯類者。同均而紐或異。則一語之離析為二者也。若其紐均皆同。在古則為一字。自秦漢以後。字體乖分。音讀或小與古異。相承別為二文。故雖同誼同均。而不說為同字。此皆轉注之可見者也。許君緜聯比敘。令學者心知其意。其他部居不同。或文不相次者。若士之與事。叔之與戚。了之與尥。火之與「娓」「燬」。在古一文而已。其後聲音小變。或有長音短音。判為異字。而類誼未殊。亦皆轉注之例也。若夫「畐」「備」同在之部。「用」「庸」同在東部。「咼」「⿸疒爲」同在歌部。「惶」「恇」同在陽部。于古語皆為一名。而音有小變。乃造殊字。此亦所謂轉注者也。其以雙聲相轉。一名一誼而孳乳為二字者。尤彰灼易知。如屏之與藩。亡之與無。謀之與謨。空之與窠。此其訓詁皆同。而聲紐相轉。其為一語之變。益粲然可睹矣。若是者謂之轉注。類謂聲類。非謂五百四十部也。首謂語基。非謂凡某之屬皆从某也。戴段諸君說轉注為互訓。大誼炳然。而不明轉注一科為文字孳乳之要例。乃汎謂「初」「哉」「首」「基」訓始。並為轉注。立例過濫。于造字之則無與。元和朱氏以引申為轉注。正許君所謂假借。轉注者繁而不殺。恣文字之孳乳者也。假借者志而如晦。節文字之孳乳者也。乃造字繁省之大例。惜乎知此者希。㉗

劉大白之說曰。轉注者建類一首。同意相受。老考是也。「類」是合已經轉變的聲音相類的聲符，「建」是立的意思，也就是轉注的「注」的意思，「首」就是始，「建類一首」是說一個元來的聲音已經轉變了，于是把那合已經轉變的聲音相類的一個聲符，建立在這一個元來的本字旁邊，「同意相受」的「受」，合「據形系聯」的「系聯」，意思相似，許慎所謂「同意相受」，只是據意系聯的意思，所以从轉注一書所造的新字，也有合元來的本字完全相同，也有合元來本字並非完全同意，不過是據意系聯的意思，从「考」「老」兩字講，老就是一首，丂就是建立在老字之下的一個合那从「老」字轉變出來的「考」字的聲音相類的聲符，「考」字既經造成，而他的意義仍舊受之於「老」，所以「考」和「老」，是同意相受。

士从一十，是會意字，壯从士爿聲大也，墫从土尊聲士舞也，都是轉注字，走从夭止，是會意字，走部中从走某聲的字，都是轉注字，是从日正，是會意字，韙从是韋聲。是轉注字。示从二三垂日月星也。是指事字。示部中从示某聲的字。都是轉注字。八象分別相背之形。是指事字。八部中从八某聲的字。都是轉注字。蓐从艸辱字是形聲字。薅从蓐好省聲。披田艸也。是轉注字。言从口辛聲。是形聲字。言部中从言某聲。都是轉注字。至于由意符加聲符。成了轉注字。當然還可以加聲符上去。這加上聲符轉注字。依然是一個轉注字。例如舛對臥也。从夂㐄相背。是指事字。韋相背也。从舛口聲。是轉注字。而韠韍也。从韋畢聲。韎茅蒐染韋也。从韋末聲。韝臂衣也。从韋冓聲。韜劍衣也。从韋舀聲之類。凡是从韋某聲的字。也都是轉注字。又云。於是凡从非象形的字上。加一個聲符上去。都不是形聲字。就是从指事字或形聲字或會意字上加一個聲符上去。都不形聲。都是轉注字。因為除假借字本純是純聲符字。不能再加聲符。象形字是純形符字。加上聲符便是形聲字。指事字本是形符加意符。形聲字本是形符加聲符。而一經構成一個文字。便只是表意的一個意符。不能再認為形符。至于會意純是意符。是尤其顯明的。所以指事字或形聲字或會意字上。加上一個聲符。都是轉注字。㉗又有夏炘著六書轉注說一書。大概同于江聲。茲不述焉。㉘

㊀曹仁虎字來應。號習菴。清江蘇嘉定人。乾隆二十六年進士。官廣東學政。轉注古義考一卷。收入藝海珠塵與許學叢書及益雅益叢書。

㊁見上乾嘉以來之六書說章。

㊂見戴東原集第三卷答江慎修先生論小學書。

㊃許宗彥字積卿。清浙江德清人。乾隆三十四年進士。官至山東布政使。嘉慶二十三年卒。著有鑑止水齋集二十卷。

㊄孔廣居字千秋。號瑶山。清江蘇江陰人。著有說文疑疑。

㊅陳澧字蘭甫。清廣東番禺人。道光十二年舉人。河源縣訓導。光緒八年卒。年七十三。

㊆廖登廷。清四川井研人著有六書說

(八)見鑑止水齋集十四卷轉注說。

(九)見說文疑疑按是書乾隆五十二年脫稿五十五年修改成嘉慶七年刊行。

(十)見說文發疑轉注節。

(一一)見書江艮庭徵君六書說後。

(一二)見廖登庭六書說轉注章。

(一三)黃式三字薇香清浙江定海人歲貢生同治元年卒年七十四。

(一四)張度字辟非清浙江長興人著說文解字索隱及補例。

(一五)胡琨清浙江仁和人著六書假借轉注說。

(一五)見段注說文解字十五敘五曰轉注下。

(一六)見對朱氏轉注問。

(一七)見說文解字索隱轉注解。

(一八)見六書假借轉注說。

⑲許瀚字印林清山東日照人道光十五年舉人官嶧縣教諭著有別雅訂五卷印林遺著一卷。

⑳饒炯字焱之清四川資州人著有文字存真光緒二十九年刊行。

㉑見蛾術編中字說。

㉒見許印林轉注舉例。

㉓見禮書通故中六書通故論轉注。

㉔見文字存真六書轉注例第五。

㉕見六書古微卷五轉注說。

㉖章炳麟字太炎浙江餘杭人為革命前輩為漢學大師著述極富民國二十五年卒年六十九所論轉注見于小學答問。

㉗劉大白浙江人頗提倡新文學曾一次官國民政府教育次長現已卒其轉注說標題轉注正解刊在第二十五卷第二十三號東方雜誌內。

㉘夏炘字心伯安徽當塗人注六書轉注說二卷。

假借說

假借頗少異說雖有不同不如轉注之甚不同之較巨者造字之法與用字之法而已實則所謂造字之法即本無其字之假借依聲必託事朱駿聲之所認為轉注是也所謂用字之法即倉卒無其字之假借依聲不必託事朱駿聲之所認為假借是也名義雖不同實際初無甚分別惟其認為是造字之法則不能包括倉卒無其字之假借認為用字之法兩種假借皆可包括本無其字依聲託事之假借究竟未另造字仍是假借原有之字而用之也故此種不同之學說茲不詳述

說文解字本書許氏自言假借散見於各部甚多惠安孫經世著說文解字假借攷一篇㊀言之極詳王筠著說文釋例亦逐錄之畧有疵瑕即為辨正茲錄孫氏假借攷一篇王辨附注以見說文解字本書假借之例其他已見于乾嘉以後諸儒之六書說章不詳述焉

孫經世之說曰。六書之有假借也。本無其事。而依聲託事。後聖所為濟指事象形形聲會意轉注之窮。而通其用於不窮者。蓋舍是無由。故令長一證。許氏特偶舉以見例。其實此例散見於說文諸部。固指不勝屈焉。今考諸部解語。有言故㠯為或㠯為者。凡㠯明夫此之可借為彼也。如𤕫下云。故以為朋黨字。烏下云。故以為嗚呼。來下云。故為行來之來。韋下云。故借以為皮革。西下云。故因以為東西之西。𦥑下云。或以為首𦥑。止下云。故以止為足。是也。而嗇之為嗇夫。能之為能傑。州之為九州。以及子之借以稱人。㊁勿之借以稱遽。不肖之借以偁不似其先視此也。有言書以為古文以為籀文以為者。凡以明夫借此為彼之淵源自古也。如㱿下云。周書以為討。屮下云。古文以為艸字。疋下云。古文以為詩大雅字。亦以為足字。詖下云。古文以為頗字。臤下云。古文以為賢字。㗊下云。古文以為靦字。丂下云。古文以為亏字。又以為巧字。哥下云。古文以為謌字。㬎下云。古文以為顯字。𡵂下云。

古文旅、古文以爲魯衛之魯、完下云、古文以爲寬字、㑀下云、古文以爲訓字、臭下云、古文以爲澤字、汓下云、古文或以爲没字、㴱下云、古文以爲灑埽字、丂下云、古文且、又以爲几字、童下云、廿古文以爲疾字、鼎下云、古文以貝爲鼎、籀文以鼎爲貝、爰下云、籀文以爲車轅字是也、而古文豕之即爲古文亥、篆文㕣之即爲古文沇、篆文芺之即爲古文莚、篆文𩫏之即爲古文墉、篆文㝵之即爲古文得、篆文禼之即爲古文偰、篆文變之即爲籀文嬌、（三）以及周書之伯䍧爲古文冏、商書之粤巘、古文作由枿、視此也、有言史篇以爲、杜林以爲、楊雄以爲、賈侍中以爲者、凡以明夫借此爲彼之傳授有人也、如姚下云、史篇以爲姚易也、㕜下云、杜林以爲麒麟字、構下云、杜林以爲椽桷字、㝵下云、杜林以爲貶損之貶、𤰈下云、杜林以爲竹筥、楊雄以爲蒲器、（四）斡下云、楊雄杜林皆以爲軺車輪斡、厄下云、賈侍中以爲厄裹也、亟下云、賈侍中以爲次第也是也、而娸爲醜、董爲藹、根、橋爲椅、陘爲法度、蹢蠋為足垢。㊄稽橽稄為木名之各本諸杜貫。以及离為猛獸之出自歐陽喬。豦為封豕之屬之出自司馬相如。視此也。有言亦如是亦如此者。凡以明夫彼之義不同此而亦借此以為之也。如[illegible]下云。虞書堋淫于家亦如是。鎬下云。武王所都在長安西上林苑中。字亦如此。嬯下云。闒嬯亦如此是也。而虞書蓍字之即借目少精之眊。丹朱字之即借純赤之絑。視此也。有言或一說或曰一曰者。凡以明夫借此為彼之自成一義也。如皀下云。或說一粒也。我下云。或說頃頓也。㊅曲下云。或說蠶薄也。澥下云。一說即澥谷也。[illegible]下云。或曰拳勇字。𦏵下云。或曰古貨字。䨓下云。或曰旱霜也。巴下云。或曰食象蛇。娃下云。或曰吳楚之間謂好娃。[illegible]下云。或曰羠羊百斤𠂇又為[illegible]。焦下云。一曰鶉字。解下云。一曰解廌獸也。奇下云。一曰不耦。椃下云。一曰師子。袤下云。一曰南北曰袤。猶下云。一曰隴西謂犬子為猶。意下云。一曰十萬曰意。[illegible]下云。一曰半[illegible]也。沾下云。一曰益也。潛下云。一曰漢為潛。婜下下云一曰虞書雉㜸。鮞下云一曰魚之美者東海之鮞。翬下云一曰伊洛而南雉五采皆備曰翬。是也。而他凡本義後别出一義視此也。有言一曰而後引經以實之者。凡以明夫某之借義當屬之某。而非可概爲施也。如假下云。一曰至也。而引虞書假于上下。竘下云。一曰匠也。而引逸周書竘匠。滑下云。一曰露皃。而引詩零露滑兮。鏄下云。一曰田器。而引詩庤乃錢鏄。麓下云林屬於山爲麓。而引春秋傳沙麓崩。婐下云。一曰女侍曰婐。而引孟子舜爲天子二女婐是也。而附婁之爲小土山。而證以春秋傳附婁松柏視此也。有别引經傳而特申其説爲某者。凡以明夫某之見某。乃其借義而無容與本義混也。如堲下引虞書龍朕堲讒説殄行。而云堲疾惡也。枯下引虞書惟箘簬枯。而云木名也。圛下引商書曰圛。而云雲圛者升雲半有半無。搯下引書師乃搯。而云搯者搯兵刃以習擊刺也。貔下引詩獻其貔皮。周書如虎如貔。而云貔猛獸（七）。悆下引周書有疾不悆。而云悆喜也。莫下引周書布重蔑席而云纖蒻席也戔下引周書箋箋而云巧言㈧數下引詩服之無數而云數猒也庮下引周禮牛夜鳴則庮而臭如朽木禕下引周禮王后之服禕衣而云畫袍皋下引周禮詔來鼓皋舞而云皋告之也麗下引麗衣納聘而云蓋鹿皮也趡下引春秋傳盟于趡而云趡地名枵下引春秋傳歲在玄枵而云枵虛也禡下引春秋傳禡馬百駟而云畫馬也斛下引爾雅斛謂之疀而云古田器也嬃下引楚詞女嬃之嬋媛而云賈侍中説楚人謂姊為嬃是也而易突如其來如之即為𠫓周禮柔皮之工鮑氏之即為鞄以及虎竊毛為虦苗之竊之義取諸淺視此也凡此皆明言假借是也抑有不明言假借而彼此參互而得之者如忼忼慨也而引易忼龍有悔則以忼亢聲同而借之也黷握持垢也而引易再三黷則以黷嬻聲同而借之也𧰨希屬也而引虞書𧰨類于上帝則以𧰨肆聲同而借之也殛殊也而引虞書殛鯀于羽山則以殛極聲同而借之也繪會五采繡也而引虞

書山龍華蟲作繪，論語繪事後素，則以繪繢聲同而借之也。戚戉也，而引商書率籲衆戚，則以戚慽聲同而借之也。㊈炪火光也，而引商書予亦炪謀，則以炪拙聲同而借之也。㊉㛄人姓也，而引商書無有作㛄，則以㛄好聲同而借之也。狟犬行也，而引周書尚狟狟，則以狟桓聲同而借之也。㊉辥治也，而引周書我之不辥，則以辥避聲同而借之也。㊂媰婦人妊身也，而引周書至于媰婦，則以媰屢聲同而借之也。嵒暫嵒也，而引周書畏于民嵒，則以嵒僭聲同而借之也。⿰目冒氐目視也，而引周書武王惟⿰目冒，則以⿰目冒冒聲同而借之也。敀迮也，而引周書常敀常任，則吕敀伯聲同而借之也。譣問也，而引周書勿以譣人，則以譣憸聲同而借之也。宗臧也，而引周書陳宗赤刀，則以宗寶同聲而借之也。緢旄絲也，而引周書惟緢有稽，則以緢貌聲同而借之也。俒完也，而引逸周書以俒伯父，則以俒溷聲同而借之也。芼艸覆蔓也，而引詩左右芼之，則以芼覒聲同而借之也。夃市買多得也，而引詩我夃酌彼金罍則以及姑聲同而借之也㊂晤明也而引詩晤辟有摽則以晤寤聲同而借之也暥目相戲也而引詩暥婉之求則以暥晏聲同而借之也㊂耽耳大垂也而引詩士之耽兮則以媅耽聲同而借之也瞏目驚視也而引詩獨行瞏瞏則以瞏焭聲同而借之也嬒含怒也而引詩碩大且嬒則以嬒儼聲同而借之也俟大也而引詩伾伾俟俟則以俟騃聲同而借之也嗟殘薉田也而引詩天方薦嗟則以嗟瘥聲同而借之也熯乾皃也而引詩我孔熯矣則以熯戁聲同而借之也侗大皃也而引詩神罔時侗則以侗恫聲同而借之也矉恨張目也而引詩國步斯矉則以矉頻同聲而借之也伎與也而引詩籒人伎忒則以伎忮聲同而借之也戩滅也而引詩實始戩商則以戩翦聲同而借之也㊃䇺束也而引詩百祿是䇺則以䇺揫聲同而借之也坺一臿土也而引詩武王載坺則以坺旆聲同而借之也鱢鮏臭也而引周禮膳膏鱢則以鱢臊聲同而借之也㡎髤布也而引周禮駹

車犬幦。則以幦幭聲同而借之也。藃。艸皃也。而引周禮轂雖獘不藃。則以藃槁聲同而借之也。僟。精謹也。而引明堂月令數將僟終。則以僟幾聲同而借之也。䵒。黏也。而引春秋傳不義不䵒。則以䵒暱聲同而借之也。迋。往也。而引春秋傳子無我迋。則以迋誑聲同而借之也。旣。小食也。而引論語不使勝食旣。則以旣气聲同而借之也。㊄袉。裾也。而引論語朝服袉紳。則以袉拕聲同而借之也。謜。徐語也。而引孟子故謜謜而來。則以謜原聲同而借之也。徥。行皃也。而引爾雅徥則也。則以徥是聲同而借之也。是則以上下文互推焉而可得者也。又如吝下引易以往吝。遴下復作遴。則以知遴即吝之借也。欜下引易重門擊欜。㯷下復引作㯷。則知㯷即欜之借也。馰下引易為馰顙。旳下復引作旳。則以知旳即馰之借也。㊅枖下引詩桃之枖枖。⿰女芺下復引作⿰女芺。則知⿰女芺即枖之借也。汜下引詩江有汜。洍下復引作洍。則以知洍即汜之借也。⿰女殳下引詩靜女其⿰女殳。袾下復引作袾。則以知袾即⿰女殳之借也。

褻下引詩是褻袢也。紲下復引作紲。則以知紲即褻之借也。薈下引詩薈兮蔚兮。嬒下復引作嬒。則以知嬒即薈之借也。躓下引詩載躓其尾。疐下復引作疐。則以知疐即躓之借也。僊下引詩婁舞僊僊。姕下復引作姕。則以知姕即僊之借也。叏下引詩叏兮達兮。達下復引作挑。則以知挑即叏之借也。廣下引詩廣彼淮夷。瞿下復引作穬。則以知穬即廣之借也。艴下引論語色艴如也。孛下復引作孛。則以知孛即艴之借也。嬛下引春秋嬛嬛在疚。㝌下復引詩作㝌。忨下引春秋傳忨歲而㵣日。翫下復引作愒。則以知㝌即疚之借。翫與愒即忨與㵣之借也。𨞇下引商書西伯戡𨞇。𢦟下復引作黎。𣬛下引虞書鳥獸𣬛髦。𣰦下復引作𣰦作毛。逑下引虞書旁逑孱功。僝下復引作救作僝。則以知黎即𨞇之借。(又)𣰦即𣬛之借。救即逑之借。而髦與孱又即毛與僝之借也。是則以前後文互勘焉而可得者也。又如匪以竹匧器也。而媾下引易匪寇婚媾。則以知匪之可借為非也。栝隱也。而枆下引夏書杶榦栝柏則以知栝之可借為檜也緐馬髦飾也而橆下引商書庶艸緐橆則以知緐之可借為蕃也后繼體君也而詷下引周書在后之詷則以知后之可借為後也宿止也而䛐下引周書王三宿三祭則以知宿之可借為肅也猗犗犬也而㫁下引周書㫁㫁猗則知猗之可借為兮也爪丮也而豲下引逸周書豲有爪則以知爪之可借為叉也輖重也而惄下引詩惄如輖飢則以知輖之可借為輈也㈥兩二十四銖也而髧下引詩紞彼兩髦則以知兩之可借為㒳也施旗皃也而罛下引詩施罛濊濊則以知施之可借為敀也𣸪漑灌也而軜下引詩𣸪以觼軜則以知𣸪之可借為鋈也棘小棗也而臠下引詩棘人臠臠則以知棘可借為亟也納絲溼納納也而䑐下引詩納于䑐陵則以知納之可借為內也視瞻也而佻下引詩視民不佻則以知視之可借為示也夢不明也而牧下引詩牧人乃夢則以知夢之可借為㝱也巨規巨也而業下引詩巨業維樅則以知巨之可借

為虞也革獸皮去毛也而瑲下引詩鞗革有瑲則以知革之可借為勒也朱赤心木也而絑下引詩貝冑朱綅則以知朱之可借為絑也咮相應也而讎下引詩亦有和讎則以知和之可借為盉也萌艸芽也而耡下引周禮以興耡利萌則以知萌之可借為氓也率捕鳥畢也而旗下引周禮率都建旗則以知率之可借為衛也洗洒足也而觶下引周禮一人洗舉觶則以知洗之可借為洒也孼庶子也而薀下引春秋傳薀利生孼則以知孼之可借為蠥也遂亡也而痁下引春秋傳齊侯疥遂痁則以知遂之可借為㒸也燕玄鳥也而暥下引春秋傳私降暥燕則以知燕之可借為宴也瀆溝也而㩡下引春秋傳㩡瀆鬼神則以知瀆之可借為嬻也俠俜也而𢉖下引春秋國語俠溝而𢉖我則以知俠之可借為夾也博大通也而𣪊下引論語不有博奕者乎則以知博之可借為簙也荷扶渠葉也而莜下引論語以杖荷莜則以知荷之可借為何也俾益也而𡰯下引虞書有能俾𡰯則以

知俾之可借為以言使也條小枝也而絛下引商書有條而不紊則以知條之可借以言理也。㊈獻宗廟以犬肥者獻也而劼下引周書劼毖殷獻臣則以知獻之可借以言賢也相省視也而勸下引周書勸相我國家則知相之可借以言治也實富也而匪下引逸周書實玄黃于匪則以知實之可借以言盛也此止也而鼉下引詩得此䴉鼉則以知此之可借以言是也瑟庖犧所作弦樂也而僩下引詩瑟兮僩兮則以知瑟之可借以言莊也如從隨也而䕷下引詩顏如䕷華則以知如之可借以言似也盧飯器也而獜下引詩盧獜獜則以知盧之可借言犬也孔通也而䮦下引詩四䮦孔阜則以知孔之可借以言甚也又手也而斨下引詩又缺我斨則以知又之可借以言後也佗負何也而厝下引詩佗山之石則以知佗之可借以言彼也胡牛頷垂也而虺下引詩胡為虺蜥則以知胡之可借以言何也祇帛丹黃色也而攪下引詩祇攪我心則以知祇之可借以言適也[illegible]羌人所歛角屠觱也。而濫下引詩觱沸濫泉。則以知觱之可借以言泉出也。濟水也。而楛下引詩榛楛濟濟。則以知濟之可借以言衆多也。莫日冥也。而藟下引詩莫莫葛藟。則以知莫之可借以言茂盛也。岐岐山也。而嶷下引詩克岐克嶷。則以知岐之可借以言有知也。衰衰衣也。而穮下引春秋傳是穮是衰。則以知衰之可借以言雝本也。榦築牆耑木也。而楄下引春秋傳楄部薦榦。則以知榦之可借以言骸骨也。喙口也。而餀下引爾雅餀謂之喙。則以知喙之可借以言食臭也。好美也。肉胾也。而瑗下引爾雅好倍肉謂之瑗。則以知好與肉之可借以言孔言邊也。若擇菜也。而𩩲下引易夕惕若厲。則以知若之借義為相若也。或邦也。而鞶下引易或錫之鞶帶。則以知或之借義為或然也。畜田畜也。而牝下引易畜牝牛吉。則以知畜之借義為畜養也。節竹約也。而卮下引易君子節飲食。則以知節之借義為節制也。參商星也。而兩下引易參天兩地。則以知參之借義為參兩也。萬蟲也。而熯下引易燥萬物者莫熯乎火。則以知萬之借義為千萬也。戲三軍之偏也。而謔下引詩善戲謔兮。則以知戲之借義為嬉戲也。報當辠人也。而搖下引詩報之以瓊瑤。則以知報之借義為施報也。乾上出也。而灘下引詩灘其乾矣。則以知乾之借義為乾燥也。獨犬相得而鬥也。而踽下引詩獨行踽踽。則以知獨之借義為孤獨也。宛屈艸自覆也。而坻下引詩宛在水中坻。則以知宛之借義為宛然也。彼往有所加也。而薾下引詩彼薾惟何。則以知彼之借義為彼此也。去人相違也。而蟘下引詩去其螟蟘。則以知去之借義為除去也。終絿絲也。而俶下引詩令終有俶。則以知終之借義為終始也。縣繫也。而旐下引周禮縣鄙建旐。則以知縣之借義為鄙縣也。獲獵所獲也。而取下引周禮獲者取左耳。則以知獲之借義為捕獲也。涂涂水也。而濼下引春秋傳脩涂梁溠。則以知涂之借義為涂路也。亝二禾麥吐穗上平也。而捷下引春秋傳亝人來獻戎捷。則以知亝之借義為亝魯也。爾麗爾也。而茜下引春秋傳爾貢包茅不入。則以知爾之借義為爾汝也。雝雝𪇰也。而𡿧下引春秋傳川雝為澤。則以知雝之借義為雝塞也。廣殿之大屋也。而𣪠下引春秋傳晉人或以廣隊。則以知廣之借義為廣車也。甲甲乙也。而擐下引春秋傳擐甲執兵。則以知甲之借義為甲冑也。盛黍稷在器中也。而襺下引春秋傳盛夏重襺。則以知盛之借義為壯盛也。御使馬也。而珠下引春秋國語珠足以禦火災。則以知御之借為扞禦也。離離黃也。而𣅡下引易日𣅡之離。佌下引詩有女佌離。覶下引爾雅覶髳弗離。則以知離之借義為離明。為離別。為彌離也。方併船也。將帥也。而圮下引虞書方命圮族。昌下引詩東方昌矣。娠下引春秋傳后緡方娠。娀下引詩有娀方將。彝下引周禮以待祼將之禮。掫下引春秋傳賓將掫。則以知方之借義為方棄。為方位。為方然。將之借義為將大。為將送。為將然也。是則以本文與旁見之文互證焉而可得者也。凡此皆得之所引經傳也。引經傳而外。其借義多附他字訓釋中。如於順言理。即以見治玉之理又為順也。於恒言常。即以見帬下之常又為恒也。於喜言樂。即以見音樂之樂又為喜也。於通言達。即以見行不相遇之達又為通也。於親言至。即以見鳥飛从高下至地之至又為親也。於尃言布。即以見枲織之布又為尃也。於儉言約。即以見約束之約又為儉也。於可言肎。即以見骨肉間肎肎箸之肎又為可也。於計言會。即以見會合之會又為計也。於詒言遺。即以見遺亡之遺又為詒也。於速言疾。即以見疾病之疾又為速也。於俗言習。即以見數飛之習又為俗也。於代言更。即以見更改之更又為代也。於償言還。即以見還返之還又為償也。於偭言鄉。即以見鄉黨之鄉又為偭也。於債言庸。即以見訓用之庸又為債也。於緣言純。即以見訓絲之純又為緣也。於瓢言蠡。即以見蟲齧木中之蠡又為瓢也。於梠言臿。即以見舂去麥皮之臿又為梠也。於注言灌。即以見灌水之灌又為注也。於愆言過。即以見過度之過又為愆也。於憎言惡。即以見過惡之惡又為憎也。於諜言反間。即以見間隙之間又為諜也。於候言司望。即以見司事之司又為候也。於略言經略。即以見纖從絲之經又為略也。於淺言不深。即以見深水之深又為不淺也。以暫言不久。即以見從後灸之久又為非暫也。於忘言不識。即以見知識之識又為不忘也。(二〇)於假言非真。即以見僊人變形登天之真為不假也。於廷言朝中。於覲言秋朝。即以見朝夕之朝又朝廷為朝覲也。於艱言難治。於險言阻難。於遞於踧言更易。言平易。即以見難鳥之難又為艱為險。蜥易之易又為更為平也。於遹於般皆言避。於任於壔皆言保。於撥於討皆言治。於儀於擬於過皆言度。即以見訓法之辟又為遹為般。訓養之保又為任為壔。治水之治又為撥為討。法制之度又為儀為擬也。凡若此類。亦皆以本文與旁見之文互證焉。而可得者也。是又得之經傳外也。要而論之。假借則一。而假有正有變。無其字而借。而所借皆同聲之字。是則為正。有其字而借。及所借非同聲之字。是則為變。㉑說文於引古及襲用成語。往往正變錯出。至自為注義。則概從其正。㉒間或偶涉于變。如釁下云。酉所以祭也。借酉為酒。㉓會下云。曾益也。借曾為增。𣅀下云。匕合也。借匕為比。㉔遂下云。允進也。借允為兟。寡下云。頒分也。借頒為班。望下云。壬朝廷也。借壬為廷。孫下云。系續也。借系為繼。要亦寥寥無幾焉。誠以變之可參。不若正之可守也。讀說文者。于諸部解語。則其字之孰為借。復別其所借之孰為正孰為變。而引而申之。貫而通之。則於六書之學。思過半矣。

按假借只有正變二例。一為本無其字之假借。一為本有其字之假借。求之于經傳之中。所在皆是。連篇累牘。不能盡。于說文解字本書中求之。而其例已極為明顯。孫氏此篇。至為辨析。故全迻錄之。其他說不錄者。以其在文字學史上無甚關係也。

㊀孫經世字濟侯號惕齋清福建惠安人陳壽祺弟子道光十一年以優行貢入成均十二年卒于都中年五十歲說文假借攷惕齋遺書本在惕齋經說中許學叢書本在說文說中許學叢書本作孫濟世許濉祥云舊鈔本題孫先生諱濟世釋例作經世未知孰是實則經世是先生壻陳金城所行略云先生諱經世字濟侯號惕齋舊鈔本誤合諱字爲一也

㊁韋爲皮子爲人止爲足皆正非借

㊂㕣臬夌䜌之重出蓋非原文

㊃𠙹下云杜林以爲竹筥楊雄以爲蒲器乃各家異義非借爲某義之比厄亞攱此

㊄蹢躅爲足垢按說文曰或曰蹢躅此一義也乃係連語與上文住足也爲蹢一字之義別也又云賈侍中說足垢也此又一義也蓋仍係蹢一字之義不連躅言也蓋侍中爲許君之師不待或人傳述然後得聞

㊅我下云或說頃頓也案本作我頃頓也以是我頃爲連語即今之俄頃頓也乃我頃之訓釋也人部俄下云行頓也故億我頃即俄頃也

⑦貔下引詩書。而又曰貔猛獸。此連毛傳引之耳。惕坐系之。無容與本義混條下。似非。蓋許君說貔曰豹屬。而又用毛傳猛獸之說。正是一義。豹豈非獸之猛者乎。尚書僞孔傳貔執夷虎屬也。正義曰。釋獸云。貔白狐。其子曰豰。舍人曰。貔名白狐。郭璞曰。一名執夷。虎豹屬。詩釋文引艸木疏云。似虎。或曰似熊。遼東人謂之白羆。筠綮白羆猶之白狐。特其異名耳。非謂貔為羆之白者。狐之白者也。如狐之類。今有謂之馬鹿者。初非鹿也。諸說皆以為虎豹熊之類。皆足見其為猛獸。乃正義非借義。

⑧戔下引周書戔戔。而云巧言。筠綮茂堂亦如是斷句。竊疑其不成文也。諞字引周書。截截善諞言。與今本同。而公羊文公十二年傳曰。惟諓諓善竫言。王逸注劉向九歎。引作諓諓靖言。豈不可云戔戔巧言乎。抑或本作戔戔竫言。竫言巧言也。為後人刪之。印林曰。諞竫靖一聲之轉。元耕二部本相通也。巧則非矣。蓋諞正字。竫靖假借字。竫不可讀巧。竫為諞之假借。乃可訓巧耳。

⑨此類乃省借。非聲借。如虞書作會。借會為繪。亦是。

⑩炪火光也。商書曰予亦炪謀。讀若巧拙之拙。惕齋謂尚書借炪爲拙。蓋據今本作拙。僞孔傳依文訓之而然。然恐許意不然也。夏官司爟注。爟如予若觀火之觀。今燕俗名熱湯爲觀。則觀火謂熱火與。筠案鄭君所據尚書亦作炪。故說觀以熱。書詞予字爲主。若觀火以下十字。皆喻君之威也。作者火作也。左昭十七年傳若火作。其四國當之。又曰其以丙子壬午作乎。十八年傳七日其火作乎是也。逸者火之逸也。商頌曰如火烈烈。則莫我敢遏。知此乃商時恒言。故桓盤言之也。

⑩狟桓聲同而借。案書云桓桓重言也。凡重言皆形容之詞。大抵是借。爾雅桓桓威也。然說文桓亭郵表也。豈有威義。不可以今本尚書作桓。豈謂狟爲借

㊁辟避聲同而借。亦據爲鄭義爲言。竊謂許君所言。乃尚書正解也。辟治也。推究流言所自起而治其罪也。

㊂姑亦借字。

㊂晏天清也。今詩作燕。燕亂也。然則曣燕皆借字。釋文不言有作晏之本。

(一四) 戩㓹聲同而借寀㓹齊斷也。與意不協。此為回護太王之說所惑。

(一五) 既氣一字也。集韵說是。論語食氣。複語也。非借氣為气。

(一六) 的為正字。馰為分別字。

(一七) 愓齋未言戩戬之異。蓋戩殺也。戬刺也。其義不異。或即是一字。

(一八) 惄如朝飢作朝之本。多於作輖之本。茂堂主輖字。愓齋又謂借輖為朝。皆誤也。樸安按宋本作調。

(一九) 理治玉也。是理以治為正義。用為條理。亦借義也。

(二〇) 識常也。一曰知也。常者旗也。說文無幟字。識即是也。禮記故以其旗識之。則記識固為引伸之義。然與無義之借不同。

(二一) 樸安按所借皆同聲之字及所借非同聲之字二句。應改為所借皆聲同義近之字及所借皆聲同義不近之字。蓋一則依聲託事。一則依聲不必託事。凡假借無不聲韵同也。

(二二) 許書自為注義。概從其正。此又必不能之勢。如一下云。惟初太始。道立於一。造分天地。化成萬物凡一之屬皆从一。改之曰思。初滑始道立烏一。就分天地化成蟲物。凡一出屬皆从一。

此必不通者也。故知世無假借不可以成文。

㈢酉字非借。

㈣匕下云相與比叙也。是匕比同義。是以妣之籀文作㚹也。

從偏旁到字原

說文解字叙云。倉頡作書。依類象形謂之文。其後形聲相益謂之字。文者象物字者孳乳而浸多也。章氏炳麟謂獨體者倉頡之文。合體者後王之字。研究文字學者謂之偏旁。或謂之字原。但偏旁與字原其性質當不同。偏旁者指五百四十部首而言。以五百四十之偏旁。而統九千三百五十三文字也。字原者獨體之文。合體之字由此而孳乳者。五百四十部首之中。合體之字甚多。只可謂之偏旁不可謂之字原。如求字原。須將此五百四十偏旁中之合體字。分析之以求獨體之文。

自來命名者，或用偏旁，或用字原，不甚注意。清朝以前，關于此類之著作，已記于文字學前期篇偏旁學章中。清朝以來，關于此類之著作，其命名亦不甚注意。其有一二家，稍有字原之趨勢。茲先記清儒各家關于此類之著作于下。

此類之著作頗多，略記之：一、蔣騏昌之五經文字偏孜㈠，二、蔣和之說文字原集註，三、蔣和之說文字原表及表說㈡，四、王筠之校正蔣氏說文字原表㈢，五、吳照之說文偏旁字解㈣，六、胡重之說文字原表㈤，七、桂文燦之說文部首句讀㈥，八、陳健侯之說文提要㈦，九、錢慶曾之說文部居表㈧，十、張行孚之說文揭原㈨，十一、吳玉搢之六書敘考㈩，十二、苗夔之說文建首字讀㈡，十三、饒炯之說文解字部首訂㈢，十四、黃壽鳳之說文部首均語㈢。以上共計十四種，他不悉記焉。

十四種之書，有字原之趨勢者，蔣和、王筠、吳玉搢三書而已。吳書略同趙宧光之說文表，蔣書分天地人，以一為天，从一所生之部首類記之，以二為地，从二所生之首記類記之。从人所生之部首。隸于人而類記之。天干甲乙。地支子丑等。不屬于天地人者類記之。王氏本蔣之原表而修之。惟注意于「同條牽屬。共理相貫。雜而不越。據形系聯。」一方面居多。而不能確指出獨體之文。為合體字之原。若干也。要知中國文字。皆由拼合而來。除獨體文確為字原外。有獨體文加一符號為一字者。有二文三文四文拼一字者。至多有十餘文拼一字者。若能求出獨體之字原。則展轉孳乳之字。皆由此字原而生。此整理文字有求字源之必要也。著者嘗本五百四十部首。析其合體之字為獨體。雖為獨體。而可以由彼生此者。皆置之不錄。計得字原一百七文。自知僅據部首以求。而未徧及說文解字全書中之字。所得殊未的確。不敢據為字原之定數。茲姑僅記其從偏旁到字原之趨勢于文字學史上。冀將來有人能從九千三百五十三文之分析。而得字原之的確數若干也。

有日本高田忠周者，據五百四十部首，畧如蔣氏王氏之法，爲説文字原譜，得母文一百四十七，記之于下。

一　一，説文，惟初太極，道立于一，造分天地，化成萬物。

丨　丨，説文，下上通也，引而上行讀若囟，引而下行讀若逷。

八　八，説文，別也，象分別相背之形。

牛　牛，説文，事也，理也，象頭角三封尾之形。

口　口，説文，人所以言食也，象形。

丩　丩，説文，相糾繚也，一曰瓜瓠結丩起，象形。

止　止，説文，下基也，象艸木出有阯，故以止爲足。

彳　彳，説文，小步也，象人脛三屬相連也。

牙　牙，説文，壯齒也，象上下相錯之形。

冊說文符命也諸侯進受于王者也象其札一長一短有二編之形

又說文手也象形手之多略不過三也

𦥑說文叉手也从𠃉彐

鬲說文鼎屬也象腹交文三足

爪說文丮也覆手曰爪象形

丮說文持也象手有所丮據也讀若戟

臣說文牽也事君者象屈服之形

𠘧說文鳥之短羽飛𠘧𠘧也象形讀若殊

卜說文灼剝龜也象炙龜之形

爻說文交也象易六爻頭交也

目說文人眼也象形重童子也

自。說文。鼻也。象鼻形。古文作𦣹。

羽。說文。鳥長毛也。象形。

隹。說文。鳥之短尾總名也。象形。

𦍌。說文。羊角也。象形。讀若乖。

鳥。說文。長尾禽總名也。象形。鳥之足似匕。从匕。

𠦒。說文。箕屬。所以推糞之器也。象形。官溥說。

冓。說文。交積材也。象對交之形。

幺。說文。小也。象子初生之形。

予。說文。相推予也。象相予之形。

冎。說文。剮人肉置其骨也。象形。頭隆骨也。

肉。說文。胾肉。象形。

刀說文兵也象形

丯說文艸蔡也象艸生之散亂也讀若介

角說文獸角也象形

竹說文冬生艸也下垂者箁箬也

丌說文下基也薦物之丌象形讀若基

工說文巧飾也象人有規榘古文作𢒄

乃說文曳詞之難也象气之出難也古文作𠄎籒文作𠄐

豆說文古食肉器也从口象形古文作𣇴

虍說文虎文也象形

皿說文飯食之用器也象形與豆同意讀若猛

𠙴說文𠙴盧飯器以柳作之象形或作笶从竹去聲

丶，說文：有所絕止，丶而識之也。

入，說文：內也，象從上俱下也。

缶，說文：瓦器，所以盛酒漿，秦人鼓之以節歌，象形。

矢，說文：弓弩矢也，从入，象鏑栝羽之形。

冂，說文：林外謂之冂，象遠介也，古文作冋，或作坰。

來，說文：周所受瑞麥來麰也，二麥一夆，象其芒朿之形。

夊，說文：行遲曳夊夊也，象人兩脛有所躧也。

口，說文：回也，象回帀之形。

貝，說文：海介蟲也，象形。

日，說文：實也，太陽之精不虧，从口一，象形。

月，說文：闕也，太陰之精，象形。

毌。說文。穿物持之也。从一横毌。毌象寶貨之形。

㔾。說文。嘾也。艸木之華未發圅然。象形。讀若含。

卤。說文。艸木實垂卤卤然。象形。讀若調。

齊。說文。禾麥吐穗上平也。象形。

克。說文。肩也。象屋下刻木之形。古文作𠅏𠧦。

彔。說文。刻木彔彔也。象形。

臼。說文。舂臼也。象形。中象米也

凶。說文。惡也。象地穿交陷其中也。

尗。說文。豆也。象豆生之形。

耑。說文。物初生之題也。上象生形。下象其根也。

韭。說文。韭菜也。象形。在一之上。一地也。此與耑同意。

瓜說文蓏也象形

宀說文交覆罙屋也象形

呂說文脊骨也象形

疒說文倚也人有疾痛也象依著之形

冂說文覆也从一下垂

人說文天地之性最貴者也此籀文象臂脛之形

毛說文眉髮之屬及獸毛也象形

舟說文船也象形

百說文頭也象形

丏說文不見也象雝蔽之形

彡說文毛飾畫文也象形

文說文錯畫也象交文

卩說文瑞信也象相合之形

甶說文鬼頭也象形

厶說文姦衺也韓非曰倉頡作字自營爲厶

山說文宣也有石而高者象形

厂說文山石之厓巖人可居象形

勿說文州里所建旗有三游襍帛幅半異

冄說文毛冄冄也象形

而說文須也象形

豕說文彘也象毛足而後有尾

彑說文豕之頭象其鋭而上見也讀若罽

豸　豸。說文。獸長脊行豸豸然。欲有所司殺形。

兕　兕。說文。如野牛青色。兕頭與禽离頭同。

易　易。說文。蜥易守宮也。象形。秘書曰。日月為易。一曰从勿。

象　象。說文。南越之大獸。長鼻牙。三年一乳。象耳牙四足尾之形。

馬　馬。說文。怒也。武也。象馬頭髦尾四足之形。

廌　廌。說文。解廌獸也。似牛一角。象形。从豸省。

犬　犬。說文。狗之有縣蹏者也。象形。

鼠　鼠。說文。穴蟲之總名也。象形。

火　火。說文。燬也。南方之行。炎而上。象形。

大　大。說文。天大地大人亦大。象人形。

囟　囟。說文。頭會匘蓋也。象形。或从肉宰作𦞤。

心。說文。人心。土藏也。在心之中。象形。

水。說文。準也。北方之行。象衆水竝流中有微陽之氣也。

仌。說文。凍也。象水冰之形。

魚。說文。水蟲也。象形。魚尾與燕尾相似。

燕。說文。燕燕。玄鳥也。籋口布翄枝尾。象形。

飛。說文。鳥翥也。象形。

乙。說文。燕燕。乙鳥也。齊魯謂之乙。取其鳴自呼。象形也。

戶。說文。護也。半門曰戶。象形。

耳。說文。主聽者也。象形。

𦣝。說文。顄也。象形。

手。說文。拳也。象形。

𠂹。說文。背呂也。象脅肋形。讀若乖。

女。說文。婦人也。王育說。

丿。說文。又戾也。象𠂇引之形。

𠂆。說文。抴也。朋也。象抴引之形。虒字从此。

戈。說文。平頭戟。从弋一衡之。象形。

亅。說文。鉤逆者謂之亅。象形。讀若橜。

琴。說文。禁也。神農所作。洞越練朱五絃。周時加二絃。

乚。說文。匿也。象迟曲隱蔽形。讀若隱。

匚。說文。受物之器。象形。讀若方。籀文作。

瓦。說文。土器已燒之總名。象形也。

弓。說文。窮也。以近窮遠者。象形。

糸。說文。細絲也。象束絲之形。讀若覛。古文作𢆯。

虫。說文。一名蝮。博三寸。首大如擘指。象其卧形。

卵。說文。凡物無乳者卵生。象形。

田。說文。敶也。樹穀曰田。象形。十千百之制也。

力。說文。筋也。象人筋之形。

幵。說文。平也。象二干對冓。上平也。

勺。說文。枓也。所以挹取也。象形。中有實。與包同意。

几。說文。凥几也。象形。

斤。說文。斫木斧也。象形。

矛。說文。酋矛也。建于兵車。長二丈。象形。

車。說文。輿輪之總名也。象形。

𠂤。說文。小𠂤也。象形。

厽。說文。絫坺土爲牆壁。象形。

宁。說文。辨積物也。象形。

叕。說文。綴聯也。象形。

亞。說文。醜也。象人局背之形。

九。說文。昜之變也。象其屈曲究盡之形。

甲。說文。東方之孟昜气萌動。从木戴孚甲之象。

乙。說文。象春艸木冤曲而出。陰气尚强。其出乙乙也。與丨同意。

丁。說文。夏時萬物皆丁實。象形。

戊。說文。中宮也。象六甲五龍相拘絞也。

己。說文。中宮也。象萬物辟藏詘形也。

庚。說文。位西方。象秋時萬物庚庚有實也。

癸。說文。冬時水土平可揆度也。象水从四方流入地中之形。

子。說文。十一月昜氣動。萬物滋。人以為偁。象形。

巳。說文。巳也。四月昜气已出。陰气已臧。萬物見成彣彰。故巳為蛇。象形。

午。說文。啎也。五月陰气啎屰。昜气冒地而出也。此與矢同意。

酉。說文。就也。八月黍成。可為酎酒。象古文酉之形也。

以上字原一百四十七。亦不甚的確。如臼从ㄖㄋ。ㄖㄋ即ナ又二文之變。臼非字原。廾象二千對冓上平。廾當从二千。廾非字原。田十千百之制。田當是从口从十。田非字原。八象分別相背之形。八當从又戾之ノナ戾之乀。八非字原。即丮从手。亘从口。矢从入。亦皆非字原。又如不之不。之等。而在部首中所無者。雖不成文。九千三百五十三文。或需用此類不成文之符頗多。故字原之外當

有若干符號之捜集。偏旁之學。已為歷史之過去。字原之整理。尚有望于將來也。

㊀蔣驥昌。常州武進人。其書三卷。錄五百四十部首。並出隸書。略有注釋。乾隆五十九年刊。

㊁蔣和。字仲和。號醉峯。無錫人。乾隆五十一年欽賜舉人。其說文字原集注十五卷。錄五百四十首部。凡古文篆文及筆迹小異。隸變悉書之。並為正義別義辨正之注釋。乾隆五十三年刊。分天地人為三綱。以干支附于後。編次為表。其表說則略說其據形系聯之故。附刊于說文字原集注後。亦有單行本。

㊂王筠。履略見前。就蔣和之說文字原表。改為譜牒式。附刊于說文句讀後。改名部首。

㊃吳照。字照南。一字白庵。別號青芝山人。江西南城人。乾隆拔貢。官大庾縣訓導。其書取五百四十部首。及說解。並錄之。無注釋。刊在說文字原考略內。字原考略。彙錄說文玉篇夢英周伯琦隸辨等之偏旁。並及引經等。乾隆五十七年刊。

㊄胡重。浙江錢塘人。其書用李燾五音韻譜。始東終甲。取五百四十部首而編之。無說解。無注釋。間標音讀。嘉慶十六年刊。

㊅桂文燦字子白廣東南海人道光舉人官湖北鄖縣知縣其書未見

㊆陳建侯字仲耦福州人官湖北知府湖北崇文書局本

㊇錢慶曾字又沂大昕曾孫歲貢生官訓導其書未見

㊈張行孚履略見前其書取五百四十部首以真書爲主以真書筆畫之多少依次編之書篆文于下畧有説解及注釋便于檢查也光緒十年刊

⑩吳玉搢字藉五號山人江蘇山陽人廩貢生官鳳陽訓導其書分「數位」「天官」「地輿」「人物」「事爲」「飲食」「衣服」「宮室」「器用」「動物」「植物」「支干」爲十二類附存疑五部共計五百十部母部二百一十九子部二百九十一其書未刊稿本藏南陵徐氏

⑪苗夔字仙簏一字先路直隸肅寧人道光十一年優貢咸豐七年卒年七十五謂説文建首五百四十字即蒼頡讀六朝五代人無能得其句讀者皆以俗韻失之乃以句用、韻用○間句韻用○○隔句韻用、、爲説文建首字讀苗氏頗自珍異以今日學術眼光觀之亦

無甚意義也。咸豐元年刊。苗氏四種本。

㈡饒炯履略見前。錄五百四十部首。並及說解。自為注釋頗詳。以便初學之讀。光緒三十年刊。文字存真本。

㈢黃壽鳳。江蘇吳縣人。其他不詳。此書以五百四十部首字。編為四言均語。如云「一為字始。丄亦乃生。貫三為王。玉玨異聲」。便學童之讀而已。民國七年影印。

㈣高田忠周。號竹山。日本東京人。著說文字原譜。刊在補正朝陽字鑑中。

從聲讀到文始

聲讀發明。始於宋人。已記之于文字學前期篇內矣。清代提倡聲讀者。當推戴氏震。而戴氏未有成書也。弟見其與段玉裁書云「諧聲字。半主義。主半聲。說文九千餘字。以義相統。今作諧聲表。若盡取而列之。使以聲相統。條貫而下。如譜系。則亦必傳之絕作也。」其意蓋欲命段氏為之。顧段氏亦未成書也。其古十七部諧聲表。僅取說文解字全部形聲字而記其聲。未嘗有意求聲母。計得聲母一千五百四十三字。㊀畧有聲讀之趨勢。乃命弟子江沅專為聲讀之著作。沅先成釋音例。嗣又成說文解字音均表。釋音例只記聲母而已。求得聲母一千二百九十一。闕音二十三。音均表則以聲母為首。而以从母得聲之字。依列為表。㊁此即戴氏所謂以聲相統。條貫而下。如譜系也。清代其他學者。本聲讀之法。求得聲母。著有成書者頗多。畧舉之。一。張惠言之說文諧聲譜。本聲讀法。計得聲母一千二百六十三。㊂二。陳立之說文諧聲孳生述。本聲讀法。計得聲母一千二百一十一。闕音二十四。㊃三。江有誥之諧聲表。本聲讀法。計得聲母一千一百七十二。㊄四。龍啟瑞之古韻通說。本聲讀法。計得聲母一千一百二十一。㊅五。姚文田之說文聲譜。本聲讀法。計得聲母一千一百十二。㊆六。嚴可均之說文聲類。本聲讀法。計得聲母九百三十八。㊇七。苗夔之說文聲讀表。本聲讀法。計得聲母六百五十一。㊈以上諸書。自段氏古十七部諧聲表以下。至苗氏說文聲讀表。皆是根據說文解字九千三百五十三文而求得聲母者。除段書外。其他皆以母統子。如譜系然。求得之聲母。以段氏為最多。以苗氏為最少。而所用之方法則一。至于其求聲母之目的。悉為求古音分部之用。絕無有據此以求文始之趨向。亦未有聲同義假之推求。戚氏學標之漢學諧聲。朱氏駿聲之說文通訓定聲。已記之于前。其求聲母之方法。雖與諸書相同。而其趨勢。則頗有文始之意味。而朱書更有聲義相通之記述。其他關于聲讀之書。而未見傳本者。有錢塘之說文聲系。㊉陳鱣之說文聲系。㊁汪萊之說文聲類。㊂鄒漢勛之說文諧聲譜。㊂徐養源之說文聲類。㊃書雖未見。觀其命名。大概皆是以聲母統子。亦未有意求文始。以得文字展轉孳乳之迹。至章氏炳麟。始標文始之名。著有文始一書。㊄惟章氏之書。不據形聲之字以求聲。而以音之近轉遠轉對展旁轉。以此字之音孳乳而為彼字。此則章氏之文始。所用之方法。而與清代學者本聲讀之方法以求聲母。則不 相同者也。

章氏之書，刺取説文獨體，命以初文，其諸省變，(二六)及合體象形指事(二七)與聲具而形殘，(二八)若同體複重者，(二九)謂之準初文，都五百一十，謂之文始。其相生之法有二：音義相讎，謂之變易；義自音衍，謂之孳乳。坒而次之，得五六千名。

其變易之例，説文巜，水流澮澮也。變易為活，水流聲。詩北流活活。説文丰，艸蔡也。象艸生之散亂也。變易為薉，蕪也。為蔡，艸也。本無艸亂，亦即為艸。方言，蘇芥艸也。以芥為之。

其孳乳之例，説文凷，墣也。从土凵，凵屈象形，此合體象形字也。孳乳為[illegible]，[illegible]商小塊也。封垤閡人行步，故孳乳為屆，行不便也。説文蕢，艸器也。古文作臾，此初文也。孳乳為匱，匣也。

其變易與孳乳並用者，説文夬，分決也。从又，象決形，此合體指事字也。孳乳為決，行流也。變易為潰，漏也。孳乳為殨，爛也。為讀，中止也。司馬法曰：師多則人讀，春秋傳。民逃其上曰潰。以潰為之。此一族也。夬又孳乳為缺。器破也。缺又孳乳為玦。玉玦也。如環而缺為𩫏。城闕其南方也。為闕。門觀也。此二族也。夬又孳乳為抉。挑也。為䀗。棺目也。抉對轉寒。變易為捾。搯也。䀗對轉寒。變易為睍。出目也。夬旁轉隊。孳乳為圣。致力于地也。變易為搰。掘也。為掘。搰也。又孳乳為汩。治水也。旁轉至。又孳乳為穴。土室也。詩箋曰。鑿地曰穴。⑳由是還泰。有⿱穴夬穿也。有⿱穴抉深抉也。此三族也。夬又孳乳為㓞。巧㓞也。謂巧于彫刻也。㓞又孳乳為栔。刻也。栔又孳乳為契。大約也。釋詁。契訓絕。郭璞曰。江東呼刻斷物為契斷。是本與分決同義。書契取諸夬。蓋謂此也。㓞對轉寒。孳乳為憲。敏 巧義近。契對轉寒。變易為券。契也。憲訓法者。即契之借。㉑大約劑書于宗彝。故契又孳乳為彝。宗廟常器也。釋詁。彝與法則同訓。彝又孳乳為器。皿也。此四族也。夬有口決之義。孳乳為齧。噬也。近轉歌。變易為齮。齧也。旁轉脂。變易為齕。齧也。齕對轉諄。變易為齦。齧也。此皆齒決。此五族也。夬有決絶之義。故孳乳爲棄捐也。對轉寒。變易爲捐。棄也。捐夬相轉。猶睊眏相轉矣。棄近轉歌。孳乳爲觭。棄也。俗語謂死曰大觭。此六族也。夬爲分決。契爲約束。契孳乳爲絜。麻一耑也。引申爲度長絜大之義。凡圓物皆圍而度之。絜又變易爲括。絜也。韓詩說。括約束也。次對轉諄。變易爲稛。絭束也。通以麕爲之。對轉寒。孳乳爲絭。纕臂繩也。爲桊。小束也。因而分別之。夬對轉寒。孳乳爲柬。分別簡之也。釋詁。柬擇也。因而數揲之。夬旁轉脂。孳乳爲計。會也。筭也。與絜爲絜度同意。此七族也。

觀以上所記。遠轉近轉。旁轉對轉。變易與孳乳並用。如夬字一條。可謂極文字相生之妙矣。但此屬于言語之相生。而非屬于文字之相生。文字雖由言語而制造。而中國爲演形文字。其文字之相生。不能離形而以均之近轉遠轉。旁轉對轉以求之。故章氏之文始。乃言學而非文字學也。求文字學之文始。仍當本聲讀法以求之。

㈠古十七部諧聲表。爲六書音均表之二。附刊在說文解字注後。

㈡江沅字伯蘭。江聲之子。其釋音例刊在說文釋例中。只記其母。未譜其子。說文解字音均表。用段氏十七部例爲十七卷。求得聲母並譜其子。刊在清經解續編中。

㈢張惠言字皋文。江蘇武進人。嘉慶進士。諧聲譜之編。始于莊葆琛。未卒業。屬皋文爲之。成書二十卷未付刊。其子成孫。字彥惟。能傳其學。續成是編。演爲五十卷。亦未付刊。王先謙輯經解續編收入是書僅九卷。龍翰臣啟瑞所節錄者。

㈣陳立字卓人。江蘇句容人。道光進士。官曲靖知縣。受業于淩曙劉文淇之門。是書刊入徐氏鄦齋叢書內。

㈤江有誥字晉三。安徽歙縣人。江氏音學十書本。

㈥龍啟瑞字翰臣。廣西桂林人。道光二十一年進士。二十九年卒。年五十八。是書原刻本。近四川有翻刻本。

㈦姚文田。浙江歸安人。嘉慶四年進士。官至禮部尚書。是書家刻本。粵雅堂叢書本。

⑧嚴可均。字景文。浙江烏程人。嘉慶五年舉人。與姚文田同治説文。道光二十三年卒。年八十二。是書四錄堂本。李氏木犀軒叢書本。

⑨苗夔。履畧見前。其聲讀表。刊在苗氏四種内。

⑩錢塘。錢大昕之族子。其書見溉亭述古錄。未見傳本。

⑪陳鱣。履畧見前。其書見小學考。未見傳本。

⑫汪萊。字孝嬰。安徽歙縣人。嘉慶優貢。其書見研六室文鈔。未見傳本。

⑬鄒漢勛。字叔績。湖南新化人。咸豐舉人。其書見斆藝文存。未刊。

⑭徐養源。字心田。浙江德清人。其書見衎石齋記事稿。未見傳本。

⑮文始九卷。在浙江圖書館所刊章氏叢書内。又有手寫景印本。

⑯省者如凡之省飛。不 之省木是也。變者如反刀為𠂆。到刀為匕。是也。此皆指事之文。若夊從彳而引之。夭矢九從大而詘之。亦皆變也。如上諸文。雖皆獨體。然必以佗文為依。非獨體自在者也。

(一七)合體象形如果。合體指事如叉。

(一八)如氏從乁聲。氒從九聲。乁九已自成文。乚乙猶無其字。此類甚少。蓋初有形聲時所作。與後來形聲皆成字者殊科。

(一九)二三皆从一積畫。屮艸茻皆从屮積畫。此皆會意之原。其収字从丩又。北字从ㄅ乁。亦附此科。非若止戈人信之倫。以兩異字會意也。二三既是初文。其餘亦可比例。

(二〇)圣字說解有免堀。蓋即穴聲之轉。然堀字又訓突。義稍異。

(二一)款識之款。借為栔契。款木為舟。借為栔。詩傳契又訓開。開則通。故款亦訓空。又借為窠。

新補新附

許君說文解字一書。今存者惟大小徐二本。小徐本成書在先。大徐本成書在後。小徐本據偏旁有之諸部不見者。補「劉」「志」「驛」「希」「崔」「免」「由」七字。大徐本據注義及序例偏旁有之諸部不見者。補「詔」「志」「件」「借」「魋」「綦」「剔」「嚳」「醆」「趄」「顦」「璵」「譍」「檆」

「綴」「笑」「迓」「睆」「峯」十九字。小徐與大徐所補相同者僅一「志」字。是二徐共補二十五字。據二徐氏所補之例。則凡注義序例偏旁有。而部中無者。皆當補入。他不具論。其見於偏旁者。如綏桵等字。皆从妥聲。部中無妥字。蔽聲等字。皆从敝聲。部中無敝字。噬澨等字。皆从筮聲。部無筮字。其他尚多不悉舉。是則二徐之所補。亦不完備也。

二徐之書。大徐本流行尤廣。清代學者關于文字學之著作。大概根據大徐本。大徐新補之十九字。段氏玉裁說文解字注。頗有棄取。如詔字不錄。謂秦造詔字。惟天子用之。文選注引獨斷曰。詔猶告也。三代無其文。秦漢有也。據此可證秦以前無詔字。志字則錄之。謂周禮保章氏注云。志古文識。蓋古文有志無識。小篆乃有識字。保章注曰。志古文識。識記也。哀公問注曰。志讀為識。識知也。今人分志向一字識記一字。知識一字。古祇有一字。許心部無志者。蓋以其即古文識。而識下失載也。是段氏對於大徐所補之十九字。有認為應補者。有認為不應補者。散見於段注全書之中。可覆按也。其著書專論新補者。有鈕氏樹玉之説文讀考㈠。錢氏大昭之説文新補新附考證㈡。茲將鈕錢二氏所考之十九文。記異同于下。

詔　鈕氏云。詔通作召。錢氏云。禮記鄭注。古文詔為紹。

志　鈕氏云。志即識之古文。錢氏云。江氏聲曰。説文叙云。演贊其志。又心部意志也。似説文本有志字。或寫書者誤脱。

件　鈕氏云。件疑牽之俗字。錢氏無説。

借　鈕氏云。借通作藉。錢氏云。籍藉俱可通用。江聲曰。當用唶。

魋　鈕氏云。魋或作椎。又作魁。錢氏云。言部讙从此得聲。則魋字不可少。審知轉寫漏落也。

綦　鈕氏云。綦即綥之別體。錢氏云。玉部璂。艸部藄。並从此得聲。則綦字不可少。審知轉寫漏落也。

剔

鈕氏云。剔通作鬄。亦作鬎。錢氏云。髟部鬎从此得聲。則剔字不可少。審知轉寫漏畧也。按大徐本作从髟从刀易聲。小徐本作从髟剔聲。段玉裁云。小徐本誤甚。大徐本不誤。許於刀部無剔字。故此篆斷非剔聲也。漢時有剔字。許不錄者。禮古文作鬎。今文作剔。許於此字从古文。故不取今文也。凡許于禮經依古文則遺今文。依今文則遺古文。

⿱𦥯用

鈕氏云。⿱𦥯用通作礐。錢氏無説。

醆

鈕氏云。醆或作盞。又作湔。錢氏無説。

趄

鈕氏云。趄通作且。錢氏云。廣雅。趑趄難行也。是古或作雎。趑趄字必李陽冰所增。轉寫者存趑而脱趄。

顦

鈕氏云。顦通作醮。錢氏云。左氏傳作蕉萃。

璵　鈕氏云。璵通作與。錢氏云。左氏傳釋文。璵本一作與。

⿸疒譍　鈕氏云。⿸疒譍通作癧。錢氏云。經典作應。

⿰木黏　鈕氏云。⿰木黏通作黏。錢氏云爾雅釋木作黏。

緻　鈕氏云。緻通作致。亦作⿰扌致。錢氏云。古作致。詩鴇羽傳。盬不攻緻也。疏云。定本皆作致。釋文本作致。

笑　鈕氏云。笑即芺之俗體。錢氏云。笑當作芺。

迓　鈕氏云。迓通作訝。亦作迓。錢氏無說。

睆　鈕氏云。睆疑睍之正文。錢氏云。艸部⿱艹睆字从此。則睆不可少。審知傳寫者脫漏也。

峯　鈕氏云。峯疑封之俗字。錢氏無說。

鈕氏之說。新補十九文。在說文中皆有一字以當之。似可不必補。錢氏之說。如譙从魋聲。璂藄从綦聲。鬄从剔聲。髡从睆聲。「魋」「綦」「剔」「睆」四字則必要補。鬄从剔聲。頗有疑問。惟其據偏旁所有而補。所見極是。但是應補者不僅此四字。鈕錢之說。皆限於大徐之十九文而立論也。

其新附者謂有經典相承傳寫。及時俗要用。而說文不載者。承詔皆附益之。以廣篆籀之路。亦皆形聲相從。不違六書之義者。錢氏大昕云「予初讀徐氏書。病其附益字多不典。及見其進表。知所附實出太宗之意。大徐以羇旅之身。處猜忌之地。知其非而不敢力爭。往往于注義中畧見其旨。千載以下。當原其不得已之苦心也。」㊂錢氏之論。可謂曲諒徐氏之心。然以經典相承及時俗所有之字。不見于說文解字者甚多。太宗欲附于說文解字之後。未始無見。徐氏既別為新附。自不懼與許君原書相混。徐氏既承詔附益。當廣為搜集。今所附僅四百二文。亦為不完備也。

新附四百二文。段氏說文解字注。悉刪不錄。其他諸家。或頗附錄。徐氏既別為附錄。不與本書相亂。不妨存之。段氏之刪。未免太嚴。其例。其著書專論新附者。有鈕樹玉之說文新附考。錢大昭之徐氏說文新補新附考證。（即前所舉之書。）鄭氏珍之說文新附考。㊄四百二文之新附。未能悉舉。乃本錢大昕說文新附攷序中。所舉之「琡」「緅」「塾」「剎」「拋」「打」「辦」「勘」八字。彙集三家之說。記于下方。以例其凡。

琡

鈕氏云。琡通作璹。繫傳璹下。有臣鍇按爾雅璋大八寸謂之琡。說文有璹無琡。宜同也云云。蓋以璹訓玉器。而讀若淑。則音義並同耳。韻會璹或作琡。即本此。

錢氏云。當作璹。璹玉器也。讀若淑。故知琡即璹也。

鄭氏云。小徐認璹為古琡字是也。

緅

鈕氏云。緅即纔之别體。考工記鄭注。染纁者三入而成。再染以黑則爲緅。緅今禮俗文作爵。言如爵頭色也。又復再染以黑乃成緇矣。據説文纔訓帛雀頭色。正與緅合。

錢氏云。緅當用纔。其説與鈕氏所引考工記注同。

鄭氏云。今攷纔篆蓋緅篆之誤。下纔淺也云云。乃纔字篆解。今本由緅纔聯文。誤緅作纔。即上下成兩纔篆。淺者不知。因删从糸取聲不相應之文。以纔之篆注并入上注。令免重複。

塾

鈕氏云。塾即埻之别體。錢先生（大昕）云。後漢書齊武王傳。王莽使長安中署。及天下鄉亭。皆畫伯升像于塾。旦起射之。章懷太子注云。東觀記續漢書竝作埻。且引説文云。射臬也。又引廣雅云。埻的也。樹玉謂塾埻竝从𦎫聲。則埻音亦近塾。

錢氏所引與鈕氏同。

鄭氏云。今經典通作塾。段氏云。古止作孰。謂之孰者。白虎通曰。所以必有孰何。欲以飾門。因以爲名。明臣下當見于君。必孰思其事。是知其字其作孰而已。後乃加土。李賢引字林塾門側堂也。是知後漢多作塾字。此說是也。

按以上三字。錢大昕所謂後代增加者。琡字無異說。塾字鈕錢悉以爲⿰土𦎫字。鄭以爲孰字。所認之正字雖不同。而塾要爲後代之增加則一。惟緅字鄭說獨異。鄭以緅爲說文之逸字。故緅字鄭收入其所箸說文逸字中。

剎

鈕氏云。剎即⿰桼刂之俗體。一切經音義卷一剎注云。字書無此字。即⿰桼刂字略也。⿰桼刂音初一反。浮圖名。剎者訛也。其說甚確。蓋俗書桼爲柒。又省作杀。因譌爲杀耳。類篇刀部有剎。

錢氏無說。

鄭氏說同鈕氏。而斥徐氏附此為謬俗書。

拋

鈕氏云。拋即抱之俗字。亦作摽。錢先生云。史記三代世表。抱之山中。音普茅反。則拋蓋即抱之譌。从九从力。于義無取。樹玉謂公羊莊二年傳。曹子摽劍而去之。孟子摽使者出諸大門之外。並與拋義合。

錢氏引史記三代世表與鈕氏同。

鄭氏云。錢大昕之說是也。今考古亦通作摽。後漢書賈復傳。復與鄧禹並摽甲兵。敦儒術可證。亦有以摽訓棄者。韓詩外傳卷二云。怠慢摽棄是也。鈕氏又引公羊傳與孟子。以證拋棄。不思兩文摽訓麾。義猶隅也。

按以上二字。錢大昕所謂傳寫譌溷者。

打

鈕氏云。打即朾之俗字。說文朾訓橦。次在椓下。椓訓擊。則打義亦相類。

錢氏云。穀梁宣十八年傳。戕棁殺也。注棁謂捶打。字當从木。說文打橦也。打與榪椓連文。故橦亦有撞擊之義。

鄭氏云。說文。朾橦也。橦當作撞。撞搗也。衆經音義卷六引說文。打以杖擊之也。打即俗朾字。唐本說文朾注如此。音義卷三引通俗文。撞出曰打。與今本說文注義合。

辦

鈕氏云。辦即辨之俗體。廣韻引周禮曰。以辨民器。重文作辦。注云俗。

錢氏云。寀當作辨。經傳並作辨。

鄭氏云。易刀為力。出六朝已來。

勘

鈕氏云。勘疑古作戡。亦作刊。書康王之誥。戡定厥功。釋文同。後人勘字或本出古書用竹簡。故校勘字作刊。博雅刊訓定。玉篇刊削也。定也。除也。義並與勘合。經典中無勘字。

錢氏無說。

鄭知同云。謹按勘訓校本唐韻。玉篇訓覆定。據書康王之誥。戡定厥功。勘訓定義當出此。古戡勝戡定字。經典史籍。通作戡𢦔堪龕四形。而說文四字注。皆無其說。蓋戡堪有別義。訓勝訓定勘定書籍。又其後一文也。鈕氏依玉篇廣雅。刋訓定。疑古作刋。勘與刋義同音韻各別。不可強合也。

以上三字。錢大昕所謂吏牘妄造者。

觀鈕氏錢氏鄭氏之說。則大徐新附之四百二文。誠有可議之處。惟大徐既附四百二文。而不能遍搜經典相承之文及時俗要用之字。此新補而不能盡說文之逸。而新附亦不能備時俗之用也。

㈠鈕樹玉履略見前。說文續考一卷。按是書同治七年碧螺山館槧補。非石居士原版。

㈡錢大昭履略見前。說文新補新附考證一卷。爲說文統釋六十卷中之一。清道光間大昭之孫師環以全書紛繁，先刊此卷，兵燹後版零落，光緒二十六年南陵徐氏重刊入積學齋叢書中。

㊂見潛研堂文集十一卷及說文新附攷序。

㊃說文新附考六卷與說文續考同為一書。

㊄鄭珍字子尹，清貴州遵義人，道光十七年舉人，同治五年卒，年五十九。說文新附考六卷益雅堂叢書本。

逸字

經典相承之字，偏旁所從，及注義及序例中之字，而不見於部中者，學者謂之逸字。大小徐補之未盡，清代學者，遂多搜輯逸字之工作。段玉裁說文解字注，凡偏旁有正文無者，皆目為逸字而補之。桂馥說文義證，認為應補之字，則補於各部之末。錢氏說文統釋，第十例補字以免漏落，悉已記之於前矣。王筠著說文釋例，有補篆一篇。其補例有二。一。凡見於說文偏旁而本篆下無此文者。二。並無此篆者。照第一例。據磬之古文作硜。石下補古文⿸厂口。據⿱尚女下云古文妻從尚女。尚古文貴字。貴下補古文尚。據瘛下云恝聲。孟子不若是恝。許君引作⿱介心。丁公著讀恝如介。故以恝為⿱介心之重文。⿱介心下補或體恝。據辵部邁字律以怛重文⿱旦心之例。⿰馬垂下補或體⿺馬虫。補八十一字。照第二例。據「⿰彳訏」从訏聲。補訏字。據「⿰言迸」「栟」「併」皆从幷聲。補幷字。據「⿰王⿱口弓」「⿰扌⿱口弓」「⿰⿱口弓殳」「⿰木⿱口弓」「⿰巾⿱口弓」「⿰土⿱口弓」「⿰酉⿱口弓」。皆从⿱口弓聲。補⿱口弓字。據「牂」「⿰爿甬」「⿰爿倉」「臧」「牆」「牀」「戕」「⿰爿斤」「狀」「⿰爿酋」「⿰爿盧」「壯」「⿰爿弁」「⿰爿手」。皆从爿聲。補爿字。補十字。共補八十一字。以為說文之逸字也。㊀張行孚著說文發疑。有說文逸字一篇。其補例有三。一。見於古籀偏旁者。據王氏說文釋例所載。並據鄭氏說文逸字。（鄭書見後。）與自己之覆校。補四十六字。二。其見於解說中者。據說文釋例與說文逸字補十七字。三。其見于篆文偏旁者。據說文釋例與說文逸字。並小徐之所補與段注之載。補二十二字。共補八十五字。以為說文之逸字也。㊁王煦著說文五翼。拾遺一卷。以說文校說文而補之。更參校字林玉篇廣韻諸書。辨其字出早晚。共補逸字一百一十九。㊂以上皆就說文解字本書互勘而補之。而未成為專書也。其專搜輯逸字而成書。其搜輯之範圍。及于說文解字本身之外。則有鄭珍之說文逸字。㊃鄭氏以大徐據本書偏旁敘例注義。增一十九文。即偏旁逸者。已有「禰」「曷」「亯」「册」「咢」「埶」「由」「睆」「魋」「敲」「拜」「差」「吳」「屮」「㞷」「粓」「尚」「釆」「爿」「幂」「廿」「希」「㞋」「免」「庇」「騂」「幷」「尼」「志」「怊」「畾」「妥」「鹽」「綦」「蠆」「劉」「畚」三十七。則大徐之補。不完備可知矣。自段氏以來。補正脫譌。未有專力為之者。鄭氏乃瀏覽條記。分別審錄。得一百六十五字。謂之說文逸字。係以解說討論。分為二卷。其有本書寫誤之旁。繫傳竄衍之字。大徐誤增之文。諸書所引以他籍冒許書者。因譌改而與今本不應者。今本譌改而與所引不應者。今行韻譜闌入俗書者。命其子知同述其說為附錄一卷。知同乃據本書偏旁大徐新增說文繫傳五經文字九經字樣汗簡古文四聲韻廣韻集韻漢隸字原龍龕手鑑韻會經典釋文孟子音義古易音訓晉書音義列子釋文一切經音義華嚴經音義止觀輔行傳顏氏家訓初學記太平御覽史記索隱後漢書注文選李注楚辭補注六經正誤爾雅翼說文篆韻譜。凡有涉于說文者。錄之得二百九十二字。其別為附錄者。以其非真正說文之逸字。而必搜輯之附于正書之後者。以免人之議其疏漏也。當時莫友芝已稍議其搜輯之例未廣。一見於釋文正義而許書所漏者。如「劚」「剠」「亂」等字是。二毛詩古字而許書不盡收者。如「瀼」「瀏」「簡」「瑛」等字是。三儀禮收古遺今。或收今遺古者。如「扆」「栫」「坽」「軼」「靾」「脸」「銘」「侇」「檡」「錧」「䤘」等字是。四周官收杜子春改讀而舍故書者。如「竄」「禬」「絣」「髦」「轗」

「軟」「縷」等字是。五、春秋古本偶見于魏石經遺字。而許闕如者。如「[illegible]」「[illegible]」「衜」「坐」等字是。六、倉頡凡將時見他引。而許遺落者。如「瞶」「𡐓」「衛」「嵌」「䶉」「瘀」「駚」「蛪」等字是。此皆鄭書未注意及之者。莫氏未另著書。僅于佚字序中表其意見。並希望鄭氏成說文逸收一書。與逸字並存㊄。而李楨則議鄭氏搜輯之過寬。謂「逸字所采視新附雖未及半。要其踵襲謬誤。類推臆度。非夫以約失之者所可同日而語」。著說文逸字辨證二卷㊅。鄭氏一百六十五字。以為非逸字。與莫氏適為相反之見也。逸字之說綦多。嘉興張鳴珂著說文佚字考四卷㊆。搜輯趙宧光、顧炎武、毛際盛、惠棟、段玉裁、江聲、江沅、王念孫、桂馥、許瀚、嚴可均、姚文田、錢大昕、錢坫、孫星衍、陳壽祺、王筠、胡秉虔、鈕樹玉、徐承慶、王煦、鄭珍、雷浚、王棻、伊秉綬、李賡芸、王玉樹、李富孫、汪文臺、陳詩庭、陳瑑、毛嶽生、王宗涑三十三家之說。不自論斷。分為十例。一、原佚。「畐」「畾」「爿」「由」「𢼄」「䛾」「免」「弁」

「眹」「希」「劉」「妥」「榑」「卌」「奺」「煤」「緅」「鎰」「厎」十九字。二隸變。「藏」「尋」「譚」「筮」「嗟」「池」「繇」「簿」「耄」「飲」「爤」「沃」「矩」「他」「稚」「幟」「焚」「呺」十八字。三累增。「潔」「徨」「芙」「蓉」「蕖」「繁」「倒」「塗」「低」「揹」「墜」「鴖」「鶀」「鳪」「崐」「崘」「胃」「境」「茫」「郁」「伺」「屢」「彩」「藁」「蕭」「莩」「騜」「貓」「胥」「鵨」「塘」「銘」三十二字。四或體。「蚽」「贏」「蒺」「稊」「葥」「洴」「蘊」「住」「拭」「鋞」「鏘」「贄」「棍」「霧」「鸙」「蔬」「皓」「楝」「櫚」「輞」「嚃」「雝」「的」「逼」「萼」「蜬」「陌」「阡」「旒」「麾」「翌」「黠」「劇」「耗」「猰」「狌」「泊」「覿」「慄」「灞」「淄」「漫」「滮」「涯」「蝪」「蟣」「蠶」「輾」四十八字。五通段。「燧」「琪」「貽」「瘁」「菟」「噉」「喻」「跬」「粻」「儁」「秸」「穢」「隖」「呵」「粔」「欄」「錤」「售」「揵」「幢」「痾」「綷」「妙」「偷」「積」「額」「駣」「叩」「嬌」「鰈」「蓺」「皺」「侶」「愮」「崏」「澠」「潬」「悚」「椒」「蹵」「杯」「擾」「嬋」

「疚」「炔」「著」「傒」「磋」「犅」「蟟」「蝣」「墊」「鄜」「鉼」「鎌」「蹔」「琖」「蜺」五十八字。六。沿譌。「蘼」「薝」「吼」「揉」「絨」「峘」六字。七。匡謬。「璝」「搶」「寘」「棹」「櫂」「佐」「鷃」「鶉」「瞑」「齕」「餘」「卝」「櫡」「櫰」「欀」「梔」「牁」「𣳚」「杭」「脹」「撊」「禊」「福」「瀐」「篤」「批」「鋻」「窟」「鐶」「鶩」三十字。八。正俗。「拖」「餁」「夭」「檗」四字。九。辨誤。「牾」「窑」「备」「畀」「徲」「曼」「浡」「抵」「攽」「鮌」十字。十。存疑。「斲」「曷」「甲」「跢」「杀」「祆」「奭」「恝」「豸」「尺」「蠡」「杂」「㗊」「手」「差」「叵」十六字。共計二百四十一字。極足供研究逸字之參考也。

震澤王廷鼎。頗批斥張氏之書。其言曰。「近又有張玉珊者。則節取篆文偏旁所从。與說解中字。都二百二十餘字。（實二百四十一。王氏誤）妄分原佚隸變累增或體諸名目者十。又皆混淆不切。成說文佚字攷四卷。其書備錄段嚴王鄭諸家之說于前己則增錄玉篇音義一條于後並無一言及其字義此可謂說文佚字彙鈔或曰集說絕無所謂考者更與許書之學無涉」其批斥可謂嚴厲矣而黄巖王棻謂「張氏之書不自為論斷蓋其慎之又慎」二者皆未免有所偏張書雖無所發明而參考則頗足資用即王氏亦云可謂說文佚字彙鈔或曰集說彙鈔集說在文字學史上亦足記者也王氏既批斥張氏自著說文佚字輯說四卷

⑧其說云近世所指為說文佚字其類有二一為从某某聲之字一為說解中字均不見于正篆者說者皆目之為佚許君偶佚或為校者所敓者數字而已先就从某从聲之字言之李斯作篆時正文已變古籀為小篆而他字之所从為形聲者仍用古籀而不从小篆如上之古文丄二篆已改為丄矣章音等字仍从古文作二但於帝字說解下曰二古文上正篆不必再列二又古文由枿篆已變為甹蘖柚油等字仍从古文由于甹篆下云古文言由枿知由即甹之古文正篆不必

再出由。亦有小篆仍用古籀。至他字之所從為形聲者。則又或增或省而為小篆。如篆文⿱竹𢍰。實古文筮也。篆則仍之不改。噬澨之从⿱竹𢍰者。皆省作筮。特于⿱竹𢍰之从𢍰下曰古文巫字。則⿱竹𢍰為古文筮。澨噬為篆文可知。特正文未嘗改作筮。則不能出筮為重文也。以此類推。則爿為古文戕。畾為古文靁。而「曷」「免」「希」「叓」「妥」「攷」之類視此矣。他如「斲」「畢」「手」「差」「弃」「杀」「盭」「夭」諸文。在古實亦是字。至籀篆時已廢不用。僅存一二於其所从之偏旁。如「冊」「㗊」。「卝」「备」等文。實有不得列于正篆者。然許亦不云从某得聲。而王筠釋例則謂說文於非字例不云从。其云从者概為後人所加而刪之。遇有不能刪者。即強指為佚。曾亦觀許君于此等字下嘗云从某闕。闕者言本書中無其文。并失其義也。明乎此皆不得謂佚。至「謣」「杂」以下十六字。則顯譌誤。依類輯三十七字。「揵」「摘」「牾」「牂」等十八字。見說解中而無正篆者。因方言之乖。傳寫之訛。昧其本文與隸變有別其見于說解中而無正篆者尤不得目為佚特因隸變俗變易其本形本義耳然亦有別一為雙聲形況之字古本無定文如「萮蘊」「鸙蜴」「芙蕖」「蜉蝣」之類其本字即「俞緼」「龠易」「夫渠」「浮游」也此等累增當始于漢一為隸變如渼為沃瀸為瀸名為銘臧為藏之類許君本用隸書解說文取其通曉自不與篆同形兩共都一百八十字王氏此書視上列諸逸字為最後出而辨證二百三十五之逸字皆非逸亦關于逸字學說之大變者也

㈠王筠傳畧見前說文釋例第十三卷有補篆一篇

㈡張行孚傳畧見前說文發疑第四卷有說文逸字一篇

㈢王煦傳畧見前說文五翼第五卷為拾遺

㈣鄭珍傳畧見前說文逸字二卷其子知同附錄一卷在後咸豐八年刊巢經巢集之一

㈤莫友芝字子偲清貴州獨山人道光舉人所舉見于釋文正義而許書所漏者六例見說文逸字攷後序

㊅李楨字佐周清湖南善化人說文逸字辨證二卷錄鄭珍說文逸字於前自為辨證于後光緒十一年刊

㊆張鳴珂字公束號玉珊清浙江嘉興人說文佚字攷四卷光緒十三年刊寒松閣集之一

㊇王廷鼎字夢薇一字羨瓠號嬾鶴清江蘇震澤人屈于下寮說文佚字輯說四卷光緒十五年刊紫薇荂館集之一

經字

說文九千三百五十三文不見於經典者頗多而經典相承之字不見於說文者亦頗不少錢氏大昕謂今世所行之九經乃漢魏晉儒一家之學叔重生於東京全盛之日諸儒講受師承各別悉能通貫故於經史異文采摭猶備據錢氏之言說文中之字即經典中通行之字其不見於經典中者今之經典多後世異文也而今經典中所有其不見於說文中者在說文中必有一字以當之如塙即易確

乎其不可拔之確。攴即書扑作教刑之扑。確扑二字不見於說文中。實即說文中之塙攴也。又如扴即易介於石之介。愒即詩我心憂傷之傷。扴愒二字不見於經典中。實即經典中之介傷也。乃著說文答問舉三百二十三字以明之。㊀薛傳均以錢氏之說文答問。深明通轉假借之義。博引經史為之標字之有無辨體之正俗。明迹之疑似。審誼之虛實。及音韻之傳譌及通轉。著說文答問疏證六卷。㊁迨後陳氏壽祺。以錢氏之書尚多漏畧。其所舉三百二十三字外。有可以附益者。又得三百有四字。著說文經字攷一篇。㊂郭慶藩以陳氏之經字攷。有以或體為正字。有以古文籀文為正字。或據漢儒一家之說改易正字。皆未免務為奇闢。因逐字詳繹。其可從者疏之證之。其不可從者詳繹字誼而正其謬誤。著說文經字攷辨正四卷。㊃陳氏之經字攷宋文蔚亦有疏證之作。㊄可與郭書參觀。郭氏既辨正陳氏之經字攷。乃自著說文經字正誼四卷。㊅得二百一十七字。一遵許書正誼。

不摭拾隱僻之書。而俞樾亦有說文經字之作。於錢陳二書外。復加搜輯。得九十九字。為說文經字。㈦其中鄭即葵邱之葵。已見于錢氏答問。實九十八字也。俞氏之經字。其弟子江標宋文蔚。皆為之疏證。江書未行。今之湖樓筆談說文經字疏證宋文蔚著也。㈧俞氏之經字與郭氏之經字。其相同者有「扶」「軼」「盉」「夆」「懏」「辧」六字。則是錢陳俞郭四書之經字。為九百三十六也。又有承培元之廣說文答問疏證。本錢氏答問薛氏疏證之例。自為答問。自為疏證。以廣之。（郭書亦自為疏證）羣經之外。兼及莊子淮南子國語國策史記漢書。共得四百三十七字。㈨此皆經典說文互不相見之字。而彼此互勘。各求得其字者。若能將以上各書所得之字。加以整理。合為一書。則經與說文相無而相有之字。或亦備於是也。

此外關於經典與說文之異同字。及羣經之互相通假。並通行之正俗字。皆是以說文與經彼此互勘，而得其所以然之故，悉可謂之經字，乾嘉以來，研究經字者，畧計之其書十有二，一，錢坫之十經文字正通書，(十) 二，潘奕雋之說文解字通正，(十一) 三，朱珔之說文假借義證，(十二) 四，邵瑛之說文解字羣經正字，(十三) 五，莊有可之春秋小學與各經傳記小學，(十四) 六，李富孫之說文辨字正俗，(十五) 七，張維屏之經字異同，(十六) 八，嚴章福之經典通用考，(十七) 九，鍾麐之易書詩禮四經正字考，(十八) 十，朱駿聲之六書假借經徵，(十九) 十一，雷浚之說文外編，(二十) 十二，楊廷瑞之說文經斠與說文正俗，(二十一) 次第記之于下，

一，十經文字正通書，十經者，易書詩周禮儀禮禮記春秋左傳春秋公羊傳春秋穀梁傳論語也，攷十經中文字之通假，故曰正通書也，其通假總歸因聲因字二例，何謂聲，則語言是，何謂字，則偏旁是，語言之通假，臣爲辰，如春秋臧孫辰，穀梁作臧孫臣，是，是曰聲同，禫爲導，如儀禮士虞禮中月而禫，古文或

作導是曰聲轉偏旁之通假正爲征征亦爲正如周禮司門正其貨賄注正讀爲征孟子盡心征之爲正也是是曰互通父爲甫又爲斧如春秋宋公茲父史記作茲甫又章甫或爲父今文爲斧是是曰類通所以掤見詩風左傳謂之冰掤見左傳周禮謂之鼜窆見周禮檀謂之封左傳謂之堋骴見月令曲禮謂之漬公羊謂之瘠此皆經典中文字之通假而可考見者錢氏能曲推旁穿會萃衆說而成此書也

二說文解字通正文字有正義有通義有正讀有通讀正義正讀者本字也通義通讀者假借字也說文解字多本字羣經多假借字經之難讀在于假借自隸書改篆眞書改隸經字已盡失其本原潘氏乃本說文解字一書考古人通用與夫許書不載徐氏附入審非漏畧者證之於經旁及子史金石而成此書其名通正者辨別其正義正讀通義通讀亦十經文字正通之類也

三說文假借義證經典與說文文字異同之故悉由假借而起假借既明經典中之文字無不盡明朱氏此書本說文之文字而以羣經史漢周秦諸子及漢碑文選一一證其假借之故故名說文假借義證如祖字一借為且二借為阻三借為組四借為租其引證之確鑿與豐富過于錢潘二書

四說文解字羣經正字篆變為隸隸變真羣經中之文字偏旁多舛點畫失宜所在而是邵氏以說文而正羣經之字故名羣經正字曰羣經者十三經而外並及逸周書大戴禮國語三書朱書明義邵書明形互相表裏也

五春秋小學與各經傳記小學二書可合為一莊氏先成春秋小學其字不及二千再有各經傳記小學之作二書意旨及體例畧同莊氏不信說文謂許君不明六書之本止見秦漢小篆牽合偏旁成字不用說文而求小學于各經傳記中其說文字也如云天从一大者言其尊也地之从也以竅能生物

者言也。極為附會。其所收皆羣經中之文字。故隸于此。

六。說文辨字正俗。世俗相承之文字。多違古義。學者多以假借說之。不知說文中自有本字。有得通者。有不得通者。或者謂許書說解。多用通假。如和龢字異。而調下作咊。衛帥字異。而將下作帥。悳憂字異。而㥁下作憂。炁愛字異。而慈下作愛。䆶塞字異。而窒下作塞。但袒字異。而裼下作袒。李氏以為皆是後人从俗改竄。原本決不如是。乃援經典以相證契。按是書雖非純粹經典中之字。而以正世俗相承之字。經典中俗字亦在其中。故隸于此。

七。經字異同。經多師承。文字互異。或同聲而字異。或異形而義同。古本既湮。是非難辨。張氏合其異而並列之。不加論斷。如易之拇踇毋。書之秩程斁。詩之縈蘂帶。周禮之政正征。儀禮之宿羞速。禮記之螢蠲熒。春秋之涖莅逮。論語之算選筭。孟子之助莇耡。援引異文。羅列無遺。俞樾深喜其書。嘗欲為之疏

證而不果蓋亦經字有用之書也

八經典通用攷說文皆正字經典多假借嚴氏以十三經中之假借字依說文部次而以正字别之說文假借義證之類但較儉嗇耳

九易書詩禮四經正字考鍾氏以羣經之字多從隸變因據說文本字撰十三經正字考全書散佚僅存易書詩禮四經其書本錢氏答問之例並取爾雅釋文諸書以疏證之

十六書假借經徵此書僅有大學一篇鈔錄大學全文而釋其義凡用假借字據皆以本字釋之或亦未全之書也

十一說文外編學者謂經典相承之字說文不載並非佚失在說文中自有一字以當之錢大昕陳壽祺等皆以經典相承之字於說文中求其本字辨明說文中某字即經典中之某字雷氏本此例著說文外編先舉四書中字次及

羣經中字。凡說文所無。鈕氏新附考續考所未及者。皆于說文中求其本字。於他書求其通字。玉篇廣韻中之常用而不可廢者。亦附及焉。全書分二例。一經字。四書羣經之字。二俗字。玉篇廣韻之字。其名外編者。言此經字俗字。皆在說文以外也。

十三。說文經斠與說文正俗。楊氏以文字孳乳浸多。加偏旁者非必俗書。惟加之過甚。始為俗書。乃為說文經斠與說文正俗二書。經斠者。說文有本字而經用借字。正俗者。說文有本字而承用別體。頗為簡明。便于檢閱。

以上關于經字之書。經字在文字學中之範圍。頗為寬廣。蓋自秦火以後。篆隸相承。家法各別。文字遂多異同。關于此等之著作。如陳喬樅之詩經四家異文考等。李富孫之春秋三傳之異文釋等。其書極多。即專研究詩經中之文字者。如陳啟源毛詩稽古編中之攷異與正字。陳奐毛詩傳疏中之毛詩傳義類。馬瑞辰毛詩傳箋通釋中之詩人義同字變例與毛詩古文多假借考等其書亦極多即其煌煌成巨帙者如段玉裁與吳樹聲各有詩經小學茲編以其範圍過廣不詳述焉其他如李賡芸炳燭篇中之古字通叚例文字證古王玉樹說文拈字中之考經董詔說文測議中之訂經大概悉是辨明經典中之某字即是說文中之某字與其通假之故特未撰為專書亦不詳述

㈠錢大昕履畧見前說文答問在潛研堂文集中

㈡薛傳均字子韻清江蘇甘泉人道光九年卒年四十有二說文答問六卷歿後新城陳用光為刻于閩中再刻于揚州

㈢陳壽祺字恭甫清福建閩縣人嘉慶四年進士道光十四年卒年六十四說文經字攷在左海文集中

㈣郭慶藩字孟純清湖南湘陰人其說文經字攷辨證四卷光緒二十一年郭氏刊于揚州

㈤宋文蔚字澄之江蘇溧陽人俞曲園之弟子現存其說文經字疏證（標題無疏證字）民國

二十三年商務出版。

㈥郭慶藩說文經字正誼四卷。光緒二十年郭氏刊于揚州。

㈦俞樾字蔭甫。清浙江德清人。道光三十年進士。光緒三十二年卒。年八十有六。著述甚富。有春在堂全集。說文經字在春在堂全集湖樓筆談中。

㈧宋文蔚湖樓筆談說文經字疏證。（標題無疏證字）民國二十三年商務出版。

㈨承培元字伯更。清江蘇江陰人。廣潛研堂說文問答疏證八卷。光緒十八年廣雅書局刊。

㈩錢坫履畧見前。十經文字正通書十四卷。其分部一依說文解字。乾隆四十一年成書。嘉慶二年刊。近有景印本。

⑪潘奕雋字榕皋。清江蘇吳縣人。乾隆己丑進士。說文解字通正十四卷。照許書次第。乾隆四十六年成書。原刻本頗少。光緒二十九年。劉世珩據原刻本刊在聚學軒叢書內。許學叢書內之說文蠡箋。即是此書。但節删甚多。

⑫朱珔字玉存。號蘭坡。清安徽涇縣人。嘉慶七年進士。道光三十年卒。年八十有二。說文假借義

證二十八卷。未刊。光緒二十五年。其後裔刊于江西。板多爛燬。民國十五年中國學會景印。

(十三)邵瑛。字桐南。清浙江餘姚人。說文羣經正字二十八卷。嘉慶十七年成書。原刻本極少流傳。民國六年。其裔孫啟賢以原刻景印。

(十四)莊有可。字大久。清江蘇武進人。莊綬甲之同族。春秋小學八卷。各經傳記小學十四卷。據自序悉嘉慶二年成書。未印。民國二十四年。其後裔以原稿付商務印書館景印。

(十五)李富孫。字既汸。清浙江嘉興人。嘉慶六年拔貢生。說文辨字正俗八卷。嘉慶二十一年刊。

(十六)張維屏字子樹。清廣東番禺人。道光二年進士。官湖北黃梅知縣。咸豐九年卒。年八十。經字異同四十八卷。道光二十年刊。

(十七)嚴章福。字秋樵。清浙江歸安人。嚴鐵橋之從弟。經典通用考十四卷。據自序書成於咸豐七年。民國六年吳興劉氏刊。

(十八)鍾麐。字璘圖。原名寶田。清浙江長興人。咸豐十一年順天副貢生。官至內閣中書。民國五年。其子以殘稿四卷。付吳興劉氏刻。

㊈朱駿聲履畧見前六書假借經徵四卷光緒十八年其子仲我以稿付陽湖楊氏刊入大亭館叢書中

㊉雷浚自深之號甘谿清江蘇吳縣人江沅之弟子官訓導光緒十九年卒年八十說文外編十五卷補遺一卷光緒元年刊入雷氏八種中

㊊楊廷瑞字子杏湖南善化人其說文經斠十三卷補遺一卷說文正俗一卷光緒十八年刊

引經

漢儒治經分今文古文兩家兩家之學文字不同者動以百數即同治一家之學文字亦多錯出蓋師以口授弟以耳受授受之間音讀稍異形體遂別許君著說文解字所引易書詩禮春秋論語孟子爾雅大半與今日通行經典文字多異論者謂今日通行經典幾經傳寫俗書紛陳遂欲據說文所引以為訂正不知說文所引與今經典異同之處由于傳寫謬誤者固亦恒有由于學派之不同授受之

偶別。實為多數。許君雖從事古文。而稱引不廢今文。一則引經據典。以明本義。一則博采兼收。廣明異義。於是治文字學者。對于說文之引經。為異同之研究者有五。一。吳玉搢之說文引經攷。㊀二。吳雲蒸之說文引經異字。㊁三。陳瑑之說文引經考證。㊂四。柳榮宗之說文引經考異。㊃五。高翔麟之說文經典異字釋。㊄為體例之研究者有二。一。雷浚之說文引經例辨。㊅二。承培元之說文引經證例。㊆次第記之于下。

吳玉搢之說文引經考。取說文所引之經。與今本較其異同。有與今本異而實同者。有可與今本並行不倍者。有今本顯失。不能不據說文以正其誤者。皆為一一標出。雖未盡當。大致頗足觀。其書計一千一百十二條。其在羣經外。有山海經。國語。楚辭。五行傳。墨翟書。呂不韋書。韓非子。韓詩外傳。甘氏星經。司馬法。楊雄賦。司馬相如等。三十六條。不加以攷釋者四百條。是吳書為引經攷者。實六百八十一條。

而說文引經尚漏畧二十四條。道光元年儀徵程贊詠再刻時。為補于後。

吳雲蒸之說文引經異字。取說文所引之經與今經字不同者。分經羅列。凡通轉假借。悉加辨別。共計五百零二字。

陳瑑之說文引經攷證。凡說文之引經與今經本字同者。概不復述。其不同之字。或證通假。或明其錯誤。共計五百二十二條。其有兩處引經而字各異者。陳氏以為其兼存之文。有似異而實同者。有文異而義同者。有字異而音同者。有音近而義通者。疏通證明。得三十二條。為說文引經互異說。其書八卷。此為第八卷也。

柳榮宗之說文引經考異。說文明本字。經典多用假借字。凡說文之引經與今經典不同者。即此假借之故。古文多假借字。今文多本字。許君自敘雖言采取多以古文。而引經則不廢今文。蓋以明本字故也。柳氏此書。究今古文之別。明通假之恉。攷師讀之異。兼正今本俗書之謬。共計四百六十七條。

高翔麟之說文經典異字釋。其說文引偁異者。詳其訓詁。復蒐取他書義可與發明者。廣援互證。以通其說。共計三百八十五條。

以上五書。悉屬于說文引經異字之考釋。柳書較精。高書較漏。皆未及於說文引經之例也。不明其例。則考釋即不免有誤。陳瑑之說文引經考。證雷浚駁之。指其病有六。一。不知說文引經之例有三。而以為皆說文本義也。二。不知正假古今正俗之異。一切以為古今字也。三。不明假借。四。置說文本義不論。泛引他書之引申假借義。以為某字本有某義也。五。於義之不可通者。曲說以通之。六。稱引繁而無法。檢原書多不合。雷氏既駁陳氏之書。自為一書。以言說文引經之例。

雷浚說文引經例辨。取說文引經九百六十五條。分為三例。一。引經說本義。所引之經。與其字之義相發明者也。如示部。禔。安福也。易曰。禔既平。雖今本作祇。而訓安則一。二。引經說假借。所引之經。與其字之義不相蒙者也。如玉部。玼。玉色鮮也。

詩曰。新臺有玼。借玉色之鮮。為臺色之鮮。今本作泚。更玼之假。三引經說會意。所引之經。與其字之義不相蒙。而與其从某从某某聲相蒙者也。如示部。祝从示从人口。一曰从兑省。易曰。兑為口為巫。以引經說祝从兑省之意。雷氏發許君引經之例。與以前諸書對于說文引經。專為異同之考訂者不同矣。然雷氏之例。猶未密也。承培元之例。則加密矣。此亦學術之進步也。承培元說文引經證例。據陽湖吴翊寅跋言。有今文有異文。有證字者。有證聲者。有證假借作某義者。有證偏旁从某義者。有證本訓外別一義者。有偁經說而不引經文者。有用經訓而不著經名者。有隱括經文而併其句者。一删節經文而省其字者。有引一經以證數字者。有引兩經以證一字者。有引秘緯稱周禮者。有引大傳稱周書者。有引左傳稱國語者。據吴氏言。計十七例。而秘緯稱周禮。大傳稱周書。左傳稱國語。不足為例。則是十四例矣。據承書其例頗多。約之畧為十八例。記之于下。

一、有引經證字者。心部。忼慨也。从心亢聲。一曰易忼龍有悔。言忼龍之忼字見于易也。今本易作亢龍。

二、有引經證字形者。部首。易蜥易蝘蜓守宮也。象形。秘書說日月為易。像侌易也。言易字之形从日月也。

三、有引經證字義者。人部。僾仿佛也。从人愛聲。詩曰僾而不見。此證仿佛之義也。

四、有引經證聲者。巾部。㡒載米[illegible]也。从巾盾讀若易屯卦之屯。此證㡒之聲若屯也。

五、有引經證字兼義者。心部。惪泣下也。从心連聲。易曰泣涕惪如。此證惪字見於易。併證其泣下之義也。今本易作泣血漣如。

六、有引經證字義而隱括舉之者。馬部。驙駗驙也。从馬亶聲。易曰乘馬驙如。今易作邅如。乘馬班如。而曰乘馬驙如者。蓋隱括易之兩言而為一語也。

七、有引經證字說者。部首壬。位北方也。侌極易生。故易曰。龍戰于野。戰者接也。此證侌極易生。侌易承接之義。非壬字之義。乃說壬字之義也。

八、有引經證所从之義者。女部妟。安也。詩曰。以妟父母。此證妟字从女之義也。今本詩作歸寧父母。

九、有引經證字兼釋所从之義者。部首鬯。以𩰪釀鬱艸芬芳攸服以降神也。从凵。凵器也。中象米。匕所以扱之。易曰。不喪匕鬯。此證鬯字。見于易。兼證鬯字所从之匕義也。

十、有引經證假借義者。土部堋。喪葬裁下土也。从土朋聲。虞書。堋淫于家。亦如是言堋之借為朋也。今本書作朋。

十一、有引經證異義者。手部搯。搯捾也。从手舀聲。周書曰。師乃搯。搯者搯（抽之本字）兵刃以習擊剌也。此證搯又有抽義。

十二有引經以證古文異義者土部堊以土增大道上也从土次聲堊古文从土

即虞書曰龍朕堲讒說殄行一曰堲疾惡也此證古文堲有疾惡之義

十三有引經證一曰之說者曰部昌美言也从曰从曰一曰光也說曰東方昌矣

此證一曰光之說也

十四有引經證異名同物者鼎部鼏以木橫貫鼎耳而舉之从鼎冂聲周禮廟門

容大鼏七箇即易玉鉉大吉也又金部鉉舉鼎也从金玄聲易謂之鉉禮謂

之鼏此證鉉鼏一物也

十五有引經證古文者丌部顨巽也从丌从顨此易顨卦為長女風者巽今文顨

古文此證古文也

十六有引㒳經證一字者目部相視也从目木易曰地可觀者莫可觀于本詩曰

相鼠有皮此引詩證字引易證从木之義按易無此文當為說易者之詞

七有引一經證數字者。口部嘽喘息也。从口單聲。詩曰嘽嘽駱馬。一曰喜也。又疒部痑馬病也。从疒多聲。詩曰痑痑駱馬。又手部撣提持也。从手單聲。讀若行遲嘽嘽。此口部證字。疒部證異義。手部證聲也。

此外有引經證義而不言經者。有檃括經文而不著名者。但此不足為例。特搜集說文引經而為例者。加以注意而已。因有不言引經而實為引經之注意。故承書計有一千三百二十條。視各書為多。此說文引經在文字學中似亦成為一科也。

㈠吳玉搢字山夫。清江蘇山陽人。康熙中由廩貢生官鳳陽府訓導。說文引經考二卷。道光元年儀徵程氏刊。光緒二年王闓運重校。光緒八年撫州饒氏重刊。錯字極多。

㈡吳雲蒸字小巖。清安徽歙縣人。說文引經異字三卷。道光五年刊。前有阮元段玉裁序。又許學四書本。

㈢陳瑑字聘侯。一字恬生。清江蘇嘉定人。道光舉人。說文引經攷證八卷。同治十三年湖北崇文書局重刊。

㊃柳榮宗字翼南清江蘇丹徒人說文引經攷異十六卷咸豐二年刻

㊄高翔麟字文瑞清江蘇吳縣人嘉慶進士官至衡永郴桂道說文經典異字釋不分卷據自序道光十五年成書光緒九年有重刊本

㊅雷浚撰畧見前說文引經證辨三卷光緒八年刊在雷氏八種內惟潘鍾瑞序則標光緒九年當是始刊在八年成書在九年序則成書時刊入也

㊆承培元撰畧見前說文引經證例二十四卷殁後手稿尚未寫完江陰夏勤邦繕錄成帙釐為二十四卷合肥李經畬謀刊未果稿藏其家陳名慎攜之廣東廣雅書局光緒廿一年刊

校勘

有清一代於說文之學發明極多而校勘亦異常精嚴畧計之有校大徐本者有校小徐本者有校二徐之異者有校說文與他書異同者有校校本者其校大徐本者有五一段玉裁之汲古閣說文訂㊀二張行孚之汲古閣說文解字校記㊁三嚴可均之說文校議㊂四鈕樹玉之說文校錄㊃五王念孫之說文校勘記殘

稿。㊄

一、段氏汲古閣說文訂。其自序云。合始一終亥四宋本。及宋刊明刊五音韻譜。及集韻類篇稱鉉本者。以校毛氏節次剜改之鉉本。所以存鉉本之真面目。使學者家有真鉉本而已。

二、張氏汲古閣說文解字校記。其自序云。汲古閣說文有未改已改兩本。乾嘉諸老皆稱未改本爲勝。而未改本傳世絕少。洪琴西從荆塘義學。假得毛斧季所校樣本。摹刊於淮南書局。行孚。取已改本互校異同。彙而錄之。

三、嚴氏說文校議。其自序云。說文未明。無以治經。由宋迄今。僅存二徐本。而鉉本尤盛行。謬譌百出。學者何所依準。余肆力十年。始爲此校議。姚氏(文田)之說。亦在其中。凡所舉正三千四百四十條。皆援古書。注明出處。不敢謂復許君之舊。以視鉉本。居然改觀矣。

四鈕氏說文解字校錄其自序云毛氏之失宋本及五音韻譜類篇足以正之大徐之失繫傳韻會舉要足以正之至少温之失可以糾正者唯玉篇最古因取玉篇為主旁及諸書所列悉錄其異互相參攷又云韻會采元本其引說文多與繫傳合故備錄以正繫傳之譌是鈕書兼校小徐矣

五王氏說文校勘記残稿計一百十九條雖非全書頗可與段氏之說文訂相參證

段氏張氏所訂正者在于復徐氏之舊嚴氏鈕氏所訂正者在於復許君之舊鈕氏云許書之錯亂由於陽冰玉篇成于梁大同九年在陽冰之前故可以訂正陽冰之失而復許君之舊觀王氏之書如「元」「墫」「毒」「莃」「藸」「葻」「菑」「逝」諸條皆與段合其他或與段微異要之此五種書皆可為讀大徐書參攷之資其校小徐本者有二一汪憲之說文繫傳考異㈥二王筠之說文繫傳校錄㈦

一汪氏說文繫傳考異。小徐之書世罕傳本。比大徐本尤希。汪氏見景宋鈔本。然已謬譌極多。因參以今本說文。及旁徵所引諸書。證其同異。譌者正之。其不可解者。則並存以俟考。

二。王氏說文繫傳校錄。王氏筠本擬與葉潤臣合作。王校異文。葉任典故。王氏據孫鮑兩本記其異同。更以汪本參之。又參之大徐諸本。及說文五音韻譜玉篇廣韻汗簡諸書。葉書未成。王氏乃合自所爲札記而成是書。

小徐之書。世無善本。今世通行說文繫傳。當以江蘇書局祁刻本爲佳。蓋祁刻據顧千里校宋抄本。及汪士鐘所藏宋殘本。而又經李申耆承培元苗仙麓手校者也。汪氏之考異。王氏之校錄。當亦可爲讀祁刻者參考之資。

小徐之學勝於大徐。已爲近代文字學界之公論。惟是二徐之書各有異同。即各有是非。於是有校二徐之異者。一。董詔二徐說文同異附攷。㈧二。田吳炤說文二

徐箋異⑨

一董氏二徐說文同異附攷二徐之異動以千計而董氏之所考者僅「禰」「⿰礻壹」「脃」「逝」「⿰牜㐌」「猄」「蹬」「改」「萆」「鄭」「⿰米卷」「宋」「⿰魚頁」「頎」「彖」「帚」「昊」「庫」「⿰目彖」「掏」「訹」二十一字則其漏畧者多矣

二田氏說文二徐箋異其自序云二徐異從各有所本亦各有所見諸書所引或合大徐或合小徐不必據此疑彼據彼疑此亦不必過信他書反疑本書（中畧）段氏若膺曰二徐異處當臚列之用師其意精心校勘凡二徐異處或正文或重文或正文說解或重文說解或引經或讀若或類从或都數或語句到順或文字正俗類皆先舉其文攷之羣書實事求是便下己意以為識別諸家可采者則采之可議者議之每得一異處不專宗一家其所不知寧从蓋闕之例無害大義者則畧而不論

董書大畧無足觀田書十四篇總計凡一千二百七字二徐不同之處可謂羅列無遺讀之可以知今本說文解字斷非許君之舊其有校說文與他書異同而稱古本或定本者一沈濤說文古本考⑩二朱士端說文校定本⑪三王仁俊說文解字考異三編⑫

一沈氏說文古本攷許書原本經李陽冰之亂傳于今者僅大小徐兩本大小徐頗有異同決非許書真面目而其遺文佚句往往有散見於經傳注疏史漢注字林玉篇釋文文選李注凡在二徐之前者當可據此以訂二徐本之誤沈氏說文古文攷即由是而作惟以說文疑他書與以他書疑說文皆為學者一偏之弊二徐本誠誤矣他書所引說本果真古本亦未易言也沈氏概以他書所引為古本未免啟學者之懷疑此方琦所謂沈氏之書可謂異同攷不可謂古本攷也

二。朱氏說文校定本。以大小徐二本參攷異同。擇善而從。或依大徐。或依小徐。其同者則曰大小徐同。其異者則從一本而記其異於按語中。更據鐘鼎古文以校古籀版本之誤。辨正後儒改竄之謬。據讀若形聲以明假借。據引經以得本詁。其稱定本者言不敢謬執己見擅改原文。存二徐本尚可以存許書也。

三。王氏說文解字考異三編。先是姚文田有說文解字考異之撰。大恉據唐人以來引說文者。加以論斷。頗為精密。顧其書草剏未勒定本。鄭知同重加考辨。續為編纂。其書亦未成。王氏此書即繼嚴鄭之書而作者。故稱三編。姚鄭之書未見。王氏之書亦嫌略。

說文校勘之學在清代可謂盛矣。而又有校校本者。其書有二。一。嚴可均說文訂訂。[十三]二。嚴章福說文校議議。[十四]

一。嚴氏說文訂訂。段玉裁有說文訂一書。嚴氏以段氏之訂。尚有與所見未合者六十有二。因為此書以訂段氏之訂。

二。嚴氏說文校議議。嚴可均姚文田。有說文校議一書。嚴章福為可均從弟。以校議專訂大徐之誤。尚不能無遺憾。乃作校議議。以議嚴姚二氏之議。引他書以校正說文。多因誤讀他書。而所校遂不確。說文校議議。關於此點。多所議正。

說文一書。除二徐本外。無他本可以校勘。所以校勘說文者。不能求之他書。於是有搜輯他書所引說文。以備校勘二徐本之用者。其書有二。一嚴可均姚文田之舊說文錄。[十五]二。田吳炤之一切經音義引說文箋。[十六]

一。嚴氏姚氏舊說文錄。王仁俊言姚文田有說文解字考異。未勒定本。此舊說文錄。即說文解字考異之底本也。錄鄭康成三禮注與經典釋文以下之書。

計五十種。其中有引說文者。皆為錄出。嚴可均自序云。起東漢。止北宋。凡諸書之引說文者。大錄一編。為底簿。以鼎臣未舊前乎鼎臣者舊也。故題曰舊說文錄云。共計一萬七千餘條。可謂輯錄他書引說文之大觀也。

二。田氏一切經音義引說文箋據日本刊本唐慧琳一切經音義百卷。希麟續一切經音義十卷。輯其中所引說文者。得千二百餘字。與今本說文。校其異同。而箋之。嘉道以來。學者只見應玄二十五卷之一切經音義。嚴可均據以錄入舊說文錄者。已有二千五百條。田書僅千二百餘字。已漏略多矣。現在正續一切經音義。已有景印本。學者尚可據以搜輯也。

自燉煌石室發見唐寫本以來。而古書可據以校勘者極多。惟無說文解字。而說文解字唐寫本。僅有莫友芝所得木部殘文百八十有八。莫氏據此為唐說文箋異一書。(十七)此說文校勘上重要之書也。

㊀汲古閣說文訂一卷。段玉裁著。段氏履畧見前。是書成于嘉慶二年。刊在段注說文解字後。

㊁汲古閣說文解字校記一卷。張行孚著。張氏履畧見前。是書成于光緒七年。刊在淮南書局大徐說文真本後。

㊂說文校議三十卷。嚴可均姚文田同撰。嚴可均。字景文。號鐵橋。清浙江烏程人。嘉慶舉人。姚文田。字秋農。清浙江歸安人。嘉慶進士。官至禮部尚書。是書成于嘉慶十一年。同治十三年歸安姚氏重刊本。

㊃說文解字校錄三十卷。鈕樹玉著。鈕氏履畧見前。是書成于嘉慶十年。光緒十一年江蘇書局刊。

㊄說文解字校勘記殘稿。王念孫著。念孫字懷祖。清江蘇高郵人。乾隆四十年進士。是書未成。桂馥得其殘稿。許瀚寫為清本。宣統元年番禺沈宗畸刊入晨風閣叢書內。即許學叢書內之讀說文記。

㊅說文繫傳考異四卷。汪憲著。憲字魚亭。清浙江錢塘人。乾隆十年進士。是書光緒重刊本。在述

史樓叢書內。

㊆說文繫傳校錄三十卷。王筠著。王氏履畧見前。是書王氏歿後。咸豐七年刊。

㊇二徐說文異同附攷。董詔著。詔字樸園。清陝西安康人。是書成于嘉慶時。在說文測議第七卷中。

㊈說文二徐箋異十四篇。田吳炤著。吳炤字伏侯。湖北人。其書宣統二年以手寫本付印。

㊉說文古本攷十四卷。沈濤著。濤原名爾岐。字西雝。號匏廬。清浙江嘉興人。嘉慶十五年舉人。是書滂喜齋刊本。民國十五年。無錫丁氏醫學書局景印。

⑪說文校定本二卷。朱士端著。士端。清江蘇寶應人。道光九年考充右翼宗學教習。十九年授安徽廣州訓導。其書在咫進齋叢書內。

⑫說文解字考異三編十四卷。王仁俊著。仁俊字幹臣。清江蘇吳縣人。是書成于光緒二十二年稿本。

⑬說文訂訂不分卷。嚴可均撰。可均履畧見前。是書成于嘉慶五年。在許學叢書內。

⑭說文校議議。三十卷。嚴章福著。章福字秋樵。清浙江烏程人。可均從弟。其書始于道光二十四年。成于咸豐七年。計十四年。吳興劉氏刊。

⑮舊說文錄。嚴可均姚文田同纂。嚴姚履畧見前。其書據各書所引說文。分書錄出。有嚴可均錄者。有姚文田錄者。稿本。中缺韻會舉要一書所引。

⑯一切經音義引說文箋。田吳炤著。吳炤履畧見前。是書成于民國十三年。即于是年刊于北平。

⑰唐說文箋異。莫友芝著。友芝字子偲。號郘亭。清貴州獨山人。道光舉人。其書同治三年刊行。近有景印本。

石鼓文

石鼓隋以前未見著錄。發見於唐初。其發見之地。在天興縣(今鳳翔)南二十里。韋應物韓愈作石鼓歌以表之。其名始顯。鄭餘慶遷置於鳳翔孔子廟。五代時散失。後又得之。自鳳翔遷於東京。(今開封)置之辟雍。旋置保和殿。金人破宋。輦歸燕京。(今北平)自元歷清。皆在北京。置於太學。近歸故宮博物院保存。因中日交涉日急。而又南遷矣。石鼓其數十。宋時亡其一。旋即得之。以金屬填其文。示不復拓。以保存原刻文字。元時又剔去其金。文字殘損。因此更多十數。雖具第八鼓已無字矣。

石鼓之時代。唐張懷瓘韓愈以為周宣王時。唐韋應物以為周文王時之鼓。宣王時刻詩。宋董逌程大昌以為周成王時。宋鄭樵以為秦時。金馬定國清莊述祖以為宇文周時。清武億以為漢時。清俞正燮以為元魏時。清高宗定為周宣王時。以後絶少異說。且指其字體為太史籀所造。而以為籀文。其專著書討論石鼓文者。在明代有楊慎之石鼓文音釋。陶滋之石鼓文正誤。李中馥之石鼓文考。清代關於石鼓文之著述。日以加多。茲略記二種於下。其僅為文字音訓之考證者。皆不復述焉。

一吳東發之石鼓讀七種。一石鼓釋文考異。二石鼓文章句。三石鼓辨。四石鼓鑑。五石鼓釋文考異或問。六石鼓爾雅。七序鼓。此主周宣王時之說也。㈠二沈梧之石鼓定本已刻者五種。一篆文縮本。二石鼓文釋音。三石鼓文辨證。四石鼓文章句注疏。五石鼓文地名攷。未刻者五種。一古籀奇字辨。二諸家摹本校誤。三跋尾。四備攷錄。五辨字偶存。此亦主周宣王時之說也。㈡

清代主周宣王時之說者。其書極多。此二書為比較內容充實。慎君說文解字序。以籀文為周宣王之太史籀所造。石鼓為周宣王時物。遂公認石鼓文即籀文。為確不可易者。自王國維著史籀篇敘錄。以為「史籀十五篇。古之字書。後人取句首史籀二字。以名其篇。非著書者之名。其書獨行於秦。非宗周時之書。」據此則周宣王時之說。遂根本動搖矣。近人羅振玉。馬叙倫。馬衡。皆認為是秦代文字。而馬衡之石鼓為秦石刻考一書。㈢辨之尤析。其辨證之方法。皆根據於文字。石鼓文字。見於盄和者十七。見於秦公敲者十四。見於重泉量者三。見於詛楚文者二十九見於呂不韋戈者三見於新郪虎符者十見於陽陵虎符者四見於權量詔書者十五見於嶧山刻石者二十四見於泰山刻石者八見於琅琊臺刻石者十二見於會稽刻石者十七而「也」作「殹」則為秦獨有之文字謂石鼓為秦時以文字考之則比較為可信矣石鼓既為秦文字則以前認為籀文應為古文字一系者現已失其所據矣特為此篇附於本編之末

㈠石鼓讀七種清海鹽吳東發撰乾隆五十九年自刻本民國十五年陳氏石印本

㈡石鼓文定本五卷清無錫沈梧著光緒十六年古華山館刻本

㈢石鼓為秦石刻考不分卷四明馬衡著民國二十年石印本

王昶等之石刻文字

金石之學起於宋代金文之發展自清末以來日愈進步在古文字學時期章記之石刻文字清代作者頗多而集其大成者當推王昶之金石萃編㈠收自周秦

至於遼金。兼采南詔大理之石刻。大多數皆是石刻文字。金文極其少數。每一石刻。博采宋以來至於清之筆記文集等。考證金石文字之作。計有百數十種之多。又自為按語。或訂正前人之譌。或發文字之蘊。如鄭固碑。作世模式。隸釋作慔。云碑以慔為模。王氏細核碑文。實从木也。楊統碑。百僚歎傷。隸釋作遼。云以百寮作百遼。不可解矣。王氏細核碑文。實从人也。又如式榮碑。哀憾悲憧。以前多釋為哀感。王氏以為憾即感字。戚从戊从尗。隸變作从伐从卅。楊統碑。貴戚專權。韓勑碑陰。彭城廣戚。戚皆作傶可證。且其考釋。類能多所引證。而不穿鑿。如敦煌長史武斑碑。商周假貌。假貌即遐邈。説文無遐字。華山碑。思登假之道。楊統碑。假邇莫不隕涕。繁令楊君碑。假邇僉服。皆遐字也。列子黃帝篇。而帝登假。張湛注。假當作遐。漢書禮樂志。假狄合處。顏師古注。假即遐字。其字从彳。集韻云。邈通作貌。楊統碑。勳迹貌矣。即邈字。武都太守耿勳碑。開倉振澹。澹與贍同。史記司馬相如傳。漉沈贍蔄。漢書作灑沈澹灾。漢書食貨志。猶未足以澹其欲也。師古注。澹古贍字。荀子物不能澹則必爭。楊涼注。澹讀曰贍。鹽鐵論。飢寒於邊將何以澹之。又云哀元元之未澹。張納功德敘。邮澹凍餒。亦以澹為贍。此種考據之學。清人頗優為之。遠勝於宋人也。因楊著碑之孝蒸內發。及烝烝其考。論及于經。因韓勑造孔廟禮器碑之前闓九頭。以什教言。論及于緯。其範圍更廣也。後有方履錢者。踵其例為金石粹編補正。㊁計碑文五十通。不過補王氏所遺之碑。考釋寥寥。殊不及王氏之書。不足正王氏之譌。其他搜集石刻文字。編次成書。具有學術之價值者有二。一顧藹吉之隸辨。㊂一錢慶曾之隸通。㊃顧氏之書。據其自序云。隸辨之作。為解經而作也。漢人傳經。多用隸寫。隸變為楷。益失本真。唐開元易以俗字。名儒病其蕪累。余收集漢碑。間得刊正。虞書大鹿。舊本無林。泰卦包巟。後人加艸。鄭風摻執。即為操執。穀梁壬臣。若斯之類。取益頗多。後於北海孫氏見中郎石經。經典釋文所云本又作者。皆碑中字也。觀顧序所云。隸辨一書。在於解經。實則經之文字。亦是屬於文字學之範圍。以隸證經。可以得漢人用文字之例。況其書於文字之本身。又能本之說文解字。辨其正變省加。以得由篆變隸之迹。錢氏之書。其體畧分為三。一曰通。如吏通作理。郙閣頌行理咨嗟是也。祥通作翔。又通作詳。又通作羊。漢修堯廟碑。翔風膏雨。鍰銘。辟除不詳。范君斷碑。日利千萬。曹羊是也。二曰變。變有二。一為寫之變。如上作上。見韓勑孔龢碑史晨後碑是也。一為用之變。如壻變為聟。見唐公碑是也。三曰省。如气省作乞。見無極山復民二碑是也。璠省作墦。見堯廟是也。三例之外。又有二例。一曰本。如珙本作玒。瑄本作珣是也。二曰當。如琦當作奇。珈當作哿是也。錢氏此書。取棄頗嚴。隸書通行之字。不載於說文。而義可相通者。乃著於篇。略有省變者。亦搜及之。若字體乖剌過甚。則擯而不錄。其異體兼收者。則有邢澍之金石文字辨異。㊄楊紹濂之金石文字辨異補編。㊅邢氏之書。所搜不限於漢凡所見唐宋以來石刻及宋元刊本之隸釋隸續等書皆為采取異體極多足資參考以韻為類而不載碑文楊氏之書以邢氏多錄宋元刊本之金石書往往致誤為此編以補正之此外有朱百度之漢碑徵經㊆趙之謙之六朝碑別字㊇羅振鋆之碑別字㊈朱氏之書以經累傳寫譌謬日多漢碑最古足資考訂其書專以補顧氏之缺如據孔廟後碑元亨利貞作長亨利貞易文言元者善之長也左襄九年傳元體之長也元長同義易大有公用亨於天子隨王用亨於西山升王用亨於岐山皆讀作享享亨字同凡此之類苟忠心求之將續有發明也趙羅之書搜輯異體邢書之亞而已

㊀金石萃編一百六十卷清王昶著昶字德甫號述庵學者稱蘭泉先生青浦人官至刑部右侍郎年八十三卒好金石文字積數千通刪其繁複著為是編

㊁金石萃編補正四卷清方履錢著履錢字彥聞大興人嘉慶二十三年舉人官福建閩縣知縣是編所錄多中州石刻篇第多未次序似為未成之書

㊂隸辨八卷。清顧藹吉著。藹吉長洲人。其書摭采漢碑不備者。本之漢隸字原。更本說文解字辨其正變省加。以四聲分類。易以檢尋。一一注碑名於下。便以考證。復依說文解字部首次第纂偏旁五百四十字。括其樞要。又列諸碑之目。折中分隸之說。各為之考。極便學者也。

㊃隸通二卷。清慶曾著。慶曾嘉定人。嘗以為漢人用字例多通假。雖乖乎象形會意之原。猶得求依聲托事之理。乃取石刻通假之字。列為一編。故名之曰隸通。

㊄金石文字辨異十二卷。清邢澍著。澍字雨民。階州人。嘗助孫氏星衍輯寰宇訪碑錄。見聞極富。乃考定其文字。辨論其異同。著為金石文字辨異十二卷。

㊅金石文字辨異補編五卷。清楊紹濂著。紹濂瑞安人。以邢書間有寫刻滋譌。與碑不合者。為之補正。大概多據拓本與景印之本。轉錄諸刻本金石書者甚少。蓋其成書較近也。

㊆漢碑徵經一卷。清朱百度著。百度字午橋。寶應人。

㊇六朝碑別字一卷。清趙之謙著。之謙字撝叔。紹興人。

㊈碑別字一卷。近代羅振鋆著。振鋆字佩南。上虞人。

其他

清朝一代關于文字學之著作已記于上可以窺文字學之全矣其他如各家讀說文之記雖詳畧不同或精粗有別要皆可為參考之資此種著作以惠氏讀說文記㈠席氏讀說文記㈡卷帙豐富極為可觀記之于下

惠氏以說文之學倡于吳中嘗謂說文一書不第形聲點畫足考制字之原其所訓詁實佐毛鄭諸家之所未備又皆魏晉以前真古文一句一義在今日皆為瓌寶惠氏於說文一書用功頗勤其讀說文記即其旁記側注移錄而為書者也

席氏嘗得惠氏讀說文記讀而善之欲推廣其義例作說文疏證而未果積稿頗富據其札記其條例畧有四項一疏證許書之所難解而他書可證明者二補漏他書引說文而或多或少異于今本者又此部不備而他部注中確可移補者三糾誤注文為後人附會竄亂而確有可據以證其謬訛者又六經訛字可據說文

推得其原而校正者。四最取馬鄭諸儒之訓詁與許君不合者。觀其條例。洵足成為一家之學。惜未成書而卒。同里黃氏廷鑑為之連綴芟雉存席讀說文記一書。惠氏著書之旨。欲以說文校六經。席氏即本惠例。以為經傳中多相混之字。皆當據說文以正之。嘗謂說文明而六經之真古文乃明。惠氏席氏之書。其趣旨如一也。

其短書小冊。未成書者有二。一。許棫之讀說文雜識。㊂二。許槤之讀說文記。㊃

讀說文雜識。乃隨手札記之書。或錄他之說。或記自己之見。亦有本係他人之說。即以為自己所有者。如衣字。以為當是象衣之形。此乃明朝人之說也。共計八十一條。

許槤嘗纂說文解字統箋。未成書。以庚申之亂散佚。茲編所記。乃其平日讀書時。或己見或他人之說。錄于說文原本。而為纂統箋之預備。共計五百四十九條。

文其短書小册與讀說文記之書相類或獨明一義或專言一事或記一己之所見而有所發明或舉羣書之所說而有所平議雖係零星之著作在文字學上似尚未能獨樹一幟而要為研究文字學者所不可忽畧畧舉之有八記之下方

一王夫之之說文廣義王氏雖未見始一終亥之本然思想精邃有獨到之處如謂一字發為數音其原起于訓詁之師欲學者辨同字異指為體為用之別古人用字義自博通初無差異其言頗精至其論假借不免有附會牽強之處元明人之陋說未盡刋落故也同治間鎮海吳善述著說文廣義校訂凡王氏附會牽強之處一一為之校訂(五)

二陳詩庭之讀說文證疑其書於說文不可解說之處則引羣書以解說文難解之語如萊茱椴實裹如表者裹如表不可解據爾雅釋文引說文作裘如裘乃知裹為裹之譌表為裘之譌(六)

三吳夌雲小學說其書多言聲義相關之故以字聲制而明聲隨義轉之所以然苟本此例引申觸類於文字學極有益也㊆

四胡秉虔之說文管見此乃未成之書然中說文考古音說一句數義說分部說諸篇皆甚精也㊇

五毛際盛之說文述誼會萃羣書疏通證明不爲駁難蓋毛氏爲錢竹汀弟子其著書守錢氏家法也㊈

六許溎祥說文徐氏未詳說許書傳世鉉本較爲通行徐氏於所未知者每曰未詳清代諸儒類皆爲之考訂詳說疏通證明推論畧盡許氏最錄何氏焯吳氏夌雲惠氏棟錢氏大昕大昭坫孔氏廣居陳氏詩庭段氏玉裁桂氏馥王氏念孫煦紹蘭筠鈕氏樹玉姚氏文田嚴氏可均徐氏承慶苗氏夔朱氏駿聲士端鄭氏珍李氏青枝許氏棫張氏行孚二十五家之說總爲一書頗

便學者。(十)

七。程炎說文古語考。及傅雲龍補正。古語者。即許君時之俗語也。二鄭杜賈。多以俗語證經。許君以俗語證文字。程氏將許書中之俗語最錄爲書。惟程氏未就俗語之合六書者考之。亦未就許氏引語。以說解形義半由聲起者考之。傅雲龍乃就程書。刪三。補十有八。正其奪與譌與畧者一百六十有四。此專明說文中引俗語之書也。(十一)

八。王仁俊說文解字引漢律令考。輯許書中漢律得十七條。漢令得六條。又許君雖未明言。證諸漢人所言。知確爲漢律令者。得律一條。令九條。爲附錄。此專明說文中引律令之書也。(十二)

又有自成一書。卷帙亦畧爲豐富。在文字學史上。亦有足記之價值者。茲記附于後。

一吳穎芳說文理董後編。吳氏有說文理董三十卷。其書未見。後編六卷。糾彈羣書。力尊許義。駁斥鄭漁仲尤力。⑬

二顧錫觀之六書辨通。其書以韻目分部。分列同聲通假之字。亦言假借者可為參考之書也。⑭

三孔廣居之說文疑疑。凡說文之可疑者。參以他書。他書之可疑者。附以己見。說文與他書俱可疑。而已亦未能斷定者。則仍存其疑。本顧亭林十部韻目。分隸各字。而以論六書條例冠于前。⑮

四宋保之諧聲補逸。說文九千三百五十三字。諧聲之字不止十分之八。被徐氏所刪者極多。宋氏則一一補之。如犙三歲牛也。驂參馬也。即从參聲。牭四歲牛也。駟四馬也。即从四聲。又如⿰馬八八歲馬也。當从八聲。齓男八月生齒。八歲而齓。女七月生齒。七歲而齔。當从七聲。而伍什佰劓刵佼絞之字。皆取其

聲近者以明義之所歸計篆文補聲三百有九古籀重文補聲八百三十有六共計補聲一千一百四十有五可為聲讀者參考之資也⑯

五王玉樹之說文拈字分考經辨體審音訂誤校附正俗序志其書亦可觀也⑰

六俞樾之兒笘錄俞氏以許君生于東漢未必盡得古人造字之意取說文中可疑之字計九十有六一一為之校訂俞氏著是書時甲骨文尚未出土而金文之學又未研究雖有所校訂而亦未必能得造字之意也⑱

七葉德輝之說文讀若字考朱孔彰有釋說文讀若考一篇而未成書其區分說文讀若之例二十有五一音之字有从本字之聲者如瑂讀若眉有从同得之聲者如瑎讀若諧並从皆聲有从得聲之原者如捈讀若塗涂聲原从余有从未省之聲者如[illegible]从心簡聲即讀若簡有古音可互證者如[illegible]讀若

集。亼。讀若集。有古文可互證者。如臤。讀若賢。臤即賢之古文。有音義可通者。如祘。讀若筭。祘與筭古通。有俗書可借證者。如虒。讀若池。池篆文作沱。有隨舉二字以證音者。如脙。讀若止休。有區別二字以證音者。如冎。讀若軍敶之敶。有引經傳正音者。如琫。讀若詩曰瓜瓞菶菶。有引經即以本字證音者。如䜌。讀若春秋傳曰輔䜌。有非引經即以所引本字證音者。如該。讀若中心滿該。有引方言證音者。如卸。讀若汝南人寫書之寫。有引地名證音者。如虘。讀若鄜縣。有引人名證音者。如趫。讀若王子蹻。有不能得其音擬一物以髣髴者。如嬽。讀若蜀郡布名。有不能達其意擬一事以譬況者。如𩏂。讀若拔物為決引也。有二音之字引經者。如玤。讀若詩曰瓜瓞菶菶。一曰若蛤蚌。有非引經者。如玖。讀若芑。或曰若句脊之句。有二音屬轉音者。如皀。又讀若香。有二音用疊韵者。如㐺。讀若欽崟。有二音屬雙聲者。如𩆂。讀若斯。鮮斯雙聲。有闕聲而有讀者。如芇闕。讀若宀。有引通人說音者。如屮讀若徹。尹彤說。可見未有反切之前。而讀音之難。如是。朱氏整理說文之讀若。得二十五例。可謂密矣。特未成書。尚未足窺讀若之全部。葉氏將說文讀若之字。一一錄出。加以考證。成書七卷。惜未區分讀若之例。若用葉書。而以朱氏之例區分之。亦可觀也。(十九)

八、葉德輝同聲假借字考。依聲託事。近儒謂之引申。依聲不必託事。近儒謂之假借。同聲假借者。即依聲不必託事之假借也。實則即本有其字之假借。其假借之原因有二。一、古時字少。以聲為用。後雖造字。用之已久。習而不改。二、口耳相受。授筆之以手。倉卒無其字。假同聲之字用之。是書本經典釋文。按諸經之次第。錄其同聲假借之字。惟僅有易書詩孝經論語爾雅。而不及三禮三傳。以葉氏另有三禮鄭注正字考。三傳人名異文考也。(二十)

九。章炳麟小學答問。經典相承。多用通假。此書于經典相承之字。而得其本字。頗精確可讀。㈢

以上諸書。在文字學史。皆有可記之價值。其他之著作雖多。則不及焉。現在人之著作。此篇亦不闌入。僅記章炳麟之二書者。一以章氏現已作古。二則章氏之文字學。純然乾嘉之一派。而為文字學第二時期之結束。毫未走入古文字學之路綫也。

㈠惠氏讀說文記十五卷。惠棟著。棟字定宇。號松厓。清江蘇吳縣人。惠氏為吳中經學大師。乾隆二十三年。卒年六十二。是書隨手札記。未經告成。江聲用惠氏原本為之參補。聲字艮庭。惠氏弟子。精說文之學。是書刊在借月山房彙鈔內。

㈡席氏讀說文記十五卷。席世昌著。世昌字子侃。清江蘇常熟人。是書刊在借月山房彙鈔內。

㈢讀說文雜識不分卷。許棫著。棫字夢西。清江蘇陽湖人。是書光緒七年刊。

㊃讀說文記不分卷。許棫著。棫字夏叔。號珊林。清浙江海寧人。道光十三年進士。是書光緒十四年刊。在古均閣遺著內。

㊄說文廣義三卷。王夫之著。夫之字而農。號薑齋。學者稱船山先生。湖南衡陽人。明末大儒。著述極富。是書刊在船山遺書內。

吳善述字瀞城。清浙江鎮海人。以王氏之書其所匡謬辨譌之處。過于自信。遂至多所牽強附會。乃為說文廣義校訂三卷。以正之。同治十三年刊。

㊅讀說文證疑不分卷。陳詩庭著。詩庭字畫生。號妙士。清江蘇嘉定人。嘉慶時進士。是書在許學叢書內。

㊆小學說一卷。吳夌雲著。夌雲字槎客。清江蘇嘉定人。嘉慶八年卒。其書在吳氏遺書內。廣雅書局刊。

㊇說文管見三卷。胡秉虔著。秉虔字敬伯。號春喬。清安徽績溪人。嘉慶四年進士。是書在聚學軒叢書內。

㊈說文述誼二卷。毛際盛著。際盛字清士。清江蘇寶山人。是書成于乾隆五十六年。道光二十四年刻。聚學軒叢書據原本刊。

㊉說文徐氏未詳說不分卷。許溎祥著。溎祥字子頌。清浙江海寧人。許棟之子。是書光緒十六年古均閣刊。

⑪說文古語考一卷。程炎著。炎初名東治。更名際盛。字奐若。清江蘇長洲人。乾隆四十五年進士。古語考署曰長洲程炎輯者。未改名時作也。傅雲龍字懋元。清浙江德清人。就程書補正釐為二卷。是書成于光緒六年。十一年刊。

⑫說文解字引漢律令考一卷。王仁俊著。王氏履畧見前。是書稿本

⑬說文理董後編六卷。吳頴芳著。頴芳字西林。清浙江仁和人。隱不仕。康熙四十一年。卒年八十。是書民國十八年中社以盋山圖書館鈔本影印。

⑭六書辨通六卷。顧錫觀著。錫觀字顯若。清江蘇金山人。是書乾隆七年刊。

⑮說文疑疑二册。孔廣居著。廣居字千古。號瑶山。清江蘇江陰人。是書嘉慶七年刊。

⑯說文諧聲補逸十四卷。宋保著。保字保之。一字小城。清江蘇高郵人。是書嘉慶八年刊。光緒十年張炳翔重刊。

⑰說文拈字七卷。王玉樹著。玉樹字松亭。清陝西安康人。乾隆五十四年拔貢。是書刊于嘉慶六年。

⑱皃笘錄四卷。俞樾著。樾履畧見前。是書成于同治元年。在春在堂叢書內。

⑲說文讀若考七卷。葉德輝著。德輝履畧見前。是書民國十二年刊。朱孔彰字仲我。駿聲之子。是篇南菁書院課士之作。

⑳同聲假借字考二卷。葉德輝著。是書民國十二年刊。

㉑小學答問一卷。章炳麟著。炳麟履畧見前。是書章氏叢書本。

第四編　古文字學時期　清末至現在

古文字學尚未成為有統系之學

茲編所述之古文字，以甲骨文金文為限。甲骨文發見於民國紀元前十三年，至民國二十五年，歷三十有八年，許多學者，努力為甲骨文之研究，運用至于經史之考證，古社會之考證，甲骨文之價值，日愈增高。然甲骨文本身，其文字不能解釋者尚多。如羅振玉殷虛書契待問篇，㊀王襄殷虛類纂中之存疑與待攷，㊁商承祚殷虛文字待問編，㊂孫海波甲骨文編之附錄，㊃容庚瞿潤緡同編之殷契卜辭中之附錄，㊄其不能解釋之文字，雖各書所記，頗有同者，亦有現在已得其解釋者，而要其未能解釋者尚不少也。其墨拓中未盡搜集之文字，㊅與龜甲獸骨之陸續出土者，㊆皆不與焉。即其能解釋之文字，亦頗多人各一說。是甲骨文本身尚未到文字確定時期．追論文字之條例．金文之注意．雖起於宋朝．直至清朝末葉．始為發達．然究竟玩好古董之意多．研究學問之意少．近日運用至於經史與古社會之考證．亦受甲骨文之影響．而然金文之歷史．雖長於甲骨文．而過去工作之成績．亦未能勝於甲骨文．不能認識之文字．或誤釋之文字．如吳大澂說文古籀補中之附錄㊇丁佛言說文古籀補補中之附錄㊈强開運說文古籀補三編中之附錄㊉容庚金文編及金文續編中之附錄㊁亦復不少于甲骨文．甲骨與金文各著述中．求一部書如許君說文解字之紀載者．殊不可得．蓋古文字學尚在繼續研究之中．未能成為有統系之學也．

㊀據羅氏自序．最錄不可遽釋之字．得千名．合以重文．共得千四百有奇．

㊁據王氏自序．說文所無．及難確識之字．凡千八百五十二．為存疑．不能收入存疑之字．又百四十二．為待攷．

㊂本羅氏待問篇之例。略就形義分別卷次為十三。得字七百八十有五。有諸家審釋而未決者。有形義可辨而未安者。皆入此篇。

㊃凡其字形聲不可識。及近賢已釋而未盡確者。悉入附錄。計一千一百一十九字。重文不計。

㊄其不可識者。別為附錄。計一百八十一字。重文不計。

㊅廬江劉氏藏有甲骨萬餘片。悉有墨拓。尚未整理。

㊆中央研究院陸續發掘之甲骨。頗多尚未見報告。

㊇據吳氏自序。索解不獲者。存其字不繹其義。不敢以巧說衺辭使天下學者疑也。別為附錄。計五百三十六字。重一百十九。

㊈據丁氏凡例。說文所無。及疑為某某字。無定釋者。概歸附錄。計四百三十字。重文三十七。

㊉據强氏凡例。附錄二百八十九字。重文十二。並載編末。以備後來之考釋。

㊁據容氏凡例。圖象文字。與形聲不可識者。考釋未盡確者。別為附錄。計一千零四十八字。重文不計。續編三十三字。重十四。

甲骨文之發見與名稱及甲骨文之傳布

清光緒二十五年己亥。河南安陽縣西五里之小屯。洹曲厓岸。為水所齧。發見龜甲獸骨。其上皆有刻辭。其地在洹水之南。為武乙之虛。史記項羽本紀所謂洹水南殷虛上者也。刻辭之中。殷歷代帝王名。計二十有二。學者遂定為殷室之物。稱為殷虛書契。契為栔之借字。說文栔刻也。从㓞木。詩大雅緜云。爰始爰謀。爰契我龜。鄭箋云。於是契灼其龜而卜之。契者言刻文字於龜甲也。栔字甲骨文尚未見。謂之殷虛書契者。本爰契我龜之詩而名之。或簡稱曰契文。或曰殷契。又以其刻辭皆貞卜之語。說文訓貞為卜問。訓卜為灼剝龜。言刻文字於龜甲上灼剝而問吉凶也。又謂之殷商貞卜文字。普通稱為龜甲文。又稱為龜甲獸骨文字。以其發見者不僅龜甲。獸骨上所刻之文字亦多也。現在定名為甲骨文。極為翔實。出土之時。為福山王氏懿榮所得。不過視為古董之類。未嘗墨拓傳布也。王氏死庚子之難。盡歸丹徒(今鎮江縣)劉氏鶚。劉氏得王氏之藏。又得定海方氏藥雨及范姓之藏。又陸續購得共計五千餘片。精選千餘片。墨拓景印。為鐵雲藏龜一書。㊀顧未有釋文也。不過序文内言干支及帝王之名。與 等數字而已。劉氏得罪發邊。所藏散失。中州估人時以陸續出土之龜甲獸骨出售。日本考古家相爭購之。日人有林泰輔者。為之詳考。揭諸史學雜誌。且設商周遺文會。搜羅日人權古齋聽冰閣所藏實物。墨拓景印龜甲獸骨文字一書。㊁先是上虞羅振玉。前後所得甲骨數殆逾萬。拓其文字。景印殷虛書契前編。㊂及殷虛書契後編。㊃又擇其大片與精者。用照片代拓本景印殷虛書契菁華。㊄又以劉氏舊藏而為鐵雲藏龜所未載者。景印鐵雲藏龜之餘。㊅此皆民國五年以前羅氏所印之甲骨文字也。至民國二十二年。羅氏又合北京大學丹徒劉氏。天津王氏。四明馬氏所藏之甲骨。景印殷虛書契續編。㊆羅氏傳布甲骨文字之功。可謂巨矣。而戩壽堂所藏之殷虛文字。⑧鎮江葉玉森之鐵雲藏龜拾遺。⑨天津王襄之殷虛徵文。⑩搜集雖不及羅書之富。然頗亦可以補羅書之缺。又有南陽董作賓新獲卜辭寫本。⑪與大龜四板考釋。⑫寫本中有新發見之文字。而大龜四板考釋。更予吾人對於龜甲真確之觀念。又有燕京大學所印之殷栔卜辭。⑬金陵大學所印福開森所藏之甲骨文。⑭及殷佚存。⑮河南博物殷虛文字存真拓本。⑯又有坎拿大教士明義士所藏。摹寫景印之殷虛卜辭。⑰英國教士庫全英美國教士方法斂所藏。摹寫景印之甲骨卜辭。⑱以上諸書。皆為研究甲骨文重要之根據。而最足資研究者。為四川郭沫若之卜辭通纂一書。⑲其書采「鐵雲藏龜」「殷虛書契前編」「殷虛書契後編」「殷虛書契菁華」「鐵雲藏龜之餘」「戩壽堂殷虛文字」「龜甲獸骨文字」。及未經著錄假自藏家者。分為「干支」「數字」「世系」「天象」「食貨」「征伐」「畋游」「雜纂」八類。使學者對于甲骨文字有分析之認識。統緒之觀念。王襄殷契徵文。已有分類之編纂。但王氏僅據自己一人之所藏。而為分類。未免材料有不足之虞。而有勉强歸類之處。郭氏取諸家之書。左右弋獲。材料足分類自較確也。論者諸家已錄各片。但為援引於事已畢。今加重錄。頗病蕪贅。予謂郭氏之書。便于學者之研究。使不加以重錄。轉於學者不便也。

㈠鐵雲藏龜六卷。丹徒劉鶚編。清光緒二十九年景印。計一千零六十一片。民國十九年蟫隱廬重印者。有鮑鼎釋文。

㈡龜甲獸骨文字二卷。日本林泰輔編。商周遺文會景印。計一千零二十五片。與殷虛書契前編同者百零四片。

㈢殷虛書契前編八卷。上虞羅振玉編。民國二年在日本景印。計二千一百九十三片。民國二十一年重印。

㈣殷虛書契後編二卷。上虞羅振玉編。民國五年廣倉學宭景印。計一千零九十片。與前編同者三片。

㊄殷虛書契菁華不分卷。上虞羅振玉編。民國二年。在日本以照片景印。計大片八。小片六十共六十八片。

㊅鐵雲藏龜之餘不分卷。上虞羅振玉編。民國四年景印。計四十片。十六年重印。二十年蟫隱廬再重印者。附鮑鼎釋文。

㊆殷虛書契續編六卷。上虞羅振玉編。民國二十二年景印。約計二千餘片。與他書重者約千餘片。

㊇戩壽堂所藏殷虛文字不分卷。民國六年。廣倉學宭景印。計六百五十片。獸骨居多。與前編同者一片。

㊈鐵雲藏龜拾遺。不分卷。鎮江葉玉森編。民國十四年景印。計二百四十片。

㊉殷虛徵文十二編。天津王襄編。分「天象」「地望」「帝系」「人名」「歲時」「干支」「貞類」「典禮」「征伐」「游田」「雜事」「文字」十二類。民國十四年景

印學者初以為偽品。現又以為不偽。計一千一百二十五片。

（十二）新獲卜辭寫本不分卷。南陽董作賓錄。印在民國十九年第二期安陽發掘報告內。計三百八十一片。

（十三）大龜四版考釋。南陽董作賓著。將發掘之龜甲悉心考校。拼成大龜。而考釋其文字。印在民國二十年第三期安陽發掘報告內。計拼成大龜甲四片。

（十三）殷契卜辭不分卷。東莞容庚編。民國二十二年。燕京大學景印。計八百七十四片。

（十四）福氏所藏甲骨文字不分卷。番禺商承祚編。民國二十二年。金陵大學景印。計三十七片。

（十五）殷虛佚存不分卷。番禺商承祚編。計錄北平孫氏壯墨本百九十三片。侯官何氏遂所藏六十一片。美國施美士所藏六十二片。海寧于氏省吾所藏七片。江夏黃氏濬墨本六十片。商氏自藏七十七片。墨本四百八十三片。共計九百四十三片。民國二十二年。金陵大學景印。

（十六）殷虛文字存真拓第一二三集。開封關百益編。民國十八年。河南省政府派員發掘殷虛。獲甲骨三千餘片。茲集取墨拓原本剪貼而成。每集一百片。三集計三百片。

㈦殷虛卜辭不分卷。坎拿大明義士編。民國六年以摹寫本景印。計二千三百九十六片。

㈧庫方二氏藏甲骨卜辭不分卷。美國方法斂編。此書編成時。僅遲于鐵雲藏龜出版三年。民國二十四年商務印書館以方法斂摹寫本景印。計二千一百七十八片。

㈨卜辭通纂一卷。四川郭沫若編。一九三三年。即民國二十二年。日本文求堂景印。計八百片。附錄中央研究院藏大龜四版拓本四片。新獲卜辭拓本二十二片。何氏遂藏甲骨拓本十六片。日本所藏甲骨擇尤。計大龜二版。巨獸骨一枚。甲骨拓本七十七片。

研究甲骨文之書

據甲骨文為學術之研究者。當首孫氏詒讓。孫氏著契文舉例一書。㈠其例有十。一日月。二貞卜。三卜事。四鬼神。五卜人。六官氏。七方國。八典禮。九文字。十雜例。椎輪伊始。雖未能洞悉奧隱。然為研究甲骨文者之先導。孫氏之書粗有發明。畧辨文字。一也。畧知卜法。二也。考知商禮。三也。論定官制。四也。考證商都方國。五也。正鄭氏龜卜之誤。六也。三十年前。有此甲骨文例之刱作。可謂難能矣。繼孫氏而起者。有羅振玉。羅氏答日本人林泰輔之問難。著殷商貞卜文字考一書㈡。一考史。二正名。三卜法。四餘說。體制殊簡。内容頗儉。此書成于清宣統二年。迨後四年。羅氏復著六萬餘言之殷虛書契考釋。㈢分為八篇。一都邑。考安陽之小屯。確為殷之故都。二帝王。考得殷帝王之名二十有二。三人名。於殷帝王外。考得殷人名七十有八。四地名。考得殷地名百九十有三。五文字。考得形聲義悉可知者計五百餘字。（重文不計）形義可知。聲不可知者計五十餘字。形聲義胥不知而見于古金文者。計二十餘字。六卜辭。考得卜之類有八。曰祭。曰告。曰亯。曰出入。曰田獵。曰征伐。曰風雨。曰年。七禮制。考得殷之禮制有六。曰授時。曰建國。曰祭名。曰祀。曰牢鬯。曰官名。八卜法。可以正鄭氏箋注之誤。羅氏此書。已據甲骨文而有古史之研究矣。即其文字一篇。與文字學之關係極巨。一可以正說文解字之誤。二可以輔全文之研究。自有羅氏之書。甲骨文始稍稍可讀。而古文字學遂闢一新路矣。又二年。羅氏復錄遽不可識之字。得千餘。合以重文共計千四百餘字。為殷虛書契待問編。㊃待問者。今日所不知者。異日或知之。在我所不知者。他人或知之。竊疑待問之意也。現在待問編中之字。已有可識者。又十年。復將殷虛書契考釋。增訂一遍。㊄增芟修改無慮千數百條。有自破前說者。有釋文刪去者。有增入人名地名及禮制者。羅氏于甲骨文。可謂勤矣。同時與羅氏為甲骨文之學者。有海寧王國維。王氏據戩壽堂所藏殷虛文字。著為考釋。㊅最為詳慎。如釋「一田」為「上甲」。釋「王受又」為「王受祐」。釋「物」為雜色牛。釋「昱」為「翌」。釋「凬」為「鳳」。而為「風」之借字。皆極精確。並據甲骨文為經史之考證。如殷卜辭中所見先公先王考。㊆殷卜辭中所見先公先王續考。㊇古史新證。㊈殷周制度論。㊉殷禮徵文等書。㊁為考據學闢一新徑途。鎮江葉氏玉森所著說契。⑫研契枝談。⑬殷契鉤沈等。⑭雖寥寥小册。頗有可以糾正羅氏之遺。又為殷虛書契前編釋文。⑮此為葉氏畢生精力之所集。惜葉氏卒後。以稿付印。尚有未盡整理之處。容氏庚瞿氏潤緡。同著之殷契卜辭釋文。⑯商氏承祚所著之殷契佚存攷釋。⑰皆頗精慎。而郭沫若之甲骨文研究。⑱雖有新意。究嫌過奇。其所著之卜辭通纂考釋。⑲創意立說。漸臻謹嚴。以上諸書。皆研究甲骨文字。所當致力者也。又天津王襄。據劉羅王三家之書。並拓本。仿吳大澂說文古籀補之例。著殷虛類纂一書。⑳錄可識之字八百七十三。重文二千一百十。凡二千九百八十三為正編。難確識之字。凡一千八百五十二為存疑。不能收入存疑之字。凡百四十二為待參。合文二百四十三為附編。其書雖罕發明。而頗便檢查。番禺商氏承祚亦用吳氏之例。著殷虛文字類編。㉑正文七百九十一。重文三千三百四十。其不確知為何字者。為待問編。附後。商氏之書。與王氏之書畧同。而解釋比較為詳。然亦大概皆羅氏之説。孫氏海波之甲骨文編。㈡㈡收輯比前二書為精。方法亦密。朱氏芳圃之甲骨學文編。㈡㈢錄八百三十六字。重三千四百六十九。補遺錄百四十九字。重二百一十五。而采取各家之説則較多。以上皆甲骨文便于檢查之書也。又松江聞宥之殷虛文字孳乳研究。㈡㈣雖為短篇。然沿其例研究之。能使甲骨文成一統系。而南陽董作賓之甲骨文斷代研究㈡㈤能便研究甲骨文者有時代之認識也。

㈠契文舉例二卷。瑞安孫詒讓著。是書據自序成于清光緒三十年。民國六年。羅振玉以稿本景印于吉石盦叢書内。十六年。蟫隱廬有翻印本。

㈡殷商貞卜文字考不分卷。上虞羅振玉著。清宣統二年印。

㈢殷虛書契考釋不分卷。上虞羅振玉著。王國維手寫。甲寅印。即民國三年。

㈣殷虛書契待問編不分卷。上虞羅振玉著。自寫本。丙辰印。即民國六年。

㊄增訂殷虛書契考釋三卷。上虞羅振玉著。丁卯東方學會印。即民國十六年。

㊅戩壽堂所藏殷虛文字考釋不分卷。海寧王國維著。民國六年。廣倉學宭。與戩壽堂所藏殷虛文字同印。

㊆殷卜辭中所見先公先王考。不分卷。海寧王國維撰。民國六年。印入廣倉學宭叢書甲類第二集。又王忠慤公遺書初集觀堂集林卷九。

㊇殷卜辭中所見先公先王續考。不分卷。海寧王國維撰。民國六年。印入廣倉學宭叢書甲集第二集。又王忠慤公初集觀堂集林卷九。

㊈古史新證一卷。海寧王國維著。民國十六年國學月報二卷。八期至十期合刊。又十九年燕大月刊七卷二期。

㊉殷周制度論一卷。海寧王國維著。民國六年。印入廣倉學宭叢書甲類第二集。又王忠慤公遺書初集觀堂集林卷十。

㊁殷禮徵文一卷。海寧王國維著。王忠慤公遺書第二集。民國十六年印。

⑬説契不分卷。鎮江葉玉森著。民國十二年印。十八年富晉齋翻印。

⑭研契枝談不分卷。鎮江葉玉森著。民國十二年印。

⑮殷契鉤沈不分卷。鎮江葉玉森著。民國十二年印。十八年富晉齋翻印。

⑯殷虚書契前編集釋八卷。鎮江葉玉森著。民國二十三年印。

⑰在殷契卜辭後。

⑱在殷契佚存後。

⑲甲骨文研究二卷。四川郭沫若著。民國二十年大東書局印。

⑳卜辭通纂考釋三卷。在卜辭通纂後。

㉑簠室殷虚文字類纂正編十四卷。附編一卷。存疑十四編。待考一卷。天津王襄著。民國九年印。十八年增訂。

㉒殷虚文字類編十四卷。通檢一卷。番禺商承祚著。民國十二年印。又修訂本。

㉓甲骨文編十四卷。附錄一卷。備查一卷。潢川孫海波著。民國二十二年燕京大學印。

㉓甲骨學文編十四卷。附錄二卷。補遺一卷。醴陵朱芳圃著。民國二十二年。商務印書館印。

㉔聞宥殷虛文字孳乳研究。見民國十七年東方雜誌二十五卷三號。

㉕董作賓甲骨文斷代研究。見歷史語言研究所集刊外篇。

金文學起原甚早至近日始發展

金文學起原甚早。已記之于文字學前期編矣。有清一代。可謂古文字學始發展之期。官家所輯者。如西清鑑古等。頗為豐富。照實物繪圖。文字悉有考釋。器物悉有尺寸斤兩。然考釋不甚精確。只可為研究金文學者參考之助。私家著述。乾嘉以降。作者朋興。大概視為古董之玩好。考釋亦率沿宋人之舊。阮氏元號稱精研金文。而其積古齋彝器款識中所收之董式鐘。認商代器物。可謂無識。潘氏祖蔭。斷為宋人偽造。龔氏自珍。斷為吳越之器。雖不可視為定論。要之決非商代器物也。研究金文學者。在甲骨文未出土以前要推吳氏大澂。吳氏之字說。㊀雖僅三十六篇。而帝字王字等說。極為審諦。出反字說。亦饒新意。而其說文古籀補一書。㊁實為整理金文較善之著作。後人襲用其體者。至今未已。據羅氏振玉之所訂。其正編中。如□之釋藺。□之釋洛。□之釋吡。□之釋逋。□之釋境。□之釋釁。□□之釋舒。□之釋爵。□之釋貣。□□□之釋質。□之釋賣。□之釋窯。□之釋顛。□□之釋滄。□之釋聃。□之釋錯。皆有不安。而附錄中。如□疑烝。□疑獻。□疑叡。□疑躋。□□疑求。□疑農。□疑御。□疑孝。□疑割。□疑祖。□疑馭。咸疑所不必疑。此疑信倒置者也。據羅氏之訂吳。則是吳氏對於金文之認識。尚未至於極精確之地位。余謂劉氏心源之古文審。㊂供學者之研究。似在吳書之上。古文審有四發明。一古文有正俗二體。如子孫萬壽等篆。異形百出。二讀古器銘。必須篆形文義。兩者兼定。如旅从□。即以□為旅。輦从車。即以車為輦。禾為秊。金為銖。戶為尸。雨為霸。革為勒。又為丑。衣為卒。门為冕。聿為書。「乃」「及」同乁。「甲」「在」同十。以及「百自」「夫大」「少小」「月夕」「内入」「成戌」「用周」「毋母女」「孝壽考」。皆可通假。篆形如此。而文義又如彼。兼定斯得。否則難通。三器名有正例。有變例。正例惟一。如鼎則云作寶鼎。尊則云作寶尊之類是也。變例有二。諸器一時竝作。而總記于一器者。如大鼎云作「盂」「鼎」。悉尊云作「尊」「彝」「卣」。公史彝云作「尊」「彝」「鬲」之類是也。此一變例也。又有本銘不言本器而言他器。如「魯公鼎」「師旦鼎」「麥鼎」「貉字卣」「琥卣」。皆云作尊彝。「般尊」「叉卣」「大壺」「獻爵」「子鬲」「子甗」。皆云作彝之類是也。此二變例也。四講古篆必絕四弊。不諳篆法一弊也。不明段借二弊也。不識古義三弊也。不達古音四弊也。第四項為研究文字學或古文字者應有之知識。未足為劉氏之發明。其第一項古文有正俗二體。

第二項讀古器銘。必須篆形文義。兩者兼定。第三項器名有正例有變例。此可謂劉氏之發明。第二項至今緣用之者而多所考定。其古文審八卷。即本此新發明之四項而成書也。甲骨文出土以後用甲骨文考訂金文者。當推孫詒讓之名原。

㈣名原一書。合「金文」「甲骨文」「石鼓文」「貴州紅巖古刻」「說文中古籀」互相校勘。為研究古文字學之一條路。惜未成功。如據甲骨文中子丑之「子」字作[illegible] [illegible] [illegible] 等。辰巳之「巳」作[illegible] [illegible] [illegible] 等。可以正以金文中「乙子」「丁子」釋為兩日之誤。又知「𣪘」古簋字。舊釋為敵之非。所以然者。一古器物出土日多。見多識宏。可以左右弋獲。二甲骨文發見互相比較認識愈真。三景印方法便利。傳布既易。研究者日多。得以彼此切磋。四受西方學術之景響。研究方法進步。基此四因。此金文學所以至近日始發展也。如郭沫若據保定出土古戈。考定湯盤銘文。兄誤為茍。祖作且誤為日。父誤為又。日當為𠙵。辛誤為新。當為兄𠙵辛。祖𠙵辛。父𠙵辛。又如大豐毁之「圓」字。宋以來釋為宜。羅振玉釋為俎。於形固甚善。郭沫若以韻讀之。釋圓 即詩魯頌閟宮籩豆大房之房之本字。後仍釋為宜。（五）此皆後釋勝于前釋者也。又郭兩周金文辭大系及兩周金文辭大系圖錄二書。（六）求周代彝銘中之歷史系與地理系。以增加金文在歷史上材料之價值。而於本身上亦可得真確之釋文。又容庚武英殿彝器圖錄。（七）從事于彝器紋縷之比較。首載其全形。次分析其形而以紋縷定年歲之早晚。於古文字學又得一旁證之參孜。此皆研究方法之勝于前人者也。近來古文字學有一大翻案。即以籀文為古文是也。自漢書藝文志以史籀為周宣王太史。許君說文解字序從之。籀文遂為書體之一種。又謂之大篆。在古文之後。篆文之前。二千年來世無異議。王國維著史籀篇疏證一書（八）考證說文解字重文中之籀文與金文相同者二百二十三。又著史籀篇叙錄一書。（九）謂籀文非書體之名。其致疑之點二。

一。史籀為人名之疑問。說文。籀。讀也。又云。讀。籀書也。古籀讀二字。同聲同義。又古者讀書皆史事。太史籀書。猶言太史讀書。漢人不審。乃以史籀為著此書之人。其史為太史。其生當在周宣王之世。

二。史籀為時代之疑問。史篇之文字。即周秦間西土之文字。許書所出古文。周秦間東土之文字。史籀一書。殆出宗周文勝之後。春秋戰國之間。秦人作之。以教學僮。而不傳于東土。故齊魯之文字。作法體勢。與之殊異。

王氏此二疑問。頗有價值。籀書為讀書證之。字義頗為可信。籀文為西土文字。說文解字中之古文為東土文字。考之字形。亦極有據。由此可斷定籀文非書體之名。乃書篇之名。羅振玉亦云。史籀一書。亦由「倉頡」「爰歷」「凡將」「急就」等篇。取常用之字。編纂章句。以便誦習。二千年來。世無異論之籀文。至此已不能成立。此古文字學一大翻案也。

㈠字説一卷。清吳縣吳大澂著。自寫刻本。有石印本。

㈡説文古籀補十四卷。附錄一卷。清吳縣吳大澂著。按是書清光緒二十四年重刻本。比光緒十年初刻本。多一千二百餘字。有石印本。

㈢古文審八卷。清嘉魚劉心源著。光緒十七年自寫刻本。

㈣名原二卷。清瑞安孫詒讓著。光緒三十一年自刻本。中多缺字。近有石印本。

㈤見郭沫若所著金文叢考。⿴囗房 釋房之本字。又見兩周金辭大系。

㈥兩周金文辭大系。樂山郭沫若著。民國二十四年。日本文求堂景印本。

㈦武英殿彝器圖錄二册。東莞容庚著。選錄熱河故宮藏器。民國二十三年景印本。

㈧史籀篇疏證不分卷。海寧王國維著。刊在廣倉學宭叢書甲類一集內。

㈨史籀篇叙錄不分卷。王國維著。刊在廣倉學宭叢書甲類一集內。

研究金文之書

鐘鼎彝器上之文字。以前謂之鐘鼎文。見在謂之金文。金文之著錄。始于宋代。至清遂日盛。有清一代。官家著錄。有西清古鑑。㊀西清續鑑甲乙編。㊁寧壽鑑古等書。㊂皆摹其文字。繪其器物。記其形之大小。質之輕重。並為釋文。其所收之器物。計「鼎」「尊」「罍」「彝」「舟」「卣」「瓶」「壺」「爵」「斝」「觚」「斗」「勺」「卮」「觶」「角」「杯」「敦」「簠」「簋」「豆」「鋪」「鍪」「甗」「錠」「鐙」「鬲」「鍑」「盉」「盦」「鐎斗」「瓿」「罌」「冰鑑」「冰斗」「匜」「匜盤」「洗」「盆」「鋗」「盂」「鐘」「磬」「錞」「鐸」「鈴」「鐃」「鉦」「鼓」「戚」「符」「弩機」「鐓」「奩」「硯滴」「書鎮」「托轅」「承轅」「表座」「輿輅飾」「旂鈴」「刀筆」「劍」「杖頭」「蹕頭」「鳩車」「提梁」「鑑」「尺」「量」「區」「鍾」「斗」「升」「缶」「罐」「匋」「钁頭」「杠頭」「儀器飾」「糊斗」「鑪」「匕首」「觥」「羽觴」「矢箙」

「方釳」「帶鉤」「戈」「帳構」「登足」。私家著錄，張廷濟清儀閣所藏古器物文，㈣懷米山房吉金圖，㈤恒軒所見吉金錄，㈥攀古樓彝器款式，㈦兩罍軒儀器圖釋，㈧陶齋吉金錄與續錄，㈨夢坡室獲古叢編，㈩善齋吉金錄，(十一)或拓其器物圖形與文字，或摹其器物圖形與文字，其所收古器物，除上所記者外，計「盦」「鬵」「盞」「耑」「鍑」「戣」「瞿」「戟」「距末」「斧」「鑿」「削」「環」「圈」「鋘」「詔板」「刄」「鈁」「銗鏤」「彈丸」「權」「句鑃」「犂」「甗」「造象」「銅牌」「金塗墖」。統觀官私家之著錄，雖有許多秦以下之器物，與古文字無關，而其大多數皆是秦以前之器物，不僅可以為古文字之參考，並可以為古器物之認識。惟器物之名頗有可以研究者，善齋吉金錄，以圓者為鼎，方者為盦。夢坡室獲古叢編則謂鼎之小者為盦。敦之一器，近代考為𣪘，即簋，釋敦者誤。又有一器，而題名各異，如兩罍軒彝器圖釋中所收之齊侯罍。窓盦集古錄。懷米山房吉金圖。皆題為齊侯罍。從古堂款識學。題為陳桓子鉼。綴遺齋彝器圖考釋題為齊侯櫑壺。小校經閣金文拓本。題為桓子孟姜壺。吳大澂在集古錄內。既題為齊侯罍。而在又一拓本中則以為是壺非罍。（見神州大觀第六號）可見題器名之隨便。是又不僅文字之所釋不同。而器名之所題亦不同也。所以研究金文。必須搜聚多種書。為之參考。以前研究金文學者。皆以阮氏元之積古齋鐘鼎款式。⑫為參考之本。阮書所收雖富。未免真贗雜出。訓釋未精研者。亦往往有之。且係傳錄文字。筆畫亦難免錯誤。固非最佳之書也。研究金文以拓本景印者。當以窓齋集古錄。⑬殷文存。⑭續殷文存。⑮周金文存為善。⑯小校經閣金文拓本為多。⑰以摹本景印者。當以綴遺齋彝器款識考釋。⑱貞松堂集古遺文為多。⑲而個人收藏者。有懷米山房吉金圖。攀古樓彝器款識。兩罍軒彝器圖釋。簠齋吉金錄。⑳陶齋吉金錄及續錄。澂秋館吉金圖。(二一)善齋吉金録。貞松堂吉金圖。(二二)頌齋吉金圖録。獲古叢編。(二三)除「懷米」「攀古」「兩罍」外餘皆以拓本景印。惟「獲古」贋品頗多。凡此皆研究古文字學最佳之材料。又有新發見者。如新鄭古器圖録。(二四)壽縣所出楚器圖釋。(二五)海外吉金圖。(二六)此種材料日出日多也。其據金文而研究者。以孫詒讓之名原。古籀拾遺。(二七)古籀餘論。(二八)吳大澂之字説。劉心源之古文審奇觚室吉金文述。(二九)其字形字音字義之考證較為詳盡。古籀拾遺校訂「歷代鐘鼎彝器款識」「積古齋鐘鼎彝器款識」「筠青館金文」三書而作。古籀餘論訂校「攈古録金文」而作。古文審所釋雖未必確。而方法頗可取。其他如從古堂之款識學。(三〇)攈古録金文。(三一)皆可為研究金文學者參考之資。而郭沫若之金文叢攷。(三二)金文續考。(三三)殷周青銅器銘之研究。(三四)兩周金文辭大系。金文餘釋之餘等書。(三五)能以新的方法。而為古文字學之研究。如此繼續不已。必能使古文字學成一有統系之學問。而兩周金文辭大系。所見尤卓。此為整理金文之最善方法。而容庚之武英殿彝器圖說則專為花紋之研究。雖無關文學。而藉此可以區分時代。為兩周金文辭大系研究方法之輔助。又日本高田忠周之學古發凡。（三六）中島竦之書契淵源。（三七）雖認識未能甚精確。其方法極足為吾人研究古文字之采擇。其便于檢查之書。如吳大澂之說文古籀補。丁佛言之說文古籀補補。（三八）強運開之說文古籀補三篇。（三九）徐文鏡之古籀彙編。（四〇）容庚之金文編及續編。（四一）高田忠周之朝陽字鑑。（四二）亦為研究古文字者檢查不可少之書。又有林義光之文原。（四三）以六書解說古文字。此實為研究古文字之要。惜其書不甚善。頗望繼起者有人合甲骨文金文篆文。為有統系之研究。以識文字變遷之跡。如甲骨文宮作 [illegible] [illegible] [illegible] 等形。金文宮作 [illegible] [illegible] 等形。甲骨文中之 口口 口口 [illegible] 金文中之 〇〇 〇〇。皆象數室相連之狀。爾雅宮謂之室。室謂之宮。同實異名。段氏謂宮言其外之圍繞室言其內。甲骨文金文諸宮字之形象之整理文字時。不能諸宮字並存。擇其筆畫整齊者。以聲讀之。而為从𨈖省聲。遂為形聲字矣。又如甲骨文召作等形。金文召作等形。相其形象。从兩手。从口。从皿。从酉。刀聲。金文作。即肉字。後漸為。即以刀聲讀之。以口曰召。以手曰招。从皿从酉。召招而就飲食也。古召招不分。故从兩手从口。召招皆為飲食之事。故从皿从酉。後世召招用為一切召招之事。故省皿酉。又召招分為二字。故一从口得義。一从手得義。如能合甲骨文金文篆文尋出此種變遷之跡。則古文字學有益于文字學極為重要。並能確建立古文字之基礎。而不至於為游移不定之釋文。唐蘭之古文字學導論。[四五]孫海波之古文聲系。[四六]雖所用之方法各有不同。而已有此種之趨向。如僅在甲骨文中或金文中。拮得一二字。本之以證古社會。以證古經古史。並以糾許慎。而不在古文字本身上研究。終不能成為有統系之學也。

㈠西清古鑑四十卷。附錢録十六卷。清梁詩正等奉敕編。乾隆十六年内府刻本。民國十六年雲華居廬石印本。
㈡西清續鑑甲編二十卷。附録一卷。清高宗敕編。宣統二年涵芬樓依寧壽宮寫本石印。乙編二十卷。清高宗敕編。民國二十年北平古物陳列所石印。
㈢寧壽鑑古十六卷。清高宗敕編。民國二年涵芬樓依寧壽宮寫本石印。
㈣清儀閣所藏古器物文十卷。清嘉興張廷濟輯。民國十四年涵芬樓石印。
㈤懷米山房吉金圖一卷。清蘇州曹載奎輯。道光十九年自刊石本。民國十一年陳氏景印石本。
㈥恒軒吉金録一卷。清吳縣吳大澂撰。光緒十一年自寫刻本。
㈦攀古樓彝器款識二册。清吳縣潘祖蔭編。同治十年滂喜齋刻王懿榮手寫本。
㈧兩罍軒彝器圖釋十二卷。清歸安吳雲編。同治十一年自刻本。
㈨陶齋吉金録八卷。清端方編。光緒三十四年自石印本。續録二卷。附補遺。清端方編。宣統元年自石印本。

(十)夢坡室獲古叢編十二册。吴興周湘舲藏器。海寧鄒安編。民國十六年周氏自印本。中多僞器。

(二)善齋吉金錄十三册。廬江劉體智編。民國二十三年劉氏自印本。

(三)積古齋鐘鼎款識十卷。清儀徵阮元撰。嘉慶九年自刻本。光緒九年後知不足齋叢書刻本。近有石印本。

(三)愙齋集古錄二十六册。附釋文賸稾一卷。清吴縣吴大澂撰。文字悉拓本。釋文悉吴氏自書。民國七年涵芬樓景印。民八再版。釋文賸稾附後。

(四)殷文存二卷。上虞羅振玉類次。民國六年自景印本。又廣倉學窘藝術叢編本。

(五)續殷文存二卷。北平王辰類次。民國二十四年考古學社石印本。

(六)周金文存十一册。杭縣鄒安輯。民國五年廣倉學窘藝術叢編石印本。

(七)小校經閣金文拓本十八册。廬江劉體智輯。民國二十四年石印本。

(一八)綴遺齋彝器款識考釋三十卷。清定遠方濬益撰。民國二十四年涵芬樓景印本。燕京大學藏稿本多四五百器。

(一九)貞松堂集古遺文十六卷。續編三卷。補遺三卷。上虞羅振玉撰。民國二十四年石印本。

(二〇)簠齋吉金錄八卷。清濰縣陳介祺藏器。順德鄧實輯。民國七年風雨樓石印本。

(二一)澂秋館吉金圖二册。閩侯陳寶琛藏器。北平孫壯編次。民國二十年北平商務印書館石印本。

(二二)貞松堂吉金圖三卷。上虞羅振玉撰。民國二十四年墨緣堂景印本。

(二三)頌齋吉金圖錄二卷。東莞容庚著。民國二十一年景印。

(二四)新鄭古器圖錄二卷。開封關百益撰。民國十八年商務印書館印。

(二五)壽縣所出楚器圖釋一卷。永嘉劉節學。民國二十四年景印本。

(二六)海外吉金圖錄三册。東莞容庚著。民國二十四年考古學社景印本。著錄日本所藏中國銅器一百五十八事。

㉗古籀拾遺三卷。清瑞安孫詒讓著。光緒十四年自寫刻本。

㉘古籀餘編三卷。清瑞安孫詒讓著。民國十八年燕京大學刻本。民國二十年瑞安陳氏刻本。

㉙奇觚室吉金文述二十卷。清嘉魚劉心源學。光緒二十八年自石印本。民國十五年翻石印本。

㉚從古堂款識學十六卷。清嘉興徐同柏釋文。光緒十二年同文書局石印本。光緒三十二年蒙學報館石印本。

㉛攈古錄金文三卷。清海豐吳式芬撰。光緒二十一年吳氏家刻本。民國二年西泠印社翻刻本。

㉜金文叢攷四冊。樂山郭沫若著。民國二十一年日本文求堂印。

㉝金文續攷一冊。樂山郭沫若著。在古代銘刻彙攷四種內。民國二十二年日本文求堂印。

㉞殷周青銅器銘研究二冊。樂山郭沫若著。民國二十年大東書局印。

㉟金文餘釋之餘一冊。樂山郭沫若著。民國二十一年日本文求堂印。

(三六)學古發凡八卷.日本高田忠周著.日本古籀篇刊行會印本.

(三七)書契淵源一帙三冊二帙三冊.日本中島竦著.日本文求堂印.

(三八)說文古籀補十四卷附錄一卷.黃縣丁佛言著.民國十三年景印手寫本.

(三九)說文古籀補三編附錄一卷.溧陽强運開輯.民國二十四年商務印書館印.

(四〇)古籀彙編十四卷.臨海徐文鏡編.民國二十四年商務印書館印.纂集鐘鼎字源.說文古籀補.說文古籀補補.全文編.古璽文字徵.殷虛文字類編六書之字.而刪去其各書附錄之字.

(四二)朝陽閣字鑑三十六卷.日本高田忠周輯.日本大正十四年印.

(四三)文源十二卷.閩侯林義光著.民國九年寫印本.

(四五)古文字學導論二編.嘉興唐蘭著.民國二十四年寫印本.

(四六)古文聲系四冊不分卷.潢川孫海波著.民國二十四年寫印本.

中華民國二十六年二月初版
四月再版

(45603·3)

中國文化史叢書 中國文字學史二冊

上海 實價新法幣四十元

著作者 胡樸安

主編者 王雲五 傅緯平

發行人 王雲五 上海河南路

印刷所 商務印書館 上海河南路

發行所 商務印書館 上海及各埠

图书在版编目(CIP)数据

中国文字学史 / 胡朴安著. ——上海:上海三联书店,2014.3
(民国沪上初版书·复制版)
ISBN 978-7-5426-4576-0

Ⅰ.①中… Ⅱ.①胡… Ⅲ.①汉字—汉语史—研究 Ⅳ.①H12

中国版本图书馆 CIP 数据核字(2014)第 029694 号

中国文字学史(上下卷)

著　　者 / 胡朴安
责任编辑 / 陈启甸 王倩怡
封面设计 / 清风
策　　划 / 赵炬
执　　行 / 取映文化
加工整理 / 嘎拉 江岩 牵牛 莉娜
监　　制 / 吴昊
责任校对 / 笑然

出版发行 / 上海三联书店
(201199)中国上海市闵行区都市路 4855 号 2 座 10 楼
网　　址 / http://www.sjpc1932.com
邮购电话 / 021-24175971
印刷装订 / 常熟市人民印刷厂

版　　次 / 2014 年 3 月第 1 版
印　　次 / 2014 年 3 月第 1 次印刷
开　　本 / 650×900　1/16
字　　数 / 500 千字
印　　张 / 41
书　　号 / ISBN 978-7-5426-4576-0/H·32
定　　价 / 198.00 元(上下卷)